JN123872

ジェンダー平等社会の実現と発展的プロセスに関する研究

——堺市女性団体協議会活動の戦後73年の軌跡に着目して

山口 典子 著

三恵社

目次

はしがき 1
序章 5
0-1　本論文の目的 5
0-2　研究の背景 5
0-3　分析の視点 7
0-4　研究の方法 7
0-5　本論文の構成 9

第1章　ジェンダー平等社会実現の取り組みにおける日本の地域婦人（女性）団体の位置づけと先行研究 12

1-1　ジェンダー（GENDER）という用語と概念について 12
1-1-1　ジェンダー平等（GENDER EQUITY）とは 14
1-2　女性のエンパワーメントについて 14
1-2-1　エンパワーメントという概念について 14
1-2-2　女性のエンパワーメントのためのアプローチについて 15
1-2-3　女性のエンパワーメントとリーダーシップ 17
1-3　エンパワーメントとジェンダー平等教育 18
1-3-1　ジェンダー平等教育における国際的な流れ 18
1-3-2　日本のジェンダー平等教育の現状 21
1-3-3　日本のジェンダー平等教育の課題 23
（1）　文部科学省のジェンダー平等教育について 23
（2）　現行の学習指導要領におけるジェンダー平等教育の現状と課題 24
1-4　ジェンダー課題の変遷 26
1-4-1　1975年国際婦人（女性）年から2000年までのジェンダー平等の動き 26
1-4-2　ミレニアム開発目標（MDGs）とジェンダー課題の達成度 27
1-4-3　持続可能な開発目標（SDGs）とジェンダー課題 29

1-5　ジェンダー平等社会実現の取り組みにおける日本の地域婦人（女性）団体の位置づけと先行研究 30
1-5-1　日本の地域婦人（女性）団体の形成の経緯 30
1-5-2　戦後期の地域婦人（女性）団体とジェンダー課題 32
1-5-3　ジェンダー平等教育・学習の拠点としての地域婦人（女性）団体 33
1-5-4　地域婦人団体と政治参画 34
1-6　本論文の意義 36

第2章　堺市女性団体協議会の概要 38

2-1　「堺市女性団体協議会」の創立の経緯と目的 38
2-1-1　堺市女性団体協議会の前身「堺婦人会」の創立の経緯と目的 .. 38
2-1-2　堺市女性団体協議会の創立の経緯と目的 39
2-1-3　堺市婦人団体連絡協議会―堺市女性団体連絡協議会―堺市女性団体協議会 40
2-2　堺市女性団体協議会の組織の概要と運営 40
2-2-1　組織の概要 40
2-2-2　運営 44
2-2-3　定期事業 46
2-2-4　周年事業 48
2-2-5　規約 50

第3章　堺市女性団体協議会におけるジェンダー 52

平等社会実現の取り組みの概要 52

3-1　堺市女性団体協議会の活動の概要　第1期～第10期（1948年～現在） 52
3-1-1　第1期　団体形成期 52
3-1-2　第2期　学習する婦人団体の始まり 55
3-1-3　第3期　生活者/女性の視点から環境問題・消費者問題に取り組んだ時代 58
3-1-4　第4期　女性政策形成、政治参画への時代　女性議員誕生 60

3-1-5　第5期　女性の活動拠点としての婦人会館建設の時代 63
3-1-6　第6期　女性差別撤廃運動と団体名称変更 67
3-1-7　第7期　ローカルとグローバルをつなぐ活動の時代 71
3-1-8　第8期　ローカルからグローバルに発信する時代 78
3-1-9　第9期　ジェンダー平等社会実現の拠点形成の時代 86
3-1-10　第10期　ジェンダー平等社会実現に向けた政策立案、形成、実現の時代 94
3-2　堺市女性団体協議会の重点活動 103
3-2-1　ジェンダー平等教育の実践 103
3-2-2　性暴力への取り組み 107
3-2-3　女性の過少代表 108

第4章　堺市女性団体協議会のジェンダー平等社会実現に向けた取り組みのエンパワーメント視点からの分析とその考察 110

4-1　エンパワーメントの視点による分析 110
4-1-1　エンパワーメントの視点分析の指標 111
4-1-2　女性のエンパワーメントのプロセスと5つの側面 111
4-2　堺市女性団体協議会のエンパワーメント視点の分析 112
4-2-1　堺市女性団体協議会設立の道のりにおける組織構造の分析 ... 112
4-2-2　堺市女性団体協議会のエンパワーメントの5段階のプロセス . 114
4-2-3　堺市女性団体協議会のエンパワーメント・アプローチの側面 . 118
(1)　心理的エンパワーメント 118
(2)　身体的エンパワーメント 120
(3)　社会的エンパワーメント 122
(4)　経済的エンパワーメント 126
(5)　政治的エンパワーメント 127
(6)　文化的エンパワーメントの発見 131
4-3　ジェンダー平等社会実現の発展的プロセスモデル 132

第5章　堺市女性団体協議会のジェンダー平等社会実現に向けた取り組みのリーダーシップ視点からの分析と考察 134

5-1　初代委員長　辻元八重 135
5-2　第4代委員長　山口彩子 141
5-3　第5代委員長　山口典子 151
5-4　堺市女性団体協議会のリーダーシップの分析 161
5-4-1　チェンジ・エージェントと変革型リーダーシップ 161
5-4-2　平和社会構築の女性の役割として 163

終章 165

6-1　まとめ—本論文の概観 165
6-2　本論文において得られた知見 168
6-2-1　理論的貢献 168
6-2-2　実践的含意 169
6-3　本論文の限界と今後の課題 169

引用・参考文献 171

図表一覧 197

資料 198

1. 堺市女性団体協議会　規約 198
2. 堺市女性団体協議会の73年のあゆみおよび国内外の動き 204
3. 男女共同参画宣言都市（1995年1月21日）に関する資料 231
4. 堺市男女平等社会の形成の推進に関する条例 232
5. 男女共同参画の視点からの広報の手引 239

は し が き

**～戦後、日本の民主化に貢献した地域婦人（女性）団体の
女たちを可視化し、未来を語り、検証するために～**

日本は敗戦後、新しい憲法のもと、GHQ の民主化政策の一環として、女たちが全国津々浦々で地域婦人会を結成していった。その担い手は各都道府県の教育委員会であった。当時米軍機 B29 の焼夷弾攻撃を受けて焼け野原と化した堺市においても、がれきを拾い集め、戦争で親や家族を失った子どもや高齢者などに炊き出しをしていた女性たちが、1948 年堺主婦連、1950 年堺婦人会、1952 年には堺市婦人団体連絡協議会を立ち上げた。彼女らは「二度と戦争を起こさせない」という強い平和社会の構築を決意して地域婦人（女性）団体を創立したのである。筆者はこれまで、堺市女性団体協議会での活動を 37 年間行ってきた。
当団体は、まず 1980 年に自ら集めた建設基金 6500 万円を堺市に寄付して団体の活動と学習の拠点としての婦人会館建設を果たした。さらにそこで広く市民を対象として、男女平等社会の実現に資する生涯学習を実施してきた。また筆者自身が、当団体の男女混合出席簿の全国初の導入、ミス・コンテスト反対運動、女性専用車両の実現、政府や民間の広報のジェンダー視点での見直し等の広く社会に影響をもたらした運動に身を置き、共に活動してきた。先代の団体委員長が他界した後から、今年 5 月まで、21 年間当団体の第 5 代団体長を務めた。現在、代表の座は退いたが、当団体には所属し、活動や学習を続けている。本著は、博士論文『ジェンダー平等社会の実現と発展的プロセスの研究～堺市女性団体協議会の戦後 73 年間の活動の軌跡に着目して～』（日本大学大学院　2022 年 3 月）をそのまま出版させていただいたものである。本著が日本における「地域婦人（女性）団体」が、戦後日本の民主化や、ジェンダー平等社会の実現のためにどのような役割と貢献を果たしてきたのかを明らかにし、さらに未来を語るものとして重要である、との研究者仲間や関係者の心強い応援が、この度の出版を後押ししてくれた。実際、先行研究においても、敗戦後の「地域婦人（女性）団体」の活動や、女性たちの主体的な取り組みは、女性史、女性運動史、あるいは社会教育史、市民運動史を見ても研究の対象外におかれていた。筆者は、女性団体活動と

共に、堺市議会議員を6期24年務めてきている。多くの女性を中心とする市民の声を政策化し、日本においてグローバル・スタンダードな女性政策やジェンダー平等社会を実現するためである。ジェンダー平等社会の実現は26歳の時に、堺市女性団体協議会に入会した時から、筆者自身のライフワークとなった。筆者は、50代で大学院の修士課程において日本のジェンダー平等教育の具体的カリキュラム案を作成した。さらに博士後期課程に進み、7年の歳月をかけて博士論文を完成させ、学位を授かった。この博士論文を執筆しようという動機は、2つあった。一つは堺市女性団体協議会の先代の山口彩子委員長が残した「私の半生以上を捧げたこの愛すべき堺市女性団体活動を一冊の本にまとめておきたかった」という惜念の言葉が、筆者にとっては「母の遺言」であったことである。また筆者自身のライフワークの中間まとめとしても、堺市女性団体協議会という、日本の戦後の民主化を担ってきた地方の女性たちが果たしてきた役割と貢献を明らかにしておくことが責務であると考えたからである。なぜなら戦前、戦中、戦後の今もなお、ほとんどの女性たちは人口の半分を占めながらも、社会的地位も、金も権力もなく、学もなく、無名であり、男尊女卑の封建の帳の中でそれらは悪循環を繰り返し、蟻地獄のごとくの様相を呈してきた。女性たちは、それぞれの家庭の中で、地域で、また職場で、あるいは社会全体の中でこれほどの働きと貢献をし、無償労働をしていても、それらについては「女である」がゆえに、存在も成果も不可視化され、周辺化されてきた。女性たちは正当な評価を得られていなかったのである。評価を得られないどころか、卑下され、時には暴力を振るわれ、支配されてきた。そのことを拒絶し、おかしいと疑問を投げかけ、あらゆる分野の改善と、公正と平等な社会の構築を訴えてきたのが女性運動であり、フェミニズムだった。まさにその戦後の実践者が、地域婦人（女性）団体であり、そのひとつである堺市女性団体協議会であった。本論中にも書いたが、戦後の日本の女性運動には、手本となるモデルもテキストもなかった。女たちが社会に対してモノを言うことは許されず、なにか行動をしようものなら「女のくせに」という徹底的な批判や中傷誹謗が浴びせられた。しかし、だからこそ女たちは団結したのである。一人の女の言うことなど誰も聞きもしない。だから束になったのである。単に群れていたわけではない。結束する必要性があったのだ。しかし、当団体の女性たちは、ひとり一人の気づきから社会課題を見極め、その課題解決のための学習や取り組みを行う際に、実に民主的な仕組みを構築していたことがわかる。そのプロセスに着目したのである。筆者は、その一員としての実践者である。堺市女性団体協議会の運動の中で、例えば議会や、国連機関や、さまざまな分野の団体などとのやり取りの中で、「実践者」だけでは説得力が足りないと痛感することが多々あった。よって博士論文を書くことによって、アカデミズムの門をくぐり、戦後の日本の女性たちの役割と貢献、そして存在そのものを可視化することを試みた。ジェンダー平等社会の実現は何のために必要か？という問いに一言で答えるなら、すべての人々がwell-beingであるためにと答える。すべての人々がwell-beingな人生を送るためには、平和で公正な社会が大前提であり、その礎としてジェンダー平等が不可欠である。

この答えを、日本の「地域婦人（女性）団体」の女たちは、すでに77年前の終戦の頃に、明確に持っていたのである。日本の地域の婦人（女性）たちこそが、今世界が目標としてその達成に向かっているSDGｓの理念と内容と同様のことを目的として取り組んできていたのである。しかも彼女たちは『二度と戦争をさせない』という強い決意をもって地域婦人（女性）団体を設立し、その女性の視点による女性運動は平和を希求するものであった。

しかしこのことは、誰にも研究もされず、まさに不可視化され、周辺化されてきた。筆者の博士論文はそれを堺市女性団体協議会という一つの事例をもって、当事者研究として膨大な資料と綿密な分析をもとに可視化したのである。それは、単なる一団体の過去の活動実績の分析や総括ではない。筆者は自身の実感と手触り感のあるこの場所で、これからの女性たちの未来を語り、本当の意味での「差別のない多様性が尊重される」未来を検証するための作業であったと申し上げておきたい。

本著が、世界中の底辺で周辺化され、不可視化されてきた女性たち、およびマイノリティといわれる人々に光が照らされるきっかけとなれば幸いである。

博士論文の執筆にあたっては、すべてのお名前を挙げることはできないが、本当に多くの方々の協力をいただいた。とくに日本大学大学院の主査である陸亦群教授はご専門分野ではないが経済学の開発分野でのジェンダーの関わりに詳しく、最後まで論文のご指導を熱心に続けてくださったことに心から感謝している。また論文を書くきっかけを下さった池上清子教授にも感謝申し上げる。人間の生と性暴力分野の科学的な知見をご指導くださった長崎県立大学大学院の李節子教授に敬意と感謝を捧げたい。

そして立教大学大学院の萩原なつ子教授および同教授のドクターゼミの皆様に最後の踏ん張りを応援していただいた。とくにご退官前のお忙しい萩原教授とエコ・フェミニズムの一番弟子である森田系太郎先生から博士論文の出版を推奨されたことを感謝と共に記しておきたい。

また膨大な資料やデータの調査や整理にご協力いただいた故・永井慎一さん、待谷佳英さん、（株）アトムの久下尚史さんに感謝申し上げる。また7年間ずっと論文の完成を祈りご支援くださった堺市女性団体協議会の役員はじめ事務局の皆様、そして堺市の職員の皆様にも心からの感謝と敬意を表したい。

そして三恵社の東京営業所長である井澤将隆氏および編集部の皆様に心から感謝申し上げる。

最後にいつも傍らで、あるいは下宿先から応援してくれた子どもたち、晃子、宙來、真彩に心より感謝したい。

本著を亡き母、山口彩子に。そして多くのこれまで苦労して女性の道を拓いてきてくださった先輩諸姉に。さらに世界中の未だ闘っている女性たちに。そしてそれを応援してくださるすべての人々に捧げる。

2022年12月

山口典子

序 章

0-1　本論文の目的

本論文の研究対象である堺市女性団体協議会は堺市を全国初の男女共同参画宣言都市へと導き、当時の市町村レベルでは（政令指定都市を除く）初めての婦人会館の建設を自ら実現し、後にその婦人会館に国連女性開発基金 UNIFEM 日本事務所、UN Women 日本事務所を誘致するなど、その活動は先駆的であり、他に例が見当たらない。そこで、本論文では、日本における女性の地位向上、女性のあらゆる場の意思決定への参画、そしてジェンダー課題の解決をめざした実践を戦後 73 年間行って来た堺市女性団体協議会の活動を研究対象に、73 年間の歩みと取り組みを、「エンパワーメント」、「リーダーシップ」、「政策形成プロセス」等の視点から分析し、ジェンダー平等社会の実現に当団体が果たして来ている役割および貢献を明らかにすることを大きな目的とする。その際、堺市女性団体協議会の主体形成と課題解決のプロセスに着目し、ジェンダー平等社会の実現に資する発展的プロセスモデルを提示すること、戦後日本の女性運動史、女性の教育・学習活動史との関連でその活動を位置づける。また、当団体の設立当初から現在までの主たる歴代委員長にも焦点をあて、彼女たちがどのように婦人（女性）活動を牽引し、女性リーダーとしてどのような役割を果たし、婦人(女性)団体、そして参加した女性たちのエンパワーメントに寄与したのかについても明らかにする。ひいては、政治参画により、どのように数々の女性政策を実現させてきたのかについて、明らかにすることを目的とする。

0-2　研究の背景

ジェンダー平等社会の実現のために、ジェンダーに関する課題解決を世界共通の重大課題として位置づけられたのは、1975 年にメキシコで開催された国際婦人年世界会議(メキシコ会議)においてである。本会議で採択された世界行動計画に 9 分野が設定され、それまでの各国の女性運動や行政の取り組みが、「自由、平等、平和」の理念の下、世界的に共有された。以来、ジェンダー平等が世界的重要課題であることが認識され、女性の生存権、教育権、労働権、市民権、健康権という人権の確立と社会参画や政治参画など、あらゆるレベルの意思決定における女性の平等な参加・参画の推進が目標とされた。同年の世界行動計画に始まり、「国連婦人の10年」の取り組み、また、1979年には、国連第34回総会において女性差別撤廃条約が採択され、1981年に発効した。

1985年には第3回世界女性会議がアフリカのケニア、ナイロビで開催され、「婦人の地位向上のためのナイロビ将来戦略」が採択され、1993年には国連世界人権会議において、「ウィーン宣言及び行動計画」が採択され、同年の国連第48回総会において、「女性に対する暴力の撤廃に関する宣言」が採択された。1994年には、エジプトのカイロにおいて開催された国際人口・開発会議においては、性と生殖に関する健康と権利（リプロダクティブ・ヘルス/ ライツ）の概念が認識され、1995年の第4回世界女性会議では「北京宣言及び行動綱領」が採択された。その後、2000年のミレニアム開発目標（Millennium Development Goals：MDGs）目標3（MDG3）「ジェンダー平等の推進と女性の地位向上」および2016年の持続可能な開発目標（Sustainable Development Goals：SDGs）目標5（SDG5）の「ジェンダー平等を達成しすべての女性および女児のエンパワーメントを行う」のように、ジェンダー平等は基本的人権として持続可能な社会のために必要とされる基盤であることが示されている。

日本においては、1975年の「メキシコ宣言」を受けて、1975年9月に内閣総理大臣を本部長とする婦人問題企画推進本部 が設置された。翌年には総理大臣の諮問機関として有識者らによる婦人問題企画推進会議が設置され、世界行動計画の推進をめざした。国際婦人の10年を契機として、政府・自治体の婦人（女性）施策が始まるのだが、その推進に重要な役割を果たしたのが「国際婦人年日本大会の決議を実現するための連絡会」（のちに「国際婦人年連絡会」、1974年12月結成） であり、全国各地で展開された婦人（女性）運動である。

本論文の研究対象である「堺市女性団体協議会」も婦人（女性）運動体の一つである。しかし、当団体および「地域婦人団体」の存在と活動は、社会教育関係者や女性学研究者、またそれぞれの地域住民や行政には知られてきたが、社会教育、婦人教育、女性運動史、女性史等の分野ではほとんど先行研究として取り上げられてこなかった。例えば、堺市女性団体協議会とほぼ同時代の歴史を持つ日本女性学習財団の『70年の歩み』（2011）の序において、編集委員長の村田明子は次のように述べている。「『近代日本教育百年史』、『自分史としての婦人教育』、『近代日本婦人教育史』、『日本婦人問題資料集成』、『資料集成　現代日本女性の主体形成』などを見ても財団についての記述はないのである。存在は知られていながら、研究の視野の外におかれ続けた」としている。地域婦人団体も同様である。戦後のGHQ政策において、日本の民主化を実現するために、日本女性の地位向上とエンパワーメントを図る目的で、都道府県教育委員会の社会教育課が奔走して、全国に地域婦人団体が設立され、地域においては「婦人学級」という社会教育が実践された。にもかかわらず、「地域婦人団体」やその活動についての研究対象としては、視野の外に置かれてきたのである。

よって当団体の前身である「堺主婦連」（1948年）から今日まで、女性の人権の確立と社会参画の推進、地域の福祉向上に尽力してきた「堺市女性団体協議会」の73年間の活動を「エンパワーメント」や「リーダーシップ」の視点から分析することは、日本のジェンダー平等社会実現における婦人(女性)団体の果たしてきた（している）役割を可視化するものとしてこれまでにない研究であり、極めて重要である。

0-3 分析の視点

日本社会において長期に続いてきた不平等に立ち向かい、ジェンダー平等を実現しようと活動してきた堺市女性団体協議会の活動は、性差別、DV 等の告発、政策提言、国内外の情報収集、情報発信、意思決定過程への女性の参画の実現にむけた議員の輩出など、多様である。冒頭で述べた目的を明らかにするために、本論文では以下の分析視点を設定する。第1に、女性に対するあらゆる形態の差別の撤廃をめざし、ジェンダー平等を実現しようとする自覚的かつ社会的な運動としての女性運動の視点から、当該団体の運動の意義や果たしてきた（いる）役割を分析する。第2に、団体の活動を通して、個人や組織がどのようにジェンダー不平等の状況を改善していく力、すなわち発言力、政策提言力等を身につけたのかを「エンパワーメント」の視点から分析する。第3に、堺市女性団体協議会が73年間にわたって活動を展開、発展させてきた代表（辻元八重、山口彩子、山口典子）の役割について女性の「リーダーシップ」の視点から分析を行う。

0-4 研究の方法

本論文の研究方法は、1948年「堺主婦連」として結成され、今日の「堺市女性団体協議会」に至るまでの活動記録や当団体が5年ごとの周年記念に発行、出版してきた書籍や記念誌、また1955年（昭和33年）から発刊した機関紙「婦人さかい」、「女性さかい」、また年次報告書の「えがりて」、年表、指導者研修資料等の記録文献の研究を行う。さらに当団体が輩出した女性議員の議会における発言の議事録等を用いて、その成果として実現された政策について、そのプロセスも含めて分析を行う。なお、本論文は堺市女性団体協議会の73年間の活動を研究対象としているが、現段階での年表等の資料は2020年版が最新であるので、「72年のあゆみ」等の記録の表記となっている。

本論文は当事者である筆者による当事者研究である。近年、社会福祉や医療の領域で「当事者研究」が散見されるようになっている。松本学（2001）は、当事者による当事者研究の意義について、まず「当事者」の定義を「公的な福祉サービスを受けているか否かに関わらず、固有のニーズがある人々や集団を「当事者」と呼ぶ傾向にある」とし、また、調査者としての特徴（当事者であること）を明示して、分析上生じるバイアスと利点について整理した。さらに松本(2002)は、「当事者による当事者研究におけるメリットについては、一つにはある一定の理論枠組みの中で当事者の問題を取り上げることで、当事者運動の排他性を取り除き、より普遍的問題意識を持つことができると思われ、さらに当事者研究は、障害者問題に限定したものではないとした上で、人類学における内部者の視点による研究（Langness & Frank, 1981）やフェミニズム研究などについて文献検討を行うことは当事者による当事者研究を位置付けるうえで今後の課題であるとしている。

また、当事者研究の第一人者であり、研究の方法論の開発者である向谷地(2012)は、当事者研究は、当事者活動や暮らしの中から生まれ育ってきたエンパワーメント・アプローチであり、研究の方法であるとしている。また向谷地は、当事者研究の特徴として、生きづらさを抱えた当事者が、研究素材である自らの体験を通しての「苦労や生きづらさのデータをテーブルに広げるようにして出して、眺め、苦労や生きづらさがなぜ起こるのかのパターンや要因や意味を考えること、その作業を通して課題が見えてくる」と述べている。この眺めるという作業が、言い換えれば「客観的視座」ということになる。もともと当事者研究には客観的視座がなければ成り立たない。当事者研究に課題があるとすれば、その眺め方の浅い、深い、広い、狭いということではないかとしている。本論文は、堺市女性団体協議会の活動という当事者運動を、当事者である筆者が研究するものである。

筆者は、当事者団体の一員であり、しかも代表者として認知されているという「位置性」を有する。そのことは調査対象の研究に対する「中立性」や「客観性」を考える際に留意されるべき点である。しかしその「位置性」ゆえに、堺市女性団体協議会の活動に密接に関わり、考察することが可能であった。また、全国および世界的な女性団体やグループ等との共同活動や交流と議員活動を長年にわたって実践する立場に身を置いているからこそ、ジェンダー平等社会の実現のために、何を気づき、学習し、調査すればよいか、またいかに政策形成を行い、政策立案、提言そして実現を図るかについて、自らが試行錯誤しながら行って来た。だからこそ、ジェンダー課題の解決に立ちはだかる障壁にぶつかってきた。それは社会に根強く残る障壁、あるいは議会における障壁等である。まさにこの障壁を乗り越えることが、ジェンダー平等社会の実現を可能にしていくのである。そのプロセスに着目して、戦後日本の民主化の中で、堺市女性団体協議会という「地域婦人（女性）団体」がジェンダー平等社会の実現に向けて、どのような役割を果たし、貢献したのかを当団体の存在意義も含めて明らかにするものである。

0-5　本論文の構成

本論文は序章から終章までの全 7 章で構成されている。各章の概要を以下に示す。

序章では、本論文の目的、背景、研究方法、分析方法について示す。

第 1 章においては、ジェンダー、ジェンダー平等、女性のエンパワーメント、リーダーシップという用語の定義と概念を明らかにしたうえで、エンパワーメントとリーダーシップ、またジェンダー平等教育についての先行研究を行い、ジェンダー課題の変遷を整理した上で、日本の婦人（女性）団体の形成、戦後の地域婦人（女性）団体とジェンダー課題、ジェンダー平等教育、政治参画についての先行研究を行う。

第 2 章では、堺市女性団体協議会の組織や運営の概要をまとめる。この概要によって、堺市女性団体協議会がどのように協議し、意思決定を行い、行動を実践してきたかの仕組みとプロセスを明らかにする。

第 3 章においては堺市女性団体協議会におけるジェンダー平等社会実現の取り組みの概要をまとめる。堺市女性団体協議会が 1948 年に「堺主婦連」として結成されてから今日までの 73 年間を 10 期に分割し、その活動の経緯を追う。また当団体がジェンダー平等社会の実現のために重点を置いていた３つの活動、ジェンダー平等教育の実践、女性に対する性暴力撤廃への取り組み、女性の過少代表の取り組みについて簡潔に示す。

第4章では、第2章、第3章において示した堺市女性団体協議会のジェンダー平等社会実現に向けた取り組みの分析とその考察を行う。分析については、太田まさこ、千葉たか子らのエンパワーメント論を参考にエンパワーメントの視点で分析した。世界的なエンパワーメントの視点分析は、そのほとんどが開発途上国の女性たちを研究対象としており、先進国である日本の堺市女性団体協議会のような団体を対象としているものはほとんどなく、ここで筆者は女性のエンパワーメントの側面として、心理的、身体的、社会的、経済的、政治的エンパワーメントの5つの側面以外に、「文化的エンパワーメント」があることを発見する。その上で、エンパワーメントのプロセスについては、気づき、能力獲得、行動（実践）の3段階が一般的であるが、筆者の本論文の分析から、エンパワーメントが発展する段階が5段階あることを発見する。それらを統合して、「ジェンダー平等社会実現のための発展的プロセスモデル」とする。

第5章においては、第4章に引き続き、堺市女性団体協議会のジェンダー平等社会実現に向けた取り組みを我喜屋（2016）の世界最前線のリーダーシップ研究における分析視点をベースに、堺市女性団体協議会の 3 人のリーダー初代委員長辻元八重、第4代委員長山口彩子、第5代委員長らが果たしてきた役割をもとに当団体の「リーダーシップ」を分析する。

終章において、本論文のまとめ、得られた知見を示し、本論文の限界と今後の課題について述べる。

本論文の執筆中も 2 年前からの新型コロナウィルスの世界的パンデミックにより、人類社会の価値観がより人間的なものを重視する価値観に変わるといわれている。また人工知能 AI に関しては、ジェンダーの視点から見れば、かつての課題や固定観念等が拡大再生産されることが懸念されている。また AI による LAWS という殺人兵器も開発され、世界にはそれを取り締まるルールがないという。堺市女性団体協議会が戦後 73 年間とどまることなく「二度と戦争を起こさない」という決意から、ジェンダー平等社会実現のために積み上げてきたものが崩壊してしまわないよう、あらためてこれからの活動については技術革新の落とし穴を注視して、乗り越えていくことが求められる。その際に本研究の堺市女性団体協議会の人々の人間的なつながり、気づきと共感、そして共鳴することによる個人としての、また集団としてのエンパワーメント、チェンジ・エージェントとしての変革型リーダーシップをどのように活かせるのか、深く考察を続けていく必要がある。

第１章　ジェンダー平等社会実現の取り組みにおける日本の地域婦人（女性）団体の位置づけと先行研究

ジェンダー平等社会の実現については、解決すべき課題が、1975年（昭和50年）の国際婦人年 のメキシコ世界会議において採択された、世界行動計画に 9分野において設定されたのが最初である。それまでの各国の女性運動や行政の取り組みが、「自由、平等、平和」の理念の下、世界的に共有された。ジェンダー平等が世界的重要課題であることが認識され、女性の生存権、教育権、労働権、市民権、健康権という人権の確立と社会参画や政治参画などの推進が目標とされた。以来、日本においても、同年9月に内閣総理大臣を本部長とする婦人問題企画推進本部 が設置され、翌年には総理大臣の諮問機関として有識者らによる婦人問題企画推進会議が設置され、世界行動計画の推進をめざした。この頃から、日本でもジェンダー平等社会実現のための課題解決の議論は活発になり、個別課題についての研究が広範に進められるようになった。しかしながら、ミレニアム開発目標3（MDG3）の「ジェンダー平等の推進と女性の地位向上」、持続可能な開発目標の目標 5（SDG5）の「ジェンダー平等を達成しすべての女性および女児のエンパワーメントを行う」に象徴されるように、国内外を問わず依然として女性は様々な差別や格差に直面しており、意思決定過程への参加・参画も不十分なままの状況におかれている。本章においては、ジェンダー平等社会実現に向けた女性のエンパワーメントとジェンダー平等教育、リーダーシップおよびジェンダー課題の変遷について整理する。そして、女性が自らのニーズを認識し、自らの人生を決定し、社会に対して女性の位置の変更を交渉する女性の「行為主体性（agency）」として重要な役割を果たしてきた（いる）国内の地域婦人（女性）団体に関する概要とそれに関する先行研究について述べる。

1-1　ジェンダー（Gender）という用語と概念について

ジェンダーとは社会的構築物であり、女性と男性の違いと男女間の社会的関係を表した用語である。生物学的性差（SEX）とは区別されている。「これは1970年代にフェミニズムが、自然的とされ変えることができないとされた性差を相対化するためにあえて持ち込んだ」（上野千鶴子 1995：1）。また男女の権力関係の非対称性を問題にする概念である。ジェンダー関係は、イデオロギーや歴史、文化、宗教、民族、経済などによって規定され、政治、経済あるいは文化の影響によって変化するものであると定義されている。したがって、ジェンダー関係（Gender relations）は、社会・文化的状況によって異なる。前田健太郎は、ジェンダーは女性と男性の関係を指す概念だといい、フェミニズムは一見すると性差別とは無縁な、ジェンダー中立的に見える社会の仕組みが、実際には男性に有利に働いていることを告発してきたとし、そうだとすれば、ジェンダーと関係がない問題は、原則として存在しないと述べている[1]。ジェンダー問題（Gender issues）とは、女性と男性の日常生活、社会的な側面、あらゆる機会や資源へのアクセスやニーズによって男女の違いがあるにもかかわらず、概ね男性のそれらを基準・標準として制度や慣習が構築しているところから、女性の人権を侵害し、女性がのびのびと能力を発揮しかねる現状を生み出している。それらを課題として認識し、解決に向かう問題である。またジェンダーの視点とは、社会的・文化的に形成された性別（ジェンダー）が、性差別、性別による固定的役割分担、偏見、抑圧、排除等につながっている場合があり、これらが社会的・文化的に形成されたものであることを認識していこうとする視点である。

山内（2000）によれば、男女の脳の構造の違いや男女の性ホルモンが、認知や行動パターンの特徴や違いを作り出していることは確かだが、男らしさ、女らしさという言葉は、生物学的に規定された男女の違いとは別の、社会秩序を保つためのものであったり、男性側から求められ、期待され、作られた女らしさであった。また、江原（1995）は、ジェンダーという概念は、一定の性別観を意味する概念から、従来「普遍的」なものとして置かれていた様々な「知」の中に男性中心主義を発見するというアプローチの方法を意味する概念に変容した。そもそも一般的に認められている両性間の差異のほとんどは、元来、なんらの根拠に基づいたものでもなく、便宜的に性別に従って割り当てられた役割規定そのものであり、この規定自体は文化の歴史的所産である（Money and Tucker, 1975: 4）。また、Beck（1986）は、ジェンダーがリスクの不平等分配を進ませる社会的リスクとなるとし、Sen（1999）は、「ジェンダー不平等は、他の種類の不平等や権利の剥奪に目を向け、そして理解する視座を与えてくれる。またジェンダーそのものが重要な視点であると同時に、ジェンダー理解は他の様々な不平等や不公正の理解を促すとしている。

[1] 詳しいことは前田（2019）を参照されたい。

本節では、ジェンダーという用語と概念の議論の経緯をみてきた。ジェンダーが社会的・文化的に形成されたものであり、すべての領域において男性中心主義を発見するアプローチの方法を意味する概念に変容したことを確認した。またベックやアマルティア・センの指摘により、今後の新しいジェンダー秩序の構築の可能性が示され、さらにそれは男女にとどまらず、ジェンダーが、今後 LGBTQ+ の人々など「様々な性の有り様」を包摂し、ジェンダー平等社会の実現は、社会的脆弱な立場の人々の「生」をも包摂する可能性が期待される。

1-1-1　ジェンダー平等（Gender equity）とは

ジェンダー平等（Gender equity）とは、「ジェンダー（社会的性差）にかかわらず社会全体のさまざまな状況において個人が平等な状態にあること。ジェンダー平等主義，男女平等ともいう。ジェンダーに基づいた種々の役割や立場を個人にあてはめようとする傾向に歯止めをかけるものである。この文脈においてジェンダーとは，個人のジェンダー・アイデンティティ（自分が男性あるいは女性，またはどちらでもないという認識）、もしくはジェンダー・アイデンティティの表れであるジェンダー・ロール（性役割）をさす。ジェンダーは必ずしも個人の解剖学的な性とは一致しない。したがって、ジェンダー平等は時として「ジェンダーや性、セクシュアリティ（性的傾向）に関係のない普遍的な平等」の意味で使われる。

1-2　女性のエンパワーメントについて

1-2-1　エンパワーメントという概念について

エンパワーメントという用語の定義については確立されたものはないが、一般的に理解されているのは「力の付与」「力をつけること」とである。語彙の歴史的変遷をみてみると、古くは中世英語や 17 世紀の法律用語として「公的な権威や法律的な権限を与えること」を意味していた。その後、アメリカの公民権運動や女性解放運動を通して「力をつける」といったプロセスを表現する意味で使われるようになっていった。そしてエンパワーメントの概念に大きな影響を与えたといわれているのが教育学者のパウロ・フレイレである。フレイレ（1979）は、ラテンアメリカの非識字者を対象とする教育手法としてエンパワーメントを位置づけ、その重要な側面として「意識化」、「能力の獲得」、「社会関係の変革」の 3 つのプロセスの重要性を説いている。とくに「意識化」が核となる概念で、自分が社会の中で、どのような位置に存在するのか、またどのような差別的扱いを受けているのかを意識し、その状況を改善し、変革するための能力を獲得し、行動を促進する教育を目指した。この概念は、女性のエンパワーメントを分析する際に大変有効であると思われる。

本論文では、堺市女性団体協議会のエンパワーメントのプロセスを分析する概念としてのエンパワーメントの定義を、エンパワーメントに関するフリードマン（1996）、久木田（1998）、佐藤（2005）先行研究をもとに定義した、千葉（2007）および太田（2011）の定義を援用し[2]、「社会的に周辺化され、差別的扱いを受けている人々が、様々な気づきを通してその状況を意識化し、学習を通して自信や能力を獲得し、状況を変革しようとするプロセス」とする。

1-2-2　女性のエンパワーメントのためのアプローチについて

女性のエンパワーメントという概念の形成にとって重要な役割を果たしたのが、開発途上国の女性たちが中心となって組織化した DAWN（Development Alternatives with Women for a New Era）であるといわれている。DAWN は開発プロセスに女性が参加・参画するために必要なことは「個々人が力をつけること」であること、すなわちエンパワーメントの重要性を主張した（村松・村松　1995）。ジェンダー平等と女性のエンパワーメントに関する記述が公式の文書に登場するのは、1994 年にカイロで開催された国際人口開発会議で採択された行動計画、第 4 章「男女の平等、公平性および女性のエンパワーメント」である。翌年、1995 年に北京で開催された第 4 回世界女性会議（北京会議）で採択された北京行動綱領の主題は「女性のエンパワーメント」で「経済的、社会的、文化的および政治的意思決定への完全かつ平等な分担」と記されている。北京会議以降、エンパワーメントはジェンダー主流化（ジェンダー平等を達成するための手段）とともに、ジェンダー平等を達成するための中心的な概念となっている。エンパワーメントの対象となるには女性は資源を有する（エンパワーメント・プロセスの前提条件）だけではなく、自身の能力を獲得するために戦略的な選択を実行する行為主体性（agency）が必要であると、Kabeer（1999）、Sen（1999）らは指摘している。

[2] 千葉（2007）によれば、エンパワーメントとは、社会的に周辺化された人々の内在的な力を引き出し、状況を変えていく過程であり、太田（2011）によれば、エンパワーメントとは、社会的な弱者が、自分自身あるいは他者の援助によって、自信と尊厳の回復、能力の取得を行い、他人からのコントロールから解放され、自分で意思決定を行えるように社会の関係性を変革していく身体的、心理的、社会的、経済的、政治的パワーを獲得していくプロセスである。

太田（2011）は、女性のエンパワーメントの分析視点として、エンパワーメントに関する先行研究をもとに、太田（2011）は図 1-1 のように、3 つのプロセスと 5 つの側面に整理している。太田は、女性のエンパワーメントにおいても、第 1 段階としての気づきから始まる（心理的エンパワーメント）としている。これは抑圧された状態にある女性が、権利や権力が剥奪されている状況に気づき、その原因を分析する段階である。次は「行動」に移す前の能力獲得の第 2 段階である。リプロダクティブ・ヘルスを学ぶことによって得られる衛生面への配慮や健康への意識の高まりなどの身体的エンパワーメント、教育や学習によって知や情報を獲得することによって発言力が増したり、組織的に活動したりする社会的エンパワーメント、技術研修、就業トレーニング、マイクロファイナンスによる起業などの経済的エンパワーメントを通して力をつける事を意味する。これらの能力獲得のプロセスを通じて心理的にも成長できると述べている。

第 3 段階は、能力を獲得した女性たちが、「既存の力関係の不均衡に挑戦する行動」を起こす段階である。その際、女性たちは「組織化し、ネットワークを構築し、連帯して行動することによって、権利を主張し、獲得し、意思決定の場への参加」を実現していく過程で、「一人一人のエンパワーメントから集団としてのエンパワーメントが図られ、政治的エンパワーメントが達成される」とまとめている。

エンパワーメントの 5 つの側面（身体的、心理的、社会的、経済的、政治的）は、本研究対象である堺市女性団体協議会を分析する際に有効な指標となる。とりわけ、堺市女性団体協議会の活動において特筆すべきことはエンパワーメントのプロセスにおいて、「戦略的ニーズ」[3]を達成するための政治的エンパワーメントを重視していることである。

---

[3] 開発とジェンダーの分野においては、ジェンダー課題を以下の二つに分類している。
「実際的ニーズ（実際的ジェンダー課題）飲料、飲料水、医療など女性が容易に認識できる日常的なニーズのことで、特定のインプット（食料の提供、井戸の設置、診療所の開設など）を提供することに より解決できるニーズのことである。実際的ニーズに対処することにより、生活状況は改善されるかもしれないが、これだけでは固定的な男女の役割分担や社会関係を変化させることは難しい。戦略的ニーズ（戦略的ジェンダー課題）、資源や教育の欠如、貧困や暴力への抵抗力の欠如など、女性が置かれた不利 な状況やジェンダー・バイアスに依拠しており、多くの女性に共通しているが、女性自身が不利な状況や変革の潜在力について必ずしも認識できていないような ニーズのことである。女性のエンパワーメントを通じて社会的、政治的な働きかけや変革が必要であり、相対的にみて長期的に対処するような課題と考えられている。」

プロセス 側　面	①気づき	②能力獲得	③行動	最終目標
身体的		→	→	自己決定権の獲得・社会の変革
心理的	→	→	→	
社会的		→	→	
経済的		→	→	
政治的			→	
	個人 →	→	集団	

図 1-1　女性のエンパワーメントのプロセスと側面

出典：太田（2011）4 ページを参照し筆者作成。

1-2-3　女性のエンパワーメントとリーダーシップ

エンパワーメントの側面において、とくに重要なのが政治的エンパワーメントであるが、達成するのが最も困難であるともいわれている。政治的エンパワーメントを達成するにあたっては個々のエンパワーメントを集団のエンパワーメントに高めるためのリーダーの存在が不可欠である。女性のリーダーシップとエンパワーメントに関する研究として我喜屋他（2016）『平和構築に向けた女性リーダーシップとエンパワーメント』が挙げられる。本報告書は女性のリーダーシップ研究の第一人者である我喜屋まり子を中心として、変革型リーダーシップおよびチェンジ・エージェントとしての女性の役割に注目し、文献、調査、インタビューをもとにまとめられている。我喜屋他（2016）は膨大な資料および事例調査から、女性のリーダーシップについて次のように述べている。

「数多くの調査の結果、女性リーダーは男性に比べて多様な形のリーダーシップを発揮する傾向にあることが示されている。例えば、イーグリーとジョンソン（Eagly and Johnson 1990）が行ったメタ分析では、女性は性役割の観点では男性と比較してタスク志向が強いことを示している。特徴として女性は生まれつきコミュニティ志向であり（Eagly & Steffen 1984）、対人的なグループ・プロセスの方向に引き付けられる（Eagly & Karau 1991）。女性による決定および交渉のスタイルは、民主的なプロセスをより重んじている。21 世紀の経済、社会的な課題に直面するなか、政治的・職位型リーダーシップと政策決定で依然、女性の発言力や代表権が除外されていることから、変革型リーダーシップを通じて、われわれの現在の政治的、文化的な文脈を理解する必要がますます高まっている。ティシーとウーリッヒ（Tichy and Ulrich 1984）は、変革型リーダーが政治、文化の制度に変化をもたらすとしている。変革型リーダーシップは、「リーダーとフォロワーが互いのモチベーションやモラルをより高い段階まで高め合うような方法で他の人間と関わる時に発生する」（Burns 1978）」[4]。

このように変革型リーダーシップとしての女性の役割の重要性は証明されているにもかかわらず、我喜屋も述べているように、残念ながら、ジェンダーによる固定観念や差別的な慣行などにより、女性は意思決定／政策決定における女性の参画は不十分のままにある。

このような状況の中で、堺市女性団体協議会は73年の活動歴において、早い段階から女性の政治への参加・参画を促進し、女性の声を施策や政策形成に反映させようと、3名の堺市議会議員を輩出していることは特筆すべきであろう。市議会議員となったのは、いずれも堺市女性団体協議会の代表を務めている女性である。彼女らのリーダーシップとはどのようなものであったのかについて、我喜屋らの本研究で得られた知見をもとに分析を行う。

1-3　エンパワーメントとジェンダー平等教育

エンパワーメントの指標において「教育」は社会的エンパワーメントに位置づけられている。ここでは、ジェンダー平等教育の流れについて概観しておきたい。

堺市女性団体協議会の活動の核となる活動に「学習」があり、その基礎は1950年（昭和30年）「堺婦人会」の時代につくられ、今日の「堺自由の泉大学」にまで脈々と受け継がれている。「堺婦人会」の時代の「婦人学習」の特徴として、それまでの講演会や料理・生け花などの生活技術の講習会から、女性を対象としたリーダー育成のための学習活動や政治参加に関する教育へと意味や質が大きく変化した点をあげることができる。女性のエンパワーメントをめざしたジェンダー平等教育の萌芽をそこにみるこができると言えるだろう。そこで、ここではジェンダー平等教育に関する国内外の取り組みと研究について述べる。

1-3-1　ジェンダー平等教育における国際的な流れ

ジェンダー平等社会の実現に向けて、すべての人々のエンパワーメントや社会理解のために欠かせないのは、ジェンダー平等教育である。1948 年の世界人権

---

[4] 我喜屋他（2016）23 頁による。

宣言 の前文には、「人類社会のすべての構成員の固有の尊厳と平等で譲ることのできない権利とを承認することは、世界における自由、正義及び平和の基礎であるので（略）、国際連合の諸国民は、国際連合憲章において、基本的人権、人間の尊厳及び価値ならびに男女の同権についての信念を再確認し（略）、加盟国は、国際連合と協力して、人権及び基本的自由の普遍的な尊重及び遵守の促進を達成することを誓約したので（略）、加盟国自身の人民の間にも、また加盟国の管轄下にある地域の人民の間にも、これらの権利と自由の尊重を指導及び教育によって促進することを（略）、すべての人民とすべての国とが達成すべき共通の基準として、この世界人権宣言を公布する」と記されている。人権と自由の尊重を教育によって促進することを宣言しているのである。ジェンダー平等社会実現の基盤としても、教育による一人ひとりの気づきや知識の集積が、人間としての考え方や生活行動を改善していく、そのことがエンパワーメントである。そしてジェンダーとは何か、ジェンダー平等とは何かを、自身の人権と他者の人権尊重を通して、人権が尊重される社会を形成していくのは必然である。ジェンダー平等教育は、人権教育の基底に位置していることからも、重要である。

ジェンダー平等教育の世界的な動向をジェンダー・ギャップ指数とミレニアム開発目標（以下 MDGs と記す）の 2013 年時点での目標達成度から概観する。世界経済フォーラムによるジェンダー・ギャップ指数は、各国の男女格差を数値化してランク付けしており、2005 年に初めて調査を行い、2006 年から毎年公表されている。三成（2014）によれば、同指数は、ジェンダー平等の達成度を最も正確に反映するとされている。また、世界経済フォーラムの男女格差・人材部門のシニア・ディレクターである Saadia Zahidi によると、世界経済フォーラムが、ジェンダー・ギャップ指数を毎年公表しているのは、先進国と途上国において、地球資源を女性と男性に均等に分配しているかどうかを正確に理解するためであり、ジェンダー・ギャップ指数とは、高等教育を受けることができた国民の数、仕事を得ることができた人の数、国会議員になった数を男女別に正確に把握することが目的で、政策の分析ではないとしている。ジェンダー・ギャップ指数は、4 分野の男女格差を測定している。①給与、参加レベルおよび専門職での雇用、②初等教育や高等・専門教育への就学、③健康寿命と新生児の男女比、④意思決定機関への参画である。

世界経済フォーラムの最新のリポート 2021 年のジェンダー・ギャップ指数について内閣府によると、調査対象国 156 か国のうち日本は 120 位であった。先進国の中で最低レベル、アジア諸国の中で韓国や中国ASEAN諸国より低い結果となった。日本はとくに、「経済」及び「政治」における順位が低くなっており、「経済」の順位は156か国中117位、「政治」の順位は156か国中147位である。同リポートでは、日本は政治分野において格差が縮小したものの女性の参加割合は低く、国会議員の女性割合は9.9%、大臣の同割合は10%にすぎないことにより、「政治」のスコアが0.061と低いままであると述べられている。さらに過去50年間、女性の行政府の長が存在していないことも指摘されている。また「経済」分野についても、管理職の女性割合が14.7%と低いこと、女性の72%が労働力になっている一方パートタイムの職に就いている女性は男性のほぼ2倍であり、女性の平均所得は男性よりも43.7%低くなっていることが指摘されている。ジェンダー・ギャップ指数は、2006年から報告されているが、日本のジェンダー・ギャップ指数は、表1-1に示す通り、2006年以来低迷を続けている。

表1-1：日本のジェンダー・ギャップ指数の推移　2006年～2021年

年	調査国数	総合		政治		経済		教育		健康	
		ランク	指数	ランク	指数	ランク	指数	ランク	指数	ランク	指数
2021	156	120	0.656	147	0.061	117	0.604	92	0.983	65	0.973
2020	153	121	0.652	144	0.049	115	0.598	91	0.983	40	0.979
2019	153	121	0.652	144	0.049	115	0.598	91	0.983	40	0.979
2018	149	110	0.662	125	0.081	117	0.595	65	0.994	41	0.979
2017	144	114	0.657	123	0.078	114	0.580	74	0.991	1	0.980
2016	144	111	0.660	103	0.103	118	0.569	76	0.990	40	0.979
2015	145	101	0.670	104	0.103	106	0.611	84	0.988	42	0.979
2014	142	104	0.658	129	0.058	102	0.618	93	0.978	37	0.979
2013	136	105	0.650	118	0.060	104	0.584	91	0.976	34	0.979
2012	135	101	0.653	110	0.070	102	0.576	81	0.987	34	0.979
2011	135	98	0.651	101	0.072	100	0.567	80	0.986	1	0.980
2010	134	94	0.652	101	0.072	101	0.572	82	0.986	1	0.980
2009	134	101	0.645	110	0.065	108	0.550	84	0.985	41	0.979
2008	130	98	0.643	107	0.065	102	0.544	82	0.985	38	0.979
2007	128	91	0.645	94	0.067	97	0.549	69	0.986	37	0.979
2006	115	80	0.645	83	0.067	83	0.545	60	0.986	1	0.980

出典：内閣府男女共同参画局　『ジェンダー・ギャップ指数』より筆者作成。

次にMDGsの目標達成報告「国連ミレニアム開発目標報告（2013）」の「目標2　普遍的な初等教育の達成のジェンダー平等教育に関係する報告」に着目する

と、ターゲット2-A「すべての子どもたちが、男女の区別なく、初等教育の全過程を修了できるようにする。」については、初等教育就学年齢であるのに、学校に通っていない子どもは2000年には1億200万人で、2011年には5700万人に減少しているが、こうした非就学児童の半数超がサハラ以南アフリカに暮らしている。さらに世界全体ではいまだに1億2,300万人の青少年が基本的な読み書きの能力を欠いており、その61%が若い女性である。子どもの非就学は貧困の他、性別や都市部か農村部かなどの居住地域にも起因している。63か国のすべてで初等および中学校教育就学年齢の両方で、女子が学校に通えない可能性が男子に比べて高い。就学における男女格差は中学校教育において拡大するが、これは比較的富裕な世帯の女子も例外ではないことが報告されている。さらに識字率に注目すると、1990年以降、成人女性の識字率は男性の7ポイントに対し10ポイント上昇したものの、女性は世界の非識字成人人口の3分の2を占める。次に「目標3　ジェンダーの平等の推進と女性の地位向上ターゲット」3-A「すべての教育レベルで、男女格差を解消する」については、男女平等の目標達成が最も近いのは初等教育段階である。しかし教育のすべての段階で目標を達成しているのは130か国中、わずか2か国である。開発途上地域全体では、教育の各段階のジェンダー・パリティ指数（GPI,男子の就学率に対する女子の就学率として定義される）は0.97から1.03の範囲が一般に平等と認められる基準とされている。男女格差がより顕著になるのが中等教育であることは「目標2」でも報告されたが、高等教育段階では男女格差が、はるかに大きくなっている。

1-3-2　日本のジェンダー平等教育の現状

生田（2005）は、21世紀COEプログラムにおける教育クラスターの主たる活動目的を「ジェンダー・センシティヴな人材の育成」に向けた原理、制度、および方法論の提示にあると考え、ジェンダー・センシティヴな人材を育成する教育原理や教育制度を確立するためには、教育学それ自体が内包しているジェンダー・バイアス等の問題に対して、自覚的分析を行い、それを払拭する試みが不可欠であるとしている。「自覚的な分析」の対象は、「ジェンダー・センシティヴ」という概念がいかなる意味を持ち、そこからどのような実践が導かれるのかの吟味をはじめとして、教育の諸分野においてジェンダーの問題がいかに意識的・無意識的に取り扱われてきたのかの歴史的考察、そして現状の教育において、いかなる問題を生起させ、またそれに伴って採られる対処法の妥当性に関する現状分析も含んでいる。例えば、中学校の社会科公民的分野の教科書におけるジェンダーに関する記述は、「法や政策」の比較的早い時期の反映として改編される。その教科書によって形成されるジェンダー観は、子どもを取り巻くさまざまな要素とともに、具体的・総合的な現象として表出する。この現象に教育学および周辺諸科学の「自覚的分析」を加えることによってその現象の中に根源的に横たわる新たな問題が顕在化してくることは確かである。まさにジェンダー研究における教育学は、「法や政策」が提言し、形作ってきた社会を映す鏡であり、同時にそこで発見された根源的な問題は、新たな「法や政策」の立案に寄与するものとなる、としている。この背景にある 21 世紀 COE プログラムとは、世界最高水準の研究教育拠点形成を目標とするもので、2003 年の同プログラムに東北大学「男女共同参画社会の法と政策—ジェンダー法・政策研究センター」が採択された。この拠点リーダーである辻村（2005） は、この拠点が、21 世紀の日本と世界がめざす男女共同参画社会（gender-equal-society）形成のための理論的課題を、法学および政治学を中心とする視点から明らかにし、ジェンダー・センシティヴな若手研究者・法曹実務家・政策担当者等を育成することを目的としているとしている。また、研究教育の成果を世界に発信してアジア地域と欧米の諸機関をつなぐネットワーク拠点を形成し、地方公共団体・弁護士会等とも連携して、研究成果を政策実践にフィードバックさせることをめざすものとしている。また、この拠点の研究教育は、「基礎研究部門」、「応用研究部門」、「政策実践＜フィードバック・アドヴォカシ＞部門」の 3 つの研究部門と、6 つの研究クラスターを組織している。この 6 つのクラスターを、21 世紀社会にとって緊要な問題群として、「政治参画」「雇用と社会保障」「家族」「身体（セクシュアリティー）」「人間の安全保障」「ジェンダー教育」に組織して部門横断型の体制のもとで実施するとしている。

ジェンダー平等教育に関する分析手法やアプローチの提言については、教育学、歴史学、文化人類学、生物学、医学、政治学、文学、美術史など様々な学問的見地からのアプローチが試みられており、また、ジェンダー平等が進んでいる北欧の国々や諸外国のジェンダー平等教育についての研究は、橋本（2006） の「フィンランドのジェンダー・セクシュアリティーと教育」など、ジェンダー平等教育の必要性や重要性、あるいは有用性について分析し、課題を抽出し、実践するための提言が行われている研究は多数ある。課題分析の対象は、現行のわが国の文科省におけるジェンダー平等教育およびジェンダー平等教育を包括する人権教育の教育関連法等や研究が進められている人権教育の指導等の在り方について行われている。

1-3-3　日本のジェンダー平等教育の課題

（1）　文部科学省のジェンダー平等教育について

女性差別撤廃条約の実施状況の第6回日本政府報告における、「固定的性別役割分担の意識 の改善をせよ」という勧告に対して、「学校教育の中で推進している」、と報告している。固定的性別役割分担意識の改善は、ジェンダー平等教育の基本的なファクターである。しかし、日本においては、人権教育としてのジェンダー平等教育の位置づけもほとんど理解されておらず、教育現場でどのように指導を行うかを示す学習指導要領の中にも明確なカリキュラムは一部しか構成されていない。さらに2014年9月に文科省の初等中等教育局が実施した「平成26年度　人権担当指導主事連絡協議会」で報告されている人権教育の推進に関する取組状況調査結果でも、およそ学校教育現場における人権教育すら実施されているとは言えない状況が明白であるからである。

文科省は、人権教育の指導方法の在り方について、「人権教育の指導方法等に関する調査研究会議」を設置し、2004年6月に第一次とりまとめを示し、人権教育とは何かについてわかりやすく提示した。2006年1月には第二次とりまとめを行い、指導方法等の工夫・改善のための理論的指針を提供した。さらに2008年6月に第三次とりまとめを行い、第二次とりまとめが示した理論の理解を深めるため、具体的な実践事例等の資料を収集・掲載した、としている。特に第三次とりまとめでは、「指導等の在り方編」と「実践編」の2編に再編されているが、実践編は「個別的な人権課題に対する取組」として、①女性、②子ども、③高齢者、④障害者、⑤同和問題、⑥アイヌの人々、⑦外国人、⑧HIV感染者・ハンセン病患者等、⑨刑を終えて出所した人、⑩犯罪被害者等、⑪インターネットによる人権侵害、⑫その他（例として、北朝鮮当局によって拉致された被害者等、性的指向（異性愛、同性愛、両性愛）を理由とする偏見・差別、ホームレスの人権、性同一性障害者の人権、人身取引（トラフィッキング）という課題に分類し、それぞれの課題について、取組に当たっての基本的な考え方・観点を簡略に示し、それぞれに関係法令等の名称が添えられている。

さて、前述の文科省の「人権教育の指導等の在り方第三次とりまとめ」の実践編の別冊である、個別的な人権課題に対する取組の 12 の課題の中で、①女性についての取り組みにあたっての基本的な考え方・観点は以下のとおりである。

「男女間の固定的役割分担意識が依然として強く残っているために、社会生活の様々な場面において女性が不利益を受けることが少なからずある。男女が、互いにその人権を尊重しつつ責任も分かち合い、性別にかかわりなく、その個性と能力を十分に発揮できる男女共同参画社会の実現は我が国にとって緊要な課題となっている。このような中、性別に基づく固定的な役割分担を是正し、人権尊重を基盤とした男女平等観の形成を促進するため、家庭、学校、地域など社会のあらゆる分野に置いて男女平等を推進する教育・学習の充実を図ることが重要である」としている。「実践編」とされているが、これはテキストの前置きであって、これだけの「基本的な考え方」だけでは、具体的な授業や学習カリキュラムにはなり得ない。この点がまず、日本のジェンダー平等教育の大きな課題である。ジェンダーという言葉すら登場していない。また相変わらず、固定的性別役割分担だけがジェンダー課題のように捉えられかねない記述となっている。

(2)　現行の学習指導要領におけるジェンダー平等教育の現状と課題

現行の学習指導要領（平成 20 年 8 月版）を小学、中学校分及び幼稚園の教育要領を「ジェンダー平等教育に関する記載」と「男女という言葉が出てくる記載内容」について調査した。まず現行の初等・中等教育における「ジェンダー平等教育」について、幼稚園の教育要領には特に記載はない。小学校では体育の「(2)育ちゆく体とわたし」の「ア体の発育・発達」の中で、「男女の特徴が現れる」という記述がある。また小学校の道徳で、「男女仲よく協力し、助け合う。」という記述があり、さらに第二次性徴期の説明の部分で「男女間の在り方も根本的には同性間におけるものと同様、互いの人格の尊重を基盤としている。」とある。また特別活動の(2)日常生活や学習への適応及び健康安全の中で「男女の協力」と触れられているだけである。中学校の学習指導要領では、保健体育の「イ生殖に関わる機能の成熟」において、「異性の尊重、性情報への対処など性に関する適切な態度や行動の選択が必要となる」、技術・家庭では、「家庭分野の学習は（略）男女が協力して生活することの重要性や家庭観などについての確かな考え方を醸成するものであり」とされている。道徳では、まず男女の特性論が展開され、男女の違いや特性を強調しており、社会は男女から成り立つというところで性的マイノリティーの人権課題には触れていない。さらに特別活動においては、「エ　男女相互の理解と協力」のところで、「中学生の時期は、男女の身体的な特徴が顕著になるとともに、異性への関心の高まりや性衝動が生じるなど異性に対する心理面の変化も顕著となることから、男女における身体面・精神面の違いの理解や、異性と人間関係を築くに当たってのルールやマナーについての理解が十分でないことも予想される。このため保健体育、道徳などの学習とも関連させ、男女相互の理解を一層深めるとともに、人間として互いに協力し尊重しあう態度を養うことが大切である。その際（略）家庭や社会における男女相互の望ましい人間関係の在り方などについても幅広く考えていくことが望まれる。具体的には男女相互の理解と協力、人間の尊重と男女の平等、男女共同参画社会と自分の生き方などの題材を設定し、アンケートやインタビューをもとに話し合ったり、新聞やテレビの資料を基に話し合ったり討論したりして展開していくことが考えられる。なお、男女相互の理解と協力は、性に関する指導との関連を図ることが重要（略）」とされている。

日本の文科省の学習指導要領には「男女」という言葉は出現するが、「ジェンダー」という言葉は登場しない。また、男女の特性論を展開することは、ジェンダー平等教育の趣旨、目的に反する可能性のほうが大きく、学習指導要領において男女共同参画社会の実現を妨げかねない記述は、改善されなければならないと考える。男女において身体的成長や特徴に生物学的性差はあるが、その性差が児童生徒の人間的、社会的格差とならないような人権教育が必要である。社会的、文化的に創られ、刷り込まれてきた性差、家庭や社会、学校や先生、そして自分自身のなかに存在するジェンダーの有り様を理解させた上で、ジェンダー平等とは何かということを指導する必要があるだろう。

日本のジェンダー平等教育の大きな課題は、人権教育の基盤にジェンダー主流化の概念がないことである。たとえば、多様性教育とジェンダー平等教育の関係性をまず教員にどのように理解させるか、文科省のいう12の人権課題がそれぞれ別個の教科のような扱いではなく、どのように関連しているのかということについて、まったく触れられていない。この問題については、前述した内閣府男女共同参画局の、ジェンダー平等が進んでいる北欧5か国の調査結果を参考にするなど、全体的に再構成することが求められる。また、学習指導要領や、第三次取りまとめ、あるいは中教審答申などでは、さかんに児童生徒の「生きる力」の養成について重点を置き、「自尊感情」の育成を説いているが、ここにもわが国の封建的な女子教育等の歴史や慣習、伝統の中の男尊女卑の意識を払拭する視点が少なからず欠落していると考える。

1-4　ジェンダー課題の変遷

ジェンダー課題は時代的背景、当該社会の社会的および文化的環境や規範、価値観などをうけるが、万国共通の普遍的な課題も多い。ここでは、ジェンダー課題が可視化されはじめる 1975 年以降のジェンダー課題の変遷に焦点をあて、その概要を述べる。

1-4-1　1975 年国際婦人（女性）年から 2000 年までのジェンダー平等の動き

各国のジェンダー課題を世界共通の課題としたのが、1975 年の国際婦人年における「世界行動計画」 である。内閣府男女共同参画局の「執務提要」第 2 章国際婦人年（1975 年から 1989 年） によると、同計画の第 2 章は、国内行動の特定分野として次の 9 分野に分類している。A 国際協力及び国際平和の強化、B 政治参加、C 教育及び訓練、D 雇用及び関連の経済活動、E 健康及び栄養、F 近代社会における家庭、G 人口、H 住居及び関連施設、I 他の社会問題、である。また、国内行動計画の構成としては、1 法制上の婦人の地位の向上、2 男女平等を基本とするあらゆる分野への婦人の参加の促進、3 母性の尊重及び健康の擁護、4 老後等における経済的安定の確保、5 国際協力の推進である。さらに国内行動計画前期重点目標として、婦人の政策決定参加の促進、家業、家庭における妻の働きの評価、新しい教育機会の創出、新しい時代に即応する学校教育、雇用における男女平等、育児環境の整備、母性と健康を守る対策、農山漁村婦人の福祉の向上、寡婦等の自立促進、老後における生活の安定、国際協力となっている。これらの計画や重点目標において、「政治参画」が上位に来ていることを再認識した。国内行動計画における 9 分野はジェンダー課題の領域であり、国内行動計画の構成と重点目標はジェンダー課題の分類である。第 3 回世界女性会議（メキシコシティ）の世界行動計画は、1985 年の「国連女性の 10 年」最終世界会議（ナイロビ）で採択された「女性の地位向上のためのナイロビ将来戦略」（以下ナイロビ将来戦略と記す） につながっている。ナイロビ将来戦略は、世界行動計画の実施期限を西暦 2000 年まで延長することが決められ、各国のジェンダー課題解決についての 372 項目にわたる詳細なガイドラインとなっている。この間 1979

年には、第34回国連総会において女子差別撤廃条約が採択され、1981年に発効している。日本は1985年に同条約に批准した。

その後1993年、ウィーンで開催された世界人権会議では、女性に対する暴力は人権問題であると位置づけられ、「ウィーン宣言及び行動計画」で、公的及び私的な生活における女性に対する暴力の撤廃が位置付けられた。さらに1995年の第4回世界女性会議（北京）では「北京宣言及び行動綱領」が採択された。同行動綱領では、戦略目標及び行動として、12目標と52の行動項目が示されている。20年前の世界行動計画のジェンダー課題9分野から、具体化、広範化していることがわかる。戦略目標12目標は、A女性と貧困、B女性の教育と訓練、C女性と健康、D女性に対する暴力、E女性と武力戦争、F女性と経済、G権力及び意思決定における女性、H 女性の地位向上とそのための制度的な仕組み、I女性の人権、J女性とメディア、K女性と環境、L少女である。これらの戦略や宣言及び行動綱領、行動計画は、1975年の国際婦人年の世界行動計画から、5年ごとに目標達成度を検証し、未解決課題については、次の目標へとつなげられて来た。

1-4-2　ミレニアム開発目標（MDGs）とジェンダー課題の達成度

2000年からは、ミレニアム開発目標（MDGs）が、世界184か国の共通目標となった。2009年9月にニューヨークで開催された国連ミレニアム・サミットにて採択されたミレニアム宣言と1990年代の国際会議やサミットで採択された国際開発目標を統合した目標である。MDGsはジェンダーや貧困を最重要課題としており、8つの目標と21のターゲットを掲げて、2015年までに達成しようというものである。8つの目標のうちジェンダー課題は、目標3のジェンダー平等の推進と女性の地位向上を中心として、目標 2 の普遍的初等教育の達成においても女子の教育へのアクセスが男子よりも低い現況から、ターゲット2A は、すべての子どもが男女の別なく初等教育の全過程を修了できるようにするとしている。また目標5の妊産婦の健康の改善もリプロダクティブヘルス・ライツ の概念を有するジェンダー課題であり、目標1の極度の貧困と飢餓の撲滅でも、ターゲット1Bで、女性、若者を含めた適切な雇用の確保が求められている。

ミレニアム開発目標は、すでに2015年で終了しており、2015年7月6日には「国連ミレニアム開発目標報告 2015　MDGs 達成に対する最終評価」（Global launch） が発刊された。同報告は冒頭で、MDGアジェンダは、これまでの歴史で最も成功した貧困撲滅のための取り組みであったとしている。また、2000 年から数々の開発地域で多くの成功を導いてきた。MDG アジェンダの成功は世界規模での取り組みが機能していることを証明し、2015 年以降に採択される開発目標の基盤となっているとしている。ジェンダー課題に関する目標の達成度を見ると、目標 1 については、1990 年には開発途上国の半数に近い人口が 1 日 1.25 ドル以下で生活していた。2015 年にはその割合が 14%まで減少した。これは、10 億人以上の人々が極度の貧困から脱却したと解釈できる、と報告している。目標 3 のジェンダー平等の推進と女性の地位向上では、すべての開発途上地域は、初等、中等および高等教育における男女格差を撲滅するという目標を達成した。1990 年の南アジアでは、100 人の男子に対し、74 人の女子が小学校に通学していた。今日では 100 人の男子と比較して 103 人の女子が通学している。また、過去 20 年において 174 か国のほぼ 90%の女性が政治に参加する基盤を得た、としている。さらに目標 5 の妊産婦の健康状態の改善については、1990 年以降、妊産婦の死亡率は 45%減少した。これらの現象の多くは 2000 年以降に起こっている。2014 年には、世界の 71%以上の出産は、医療従事者の立会いの下に行われた。これは 1990 年の 59%から目立った上昇である、としている。

同報告は、目標達成の報告と同時に「誰ひとりとして置き去りにしない－残された課題－」として未解決の課題を抽出し、整理している。残された課題の冒頭に、「男女間の不平等が続く」というタイトルで、女性は、就業機会、資産、公私の意思決定においていまだに差別に直面している。また、女性は男性より貧困状態にある。国会議員に占める女性の割合は 5 人に 1 人にとどまっている、としている。他の未解決の課題は、最貧困層と再富裕層、都市部と農村部の格差の存在、気候変動と環境悪化が達成すべき目標を阻んでいること、紛争は人間開発の最大の脅威であること、数百万人の貧しい人達は、未だに基本的サービスへのアクセスが無く、貧困と飢餓の中で暮らしていることとしている。

この MDGs からポスト 2015 開発アジェンダへの移行について、当時の潘基文国連事務総長は、環境保護や平和と人権の保障を実現しながら、人々のニーズを満たし、経済変化に対応するために、（中略）MDGs を振り返り、今後の 15 年を見据えた際、（中略）貧困を撲滅し、誰ひとり置き去りにすることなく、全ての人々の尊厳が確保される世界を実現するという責任が私たちにはある としている。

1-4-3　持続可能な開発目標（SDGs）とジェンダー課題

MDGs における未解決の課題から、新たに 2016 年から 2030 年の 15 年間の世界目標として、持続可能な開発目標 SDGs が、2015 年 9 月の国連サミットで採択された「持続可能な開発のための 2030 アジェンダ」 にて記載された。持続可能な世界を実現するための 17 の目標と 169 のターゲット、232 の指標から構成され、「誰ひとり取り残さない」という理念の下、多様性と包摂性のある社会の実現をめざしている。「持続可能な開発」の概念の起源は、1972 年 、マサチューセッツ工科大学のメドウズ らによって発表された「成長の限界」 であり、地球資源をふんだんに消費しながら拡大してきた世界経済の成長は、このままでは 100 年以内に限界を迎えるという衝撃的な提言であった。その後 1987 年に「環境と開発に関する世界委員会（ブルントラント委員会）」 による報告書『我ら共有の未来（Our Common Future）』 で「持続可能な開発」の概念が提唱されたことが SDGs の根底にある。（これからの社会の“共通言語”SDGs を知っていますか『Medical Communication』2019 冬号より）その後目標年に近づいた 2012 年、ブラジルのリオデジャネイロで「持続可能な開発会議（リオ＋20）」 において発表された成果文書『我らが望む未来（The Future We Want）』 で環境・経済・社会の 3 つを統合した SDGs を MDGs の後継として採択することが決定された。

世界 193 か国の共通目標として採択された SDGs と MDGs の明らかな違いは、MDGs は発展途上国に向けた開発目標であったが、SDGs は、途上国だけではなく、先進国の課題も網羅し、さらに国や NGO だけが主体ではなく、民間企業も含めて一人ひとりが当事者意識を持って取り組む目標である点である。SDGs の 17 目標は、なりたい姿であり、169 のターゲットは具体的な達成基準として設定されている。

SDGs とジェンダー課題に注目すると、国連開発計画（UNDP） は、女性のエンパワーメントとジェンダーの平等は、持続可能な開発を促進するうえで欠かせないとし、女性と女児に対するあらゆる形態の差別に終止符を打つことは、基本的人権であると同時に、他のすべての開発領域に対して波及効果があるとしている。さらに SDGs は、MDGs の成果を土台として、未解決の課題を報告している。一部の地域では、雇用機会の不平等がいまだに大きいほか、労働市場でも男女間に格差が見られる。性的な暴力や虐待、無償ケアや家事労働の不平等な分担、公の意思形成における差別は、依然として大きな障壁となっている。また、リプロダクティブ・ヘルス（性と生殖に関する健康）関連のケアやサービスへのアクセスを確保し、土地や財産などの経済的資源に対する平等なアクセスを女性に認めることは、この目標に欠かせないターゲットであるとし、さらにあらゆる地域でより多くの女性リーダーが生まれれば、ジェンダー平等促進に向けた政策と法律制定の強化に役立つとしている。そのためには包括的なアプローチが必要不可欠であるとしている。

ここで重要な点は、1975年から2000年までのジェンダー課題解決のための目標は、女性や女児をターゲットとするだけで、社会、経済、環境の領域を包摂していなかったことである。ようやくMDGsと特にSDGsによって、先進国を含め、すべての国が行動するという普遍性を持ち、人間の安全保障の理念を反映し、「誰ひとり取り残さない」という包摂性を有する、また全てのステークホルダーが役割を果たす参画型であり、社会・経済・環境に統合的に取り組む統合性、定期的にフォローアップを行う透明性を有するという仕組みの上でジェンダーの課題解決が図られるということである。

1-5 ジェンダー平等社会実現の取り組みにおける日本の地域婦人（女性）団体の位置づけと先行研究

1-5-1 日本の地域婦人（女性）団体の形成の経緯

日本における女性の人権の確立や女性の地位向上、社会参画の推進が図られたのは第2次世界大戦後、GHQの占領下においてからである。戦前に官制婦人会として発足した日本最大の婦人団体である愛国婦人会 は、清水（2001）によると、一般には「軍事援護団体」として位置づけられており、団体の主唱者奥村五百子が、内務省や軍部の後押しを受けて1904年に発足した。清水は、愛国婦人会の発足当初の同会の規則を示しており、同規則第1条には、「本会は戦死及び準戦死者の遺族を救護する事、及び重大なる負傷者に対して、廃人に属するを救護するを以て目的とす」 とある。しかし清水は、軍事援護団体としての同会の役割よりも同会が1920年代からの「女中問題」を社会化し、多くの女性や子どもを対象とした夜学校や養成所を作るなどの社会事業を行っていたにもかかわらず、その資料の多くが第2次世界大戦後に葬り去られ、研究には極めて困難がともなう、としている。同会が活動した時代は、第1次大戦と第2次大戦の狭間であり、社会事業活動よりも軍事援護に活動の多くを注がざるを得なかったことも容易に推測できる。

1942年2月には大日本国防婦人会 、大日本連合婦人会 が統合され大日本婦人会となった。これらの婦人会の構成員に加えて未婚の女子については、大日本青年団の中に女子青年団が組織されていた。いずれも官制の組織である。また後藤（1990） は、戦時下の女性労働の一断面として、1944年8月に公布された女子挺身勤労令 により当時の新規女子学校卒業者は同窓会を単位として、その他の14歳以上の未婚の女子は、部落会・町内会・婦人会などを単位として、それぞれ勤労挺身隊を編成し、1年ないし2年の長期にわたる動員で、軍需工場などに出勤したとしている。敗戦を前にして、激化していた戦時下における女性たちの思いは、殷志強（2018）の日中戦争における市川房枝の研究における市川の「女性解放と戦争協力」への思いが代弁している。殷は、市川房枝という日本を代表する女性議員であり、女性参政権の獲得のための婦選運動のリーダーであった女性の戦争協力についての本心を探求した。市川は、軍部独裁の危険を意識しつつ、婦人参政権を繰り返し主張していた。

「戦争に対する婦人の考え方は男子とは非常に違います。この度でも全体からいえば婦人は武力を用いることに反対です。愛国の美名に酔わされて慰問袋などと働いているのは極めて少数です。それは婦人は天性そうしたことを好まない外、戦争は自分の可愛い子どもを殺すから、反対なのは無理もありません。その反対な婦人が政治に参加すれば確かに軍部を抑えることができます。私共が参政権を得ようとする目的の最も大きなものの一つです。婦選は婦人自身の利己的な立場からではなく、今日の国家を救うために重大な役割を持っています」（殷2016：20）。

また、市川は当時の戦争協力への批判に対し、『女性展望』第12巻第1号 の「婦選運動を再認識せよ」という投稿の中で、「私共は婦人参政権と時局打開への協力と交換条件にする程さもしくはない」とし、進藤（2014）は、市川がこのような男女平等の政治的権利を要求する婦選運動が「軍ファシズムの席巻する保守的社会で、男尊女卑に家族制度の価値に抵触し、家制度を基盤とする天皇制国家の治安維持を根底から揺るがす危険性を内在させていると考えていた。そのため戦時下で婦選論を灯し続けるには、そうした婦選本来の目的や意義を隠微し、反動的社会が受け入れる形で運動を組み替える必要がある と考えた」としている。戦前、戦中の官制婦人会の研究については、優れた研究が歴史的研究として優れたものが多々あるが、戦中期の婦人会に組み込まれていった女性たち自身の思いや意志についてジェンダーの視点から研究されているものは、数少ない。当時の女性たちが市川房枝ほどの女性解放の意識や政治的戦略をもって戦争協力を選択せざるを得なかったとは考えにくいが、市川にしても、あの戦時下において反戦のための婦選を展開することは、政治的判断としては全く成果を得られないことは明白であり、それどころか婦選論と市川自身が社会的抹殺をされかねない状況にあっただろう。むしろ市川の当時の行動がなければ、日本の女性参政権の獲得はもっと遅れていたと推測される。

1-5-2　戦後期の地域婦人（女性）団体とジェンダー課題

戦後の地域婦人団体は、GHQ の占領政策下で民主社会を形成するための婦人教育施策とともに婦人団体の育成が行われた。元国立女性教育会館館長の志熊（1997）は、1945 年から今日（1997 年）までの婦人教育（成人女性の自発的な意思に基づく教育、学習）の系譜を辿る中で、軍国主義の復活を懸念する総司令部は、占領政策として戦前の旧婦人団体組織 の台頭を厳しく監視すると同時に婦人参政権をはじめとして民主社会を担う婦人の社会性の啓発を行うという二元的なものであったとしている。GHQ は、戦前戦中の官制婦人会ではなく、近代社会にふさわしい民主的な主体性のある婦人団体を日本全国に組織していった。しかしその背景には、マッカーサーや上層部による女性への抑圧が働いていたことが、山崎（1986）によって明らかにされている。山崎は GHQ 関係の原資料によって、検証を行った。山崎によると GHQ のマッカーサーや上層部は、婦人のブロックを形成することやフェミニスト運動を助長することを忌避し、さらに 1946 年に日本の婦人指導者と E.ウィード が婦人問題の「独立省」の設置の提案をしたことに圧力をかけ、労働省内の婦人局設置（1947 年 9 月）にとどめた 。しかしこのことによって婦人指導者たちは、政策立案過程で初めて重要な役割を果たす機会を得た。また占領軍の女性たちも日本の婦人解放に貢献することができた、と評価している。さらに志熊は、上村千賀子の「占領政策と婦人教育―女性情報担当官 E. ウィードがめざしたものと軌跡―」から、E.ウィードの民主的な婦人団体育成のための情報プラン は、文部省の婦人教育施策として採用されなかったが、地方軍政部・民事部・が地方教育委員会・地方婦人少年室をとおして各地で婦人団体の民主化のための学習が行われ婦人教育の原点になった、としている。文部省は当時の状況を「婦人教育 10 年のあゆみ―教育行政の成果と反省」において、「日本の婦人解放は画期的なことで、婦人自身の自覚が民主社会を形成する重要なことであり婦人を対象とした調査、集会、資料作成の必要を主張したウィードの希望は文部省ではなく、間もなく創設された労働婦人少年局によって実現した。」とし、「一方、地方の現状は中央と逆現象となっており、地方軍政部（後の民事部）は、各都道府県毎に婦人の担当官を置き都道府県教育委員会と連携して県内をジープで駆け、婦人参政権の啓発や民主団体のすすめ方等をテーマに積極的に婦人教育活動を奨励した。その結果、地域婦人団体の組織化もすすみ、婦人教育活動は年をおって活況を呈していった」としている。

戦後の地域婦人団体についての研究について、その歴史的経緯については、国や行政の枠組みや成り立ちについての研究や、各地域婦人団体のそれぞれの報告は存在するがほとんど公表されていない。そのほかに公表されている研究については、佐野（2017）による「戦後日本の勤労青年教育と婦人教育の課題」の中で婦人会の成り立ちと学習活動について、松田（2015）が、山形県における女性団体の成立過程について、母の会、母姉会から婦人会・処女会への経緯を、また季（2015）が島嶼における地域婦人会の変遷と現状について、鹿児島県奄美大島大和村の事例を中心に、益川（2014）が岐阜県における婦人組織の再編・発展と活動の模索として、敗戦から1950年までの動向をまとめている。また、井上（2011）が、地域婦人会における地縁団体と学習団体の交点として、滋賀県湖南市の地域婦人団体を事例研究している。藤原（2004）は、婦人学級・自主グループと女性の主体形成に関する一考察、守田・雨宮（1998）は、占領期における地域の女性の「主体」形成について、茨城県の婦人会を、佐藤（1996）は、富山県高岡市の事例をもとに、地方都市における女性活動ネットワークの展開について報告している。石原（1988）は、地域婦人団体の事例研究を中心に、地域社会におけるボランタリー・アソシエーションの形成と機能について研究している。地域婦人団体に関する研究も地域限定の事例研究にとどまり、研究は少数が点在している状況である。さらに、地域婦人団体のそれぞれの活動の歴史や報告についてジェンダーの視点や、ジェンダー平等の課題解決の視点から研究されているものは、少数であった。

1-5-3　ジェンダー平等教育・学習の拠点としての地域婦人（女性）団体

戦後の地域婦人（女性）団体の育成は、GHQの占領下の民主化政策の大きな柱として婦人教育施策と共に行われてきたことは先に述べた。前述の文部省の「10年のあゆみ」には、「1945年8月終戦後、文部省に社会教育局 が復活し、いち早く婦人教育施策の方針がうちたてられた。婦人解放が実現し、近く参政権も賦与されるのであるから、なによりもまず、婦人がその意義を理解し、新しい決意のもとにその責任が果たすことができるような能力を培うことが急務であること。」とされている。また、同省「婦人教育15年のあゆみ一教育行政の成果と反省—」においては、1955年前後からそれまでの「母親学級」から、新たな学習形態として「婦人学級」の奨励、普及を行い、「自ら考え学ぶ婦人」が目標となり、「新しい婦人像」という言葉が盛んに使われた。『婦人たちは教育の場で自分たちのあり方を見渡したとき、憲法で保証された平等な地位は、実質的には実現していないことに気がつき、それは婦人自身に政治意識や社会意識が育たず、依然として、昔ながらの地位に落ち込んでいる事実を認め「婦人の後進性」をとりのぞいて、男性と同等の有能な社会人になることに自然的な方向を言い出してきた。ところが婦人が自らの後進性にとりくんでいるとき、実はそれは、すべての社会の後進性につながっている問題であること。（中略）つまり、教えられ、与えられる教育ではなく、実生活の中から問題を引き出して勉強していく「自ら考え、実行する女性」であるべき、という方向を目指すようになってきた。』としている

つまり、当初の文部省の婦人教育は、「おくれている婦人」に対して与えられる教育であったのが、「自ら主体的に学び、自立し、行動する女性」への転換を図ったのである。当時、婦人学級の普及に尽力した塩ハマ子 2 代婦人教育課長は、自分史の中で、省内外の賛否の議論を受け、施策として定着するまでには、勇気と決断の連続だったという。志熊の日本の婦人教育施策の研究からも、女性参政権について理解を深めるという政治的な目標でさえ、常に女性が真にエンパワーメントをすることについて、マッカーサーや国の行政内の圧力との闘いがあったことが明らかである。この頃の日本はまだまだ、女性の政治参画には程遠い状況にあったと言える。

1-5-4　地域婦人団体と政治参画

地域婦人団体と政治参画についての先行研究も、ごく少数である。竹安（2014）は、女性の政治参加活動の展開とその限界と題して、戦後期の鳥取県地域婦人会を中心に、日本における女性の政治活動が政治領域の周縁に留まったままで、なぜ政治活動の中心部分へと展開していかなかったのか、という疑問を解明するため、戦後期の地域婦人会の活動の実態とその限界をフェミニズムの視点から、分析している。その調査対象として、鳥取県根亜美地区婦人会のリーダーであった

稀有な指導力のある近藤久子の婦人会活動と選挙活動を追い、結果として、近藤はや子が地域婦人団体の女性たちから、渇望されて議員に立候補したものの、地域婦人団体を挙げて支援されたわけではなかった。その要因は、地域婦人団体の政治的中立性、さらに当時の地域社会における根強い封建性、性別役割の固定、また政治は男性のものという意識が男女ともに根強かったことを挙げている。近藤はや子は、4期16年で勇退し、その後町会議員に別の1名を輩出したが、そこまでが個人としての女性や女性団体の限界だったとしている。竹安はこの状況の変革のためには、構造的・制度的改革が必要であると結んでいる。また竹安（2015）は、静岡県婦人会が、1947年第1回統一地方選挙の静岡県議会議員選挙に静岡県婦人会連合会常任理事であった、堀本あさ小笠郡婦人会連合会副理事長の菅沼雪を擁立したが、惜しくも落選している（静岡県、1968 : 732-739）ことや、町村議会選挙で小笠郡の連合婦人会が活発な運動を展開したことを取り上げている。その結果小笠郡では地域婦人会から第1回統一地方選挙に女性候補を擁立し、10人の当選者を出している静岡県婦人団体連絡会（1965）。小笠郡の女性議員の当選者が10人というのは、第1回統一地方選挙では、静岡県全体で女性当選者は31名であり、静岡県議会や浜松市以外の市町村では、女性当選者がゼロであったことから、いかに突出していたかがわかる。その要因を竹安は、このような地域婦人会を母体として地方議会に女性候補を擁立する動きは各地で見られたがいずれも散発的、地域限定的活動にとどまり、全国的な組織活動には発展しなかった、としている。さらにいずれの地域婦人会の活動も指導者の個人的力量に負うところが多く、世代交代によって地域婦人会の活動が政治から離れていくことが多かった、としている。さらに1960年代以降、生活が安定するにつれて当初の地域婦人会の女性の自立への意気込みも薄れ、活動が生活課題や行政から要請された行事中心に変化していく。地域婦人会活動が独自性を失い行政の下請け機関になるにつれ、各地の地域婦人会は急速に政治離れを起こしていった。その背景には、高度経済成長下で地方でも女性の雇用が増加し、女性たちが婦人会活動に携わる時間的余裕を失っていったことも一因であるとしている。

日本においては戦後の「婦人教育」が出発点であり、その後消費者問題や環境問題についても「台所から社会を変える」という実生活の問題について、自ら学び行動してきた女性たちの活動は、なかなか政治参画によって社会を変えるというところまで、意識はあっても現実的に辿りつかなかった、というのが現状であろう。これは、横山（2011）が指摘する「平和運動における『母』、消費者運動における『主婦』という、ジェンダー秩序[5]が定義する女性性の問題であるとともに、その名のもとに運動主体としての女性が動員されてきたという問題」、つまり、「母」「主婦」という準拠枠組みがジェンダー秩序の再生産になるという問題である。横山は戦後女性運動における「主体」の可能性として、次のような重要な指摘をおこなっている。「女性の従属が体系的であることと、女性たちがどうやって抑圧的な社会状況と交渉しているかは、本来同じ空間で行われているはずである。つまり、戦後、日本の女性運動における「主体」問題とは、「ジェンダー秩序補完的な運動」と「ジェンダー秩序変革の運動」という現象が生じている場面であると想定することが可能なはずである。その際、女性運動の「主体」とは、その両面を「媒介する媒介者」として仮定されなければならない。」

横道のいう「媒介する媒介者」としての役割を果たしている事例として、堺市女性団体協議会を位置づけることができるのではないだろうか。

1-6　本論文の意義

以上、ジェンダー平等社会実現の取り組みにおける日本の地域婦人（女性）団体の位置づけと先行研究について、検討をおこなってきた。1975 年のメキシコ会議以来、ジェンダー課題は世界共通の重要課題であると認識されたが、研究対象である堺市女性団体協議会は「メキシコ会議」の 27 年も前から少なくとも日本におけるジェンダー課題を認識して活動をおこなっている。このように、戦後から今日まで活動を継続している日本の地域婦人（女性）団体の社会的役割や活動の意義について、エンパワーメント視点およびリーダーシップの視点から分析した研究はほとんど見当たらなかった。また、本研究のように今まで戦後の日本の民主化を進めてきたエージェント（主体者また牽引者）としての「地域婦人（女性）団体」の役割と貢献を研究対象とした論文も国内外において見当たらない。社会教育、婦人教育、女性運動史、女性史においてさえ、研究対象の外に置かれていた。そのこと自体もジェンダー課題の一つであろう。その意味からも本論文は、戦後日本の「地域婦人（女性）団体」の活動の詳細な歴史的ファクトとして、また社会学ジェンダー研究分野における当事者研究として希少価値があり、これ

[5] 江原（2001）によれば、ジェンダー秩序とは、たとえば「男らしさ」「女らしさ」といった「ジェンダー化された主体に適用される相互行為上の規則や慣習の違い」をさし、その結果、異なる社会的行為能力を付与されたジェンダー化された主体相互のあいだに生じる権力の格差、すなわち、男女間の権力関係である性支配を同時に産出していく社会的パターンを意味している。

からの当事者研究の領域の先駆的意義を果たすものである。また、SDGs の目的達成のメインであるジェンダー平等社会の実現に向かう人々の道しるべの一つとして貢献するものであると考える。

第2章　堺市女性団体協議会の概要

本章では、研究対象である堺市女性団体協議会の概要について述べる。堺市女性団体協議会は、敗戦後間もない1948年（昭和23年）7月1日に大阪府堺市に「堺主婦連」として自主的な主婦の集まりとして、結成された。その後、1950年（昭和30年）に12団体により「堺婦人会」が創立され、1952年、（昭和27年）には、堺市婦人団体連絡協議会が創立された。堺市において、最も歴史を有する市民団体であり、法的には社会教育法第11条に規定される社会教育団体である。

堺市女性団体協議会は、敗戦直後の焼け野原と化した町の復興を行いながら、「愛する家族を引き裂いた戦争を二度と起こさせない、二度と愛する家族を戦争に送り出さない」という強い決意を持った当時の女性たちが、平和社会の構築のための基盤となるジェンダー平等社会の実現を求め設立された。

堺市女性団体協議会は常に、国際社会の動向を視座に団体活動を推し進め、数々の成果を上げてきた。戦後復興の社会奉仕の時代から始まり、学習の時代、消費者運動の時代、政治参画の時代、国連ナイロビ会議 、北京会議 等、国際社会との強い結びつきを持った時代を経て、女性政策の具現化の時代へと活動はジェンダー平等社会の実現をめざして拡大し、社会に影響を与えてきた。更に21世紀に向けてより高い理想を掲げ、地域社会をリードする指導者の育成に努め、男女が完全に平等になるときまで、たゆまぬ運動を続けていかなくてはならないというミッションを持ち続けている。

2-1　「堺市女性団体協議会」の創立の経緯と目的

2-1-1　堺市女性団体協議会の前身「堺婦人会」の創立の経緯と目的

戦前、日本には、愛国婦人会、大日本連合会、大日本国防婦人会の三大婦人会が存在し、1942年（昭和17年）にはこれらが統合されて、大日本婦人会とされた。この婦人会は、日本軍の指示により、戦禍の中での支援活動が主だった。しかし大日本婦人会も終戦の年、1945年（昭和20年）に解散した。その後、GHQによる日本の民主化政策の一環として、日本の女性の地位向上を図るために民主的な婦人団体組織の育成が、都道府県社会教育課によって推進された。1948年（昭和23年）には、奥むめをによって主婦連合会が結成され、その頃堺市にも、自主的な主婦連が結成された。その後 1960 年（昭和 25 年）に堺市内の 12 団体によって「堺婦人会」が創立されている。続いて、1962 年（昭和 27 年）には、全国地域婦人団体連絡協議会が結成され、その際、「堺婦人会」全国地域婦人団体連絡協議会および大阪府婦人団体連絡協議会に加盟し、団体名を堺市婦人団体連絡協議会とした。創立の目的は、地域婦人団体の自主的活動を推進するために、単位団体相互の均一な連絡をとり、女性の地位向上と健康で文化的な生活を確保し、民主的に貢献することであった。

2-1-2　堺市女性団体協議会の創立の経緯と目的

堺市女性団体協議会の 1998 年（平成 10 年）の創立は、団体創立 50 周年記念に団体名を改称したことである。英文表記もそれまでの Sakai City Women's Organization から United Feminists Organization Sakai と改称している。堺市女性団体協議会の直前は堺市女性団体連絡協議会であったが、「連絡」を削除したのは、理由が２つある。1 つは「堺婦人会」の頃の「単位団体と緊密に連絡をとり」という目的は、1998 年の時点では、すでに当たり前のこととして組織に浸透していたこと。1 つは、上部組織であった大阪府婦人団体連絡協議会と全国地域婦人団体連絡協議会から、脱退していたことである。大阪府婦人団体連絡協議会においては、第 4 代堺市女性団体協議会委員長の山口彩子が、副会長を務めていたが、まず大阪府婦人団体連絡協議会への会費が高額であったことである。会費は会員数によって定められており、当時の堺市女性団体協議会は傑出して会員数が多かったため年間約 40 万円の会費を納めなければならなかった。また、それだけの会費を納めながら、本来婦人団体がめざすべき、女性の地位向上や女性の社会参画の推進、また当時の「婦人問題」という様々な課題への取り組みよりも、輸入牛肉の販売促進や物品販売ばかりが先行しているように思われたため、加入している意義がないと判断したとされている。また全国地域婦人団体連絡協議会も、時代と共にちふれ化粧品の販売や、機関誌の購読以外は、かつて 600 団体が加入し、国に対しても強い発言力を持って、女性の視点で政策を改善するような取り組みが減少した。ちふれ化粧品はもともと地域婦人団体連絡協議会がサンスター社と共同開発してテレビ広告をせず、パッケージも簡素にして、100 円化粧品として安価で質の高い化粧品を地域婦人団体が販売していた。それでも 1 本 100 円の口紅 1 本につき 10 円ほどの手数料が地域婦人団体に支払われていた。

それがいつの間にかデパート等で販売されるようになり、テレビ広告も行われ、地域婦人団体には仕入れも困難な状況になった。どこでそのようなことが決定されたのかも知る由もなく、自然消滅的に脱退した。よって創立50周年を機に、団体名から「連絡」を削除したのである。

2-1-3 堺市婦人団体連絡協議会—堺市女性団体連絡協議会—堺市女性団体協議会

堺市女性団体協議会は、1948年（昭和23年）自発的な主婦の集まりの「堺主婦連」、1950年（昭和25年）の「堺婦人会」結成後、1952年（昭和27年）に全国婦人団体連絡協議会に加入して、「堺市婦人団体連絡協議会」と団体名を改称した。さらに1980年(昭和55年)に日本が女性差別撤廃条約に批准したことから、同条約の第5条（a）項「両性のいずれかの劣等性若しくは優越性の観念又は男女の定型化された役割に基づく偏見及び慣習上その他あらゆる慣行の撤廃を実現するため、男女の社会的及び文化的な行動様式を修正すること。」が、重要な課題解決の一つであると認識した。そこで堺市女性団体協議会は、「婦人」という言葉が、既婚女性を意味していることから、社会における「婦人問題」は既婚女性だけの問題ではなく、女性は出産前の胎児のときから他界した後まで、いわゆる「ゆりかごから墓場まで」女性であるがゆえの差別があることから、団体名を改称することが望ましいと判断していた。このことについて自らの協議会の中で度重なる協議の上で、1986年（昭和61年）に堺市婦人団体連絡協議会から堺市女性団体連絡協議会に団体名を改称した。そして、前項の説明のとおり、創立50周年を機に堺市女性団体協議会へと団体名を改称している。

2-2 堺市女性団体協議会の組織の概要と運営

2-2-1 組織の概要

堺市女性団体協議会は、現在人口約82万人の政令指定都市において、堺市立男女共同参画センターに拠点を置き、活動を続けている。組織は図2-1組織図にある通り、堺市内7区の小学校区93校区のうち、66校区に単位女性団体協議会があり、また個人会員やグループによって構成されており、本部として運営委員会と事務局によって構成されている。堺市は昭和40年代の臨海部の工業化により、人口増加によって小学校の増設が進み、校区は細分化されていった。しかし当団体は従来の単位を継続して活動してきた。堺市立男女共同参画センターには、建設当初から堺市女性団体協議会活動と学習の拠点として、ボランティアビューローが設置されており、そこでは、本部役員の運営委員会と事務局が、休館日（原則月曜日と祝祭日）以外は毎日活動している。また各分野の運動を行うために18の専門部会が設置されている。（表2-1 専門部会）組織対策部、女性問題対策部、ウーマン・リサーチ部、国際平和研究部、高齢者対策部、社会政治部、福祉部、青少年健全育成部、消費経済部、事業部、文化部、広報部、保健衛生部、スポーツ・レクレーション部（日本舞踊クラブ、和太鼓・篠笛クラブ、ゴルフクラブ、安来節クラブ、落語クラブ）料理研究部、SDG s 研究実践推進部、セーフシティさかい推進部（性暴力対策部）が、それぞれの分野の社会課題にジェンダーの視点から取り組んでいる。運営委員歴任者は、退任後、顧問会（通称やわらぎ会）に所属し、随時、顧問会と現職の運営委員会との意見交換会を開催している。また学術顧問として、活動についての理論構築のアドバイスを行う専門家や大学教授、市民からの相談で法的な知識や実際の救済を行う弁護士等が必要な時に団体活動の支援を行っている。関係団体として国連のUN Women、国連ウィメン日本協会がある。

表2-1

専門部会とその主な活動

専　門　部　会	主　な　活　動　内　容
組織対策部	女性団体組織の拡充を図り、時代に対応した組織づくりを研究、提案する。
女性問題対策部	女性の地位向上を図り、女性を取り巻くさまざまな問題について調査研究し、実践活動に努める。ジェンダー平等社会をめざす。
セーフシティさかい推進部	セーフシティさかいの施策と連動し、性暴力性犯罪の無い社会の構築に向けて政策提言を行う。また、緊急一時保護事業及びホットライン業務を開設し救済支援を行う。
ウーマン・リサーチ部	ジェンダー平等社会の実現に向けて、必要な意識調査や研究を行う。
国際平和研究部	グローバルな視座で女性の人権と平和を護るために調査研究し、ジェンダー平等社会の構築に向け実践活動を展開する。

SDGs 研究実践推進部	SDGsの目標5ジェンダー平等を基軸に持続可能な社会の構築に向けて様々な角度から調査研究し、実践する。
高齢者対策部	超高齢社会に対応し、高齢者の生活全般の保全と健康や生きがい対策について調査研究し実践する。
社会政治部	女性の政治参画を推進し、時事問題や社会問題から女性の人権の回復に向けての課題を追求する。
福祉部	障がい者団体への点字提供や手話通訳、また介助支援などのボランティア活動を実施。地域社会における福祉の増進を図り、また福祉施策の提案を行う。
青少年健全育成部	青少年が心身共に健康でかつ安心して生活できるように、地域の関係団体機関とも連携強調し,青少年を取り巻く社会環境の整備に努める。
幼児教育部	21 世紀を担う子どもたちが，心身ともに健やかに成長するために必要な、幼児期の感性や情緒を大切に育むための学びを支援する。
消費経済部	消費者の資質を高め、より健全でエコな消費生活を営むために消費問題や環境問題に関する情報の収集や、調査研究、実践活動を行う。
事業部	会員相互の交流を図り会員及び市民の福利厚生に役立つ事業を展開する。組織の資金の拡充を行う。
文化部	多様な文化を認め合い平和の文化を醸成すると共に、生活の資質向上を目的とした、文化、芸術、芸能に関する活動を行う。
広報部	機関紙「女性さかい」の発行により、女性団体活動及び各校区女性団体活動の目的や意義を広く一般社会に継発する
保健衛生部	環境、保健衛生、健康管理等、会員の健康維持や健康増進などに関する情報の提供や、実践活動を行う。
スポーツ・レクレーション部	体育やレクレーション活動を通じて、生きがいや目的を持った生活を推奨し、ジェンダー平等社会の構築に努める。
料理研究部	食品の安全性やバランス、調理方法を工夫し、健康的で文化的な食生活を目的に料理メニュー等を研究、考案する。また、食品ロスなど食をテーマにした課題を探求する。

出典：堺市女性団体協議会（2020）『リーダー研修資料』より筆者作成。

組　織　図

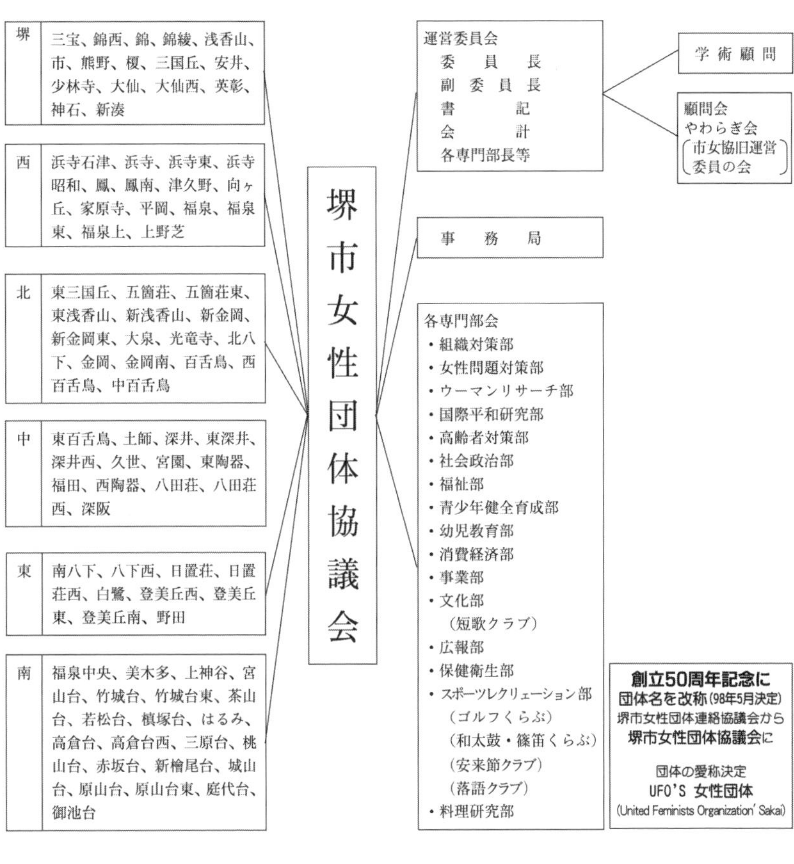

図 2-1　堺市女性団体協議会組織図

出典：堺市女性団体協議会（2020）『リーダー研修資料』より筆者作成。

2-2-2　運営

堺市女性団体協議会本部の運営委員会は、会則に基づき、委員長、副委員長、書記、会計と各専門部会の部長によって構成される。任期は 2 年である。2 年ごとに推薦、互選、選挙によって選出される。総会時には会計監査が、毎年輪番制で単位校区の会長 2 名が担う。

単位校区女性団体協議会の役員については、それぞれの選出方法に委ねられている。役職は会長、副会長、書記、会計、支部長、班長、会計監査である。

堺市女性団体協議会の活動は、組織的な定例会議と必要な時に行われるミーティングや会議によって協議の上、すべての案件が決定されている。表 2-2「定例会議」に示す通り、まず、運営委員会によって、翌月の連絡協議会（通称、定例会または会長会議）の案件の検討が行われる。案件の検討は、団体の定例事業、堺市からの依頼事項、専門部会からの提案によって行われる。次に毎月 1 回の連絡協議会において単位校区女性団体の会長や役員と運営委員会、事務局で案件の協議や、その場で提案される案件について協議を行う。堺市女性団体協議会の事業や運動の方針については、この連絡協議会が最高決定機関として決定を行う。このメンバーが年度初めに、リーダーズ・サミットとして一泊研修会を行い、年度ごとのテーマを決めて研修を行っている。加えて、専門部会は、年度初めに専門部会シンポジウムを開催し、18 の専門部会が合同で、その年度のリーダーズ・サミットと同じテーマについて、各部長が年度の行動目標や実施する活動についてのアピールを行う。その後ミーティングによって、自分が所属する専門部会以外の活動についても意見交換会を行う。また時事問題や緊急に必要な会議やフォーラム等については、実行委員会形式等、実施主体を定めて委員会等を結成し、協議、実施している。

表 2-2

定例会議

団体運営及び活動の上で根幹となる定例会議は次の通りとする。
各会議の関係者は、出席の責任と発言の義務とをもって、会議に臨む。

会　議	出　席　者	内　容
運営委員会	運営委員会 事務局	団体運営の企画、立案 進行、
定例協議会 (毎月第一金曜日)	運営委員 単位女性団体会長、 役員 事務局 協議関係者	協議事項の討議、決議、 実践
専門部会 (毎月１～２回)	各専門部会長 部員	各専門部会活動の企画、 立案、および実践活動
リーダーズ・サミット	運営委員 単位女性団体会長、 役員 専門部会部員 事務局	リーダー養成研修
専門部会シンポジウム	運営委員 各専門部会部員 事務局	各専門部会の実発表 総括的実践の討議
各種委員会フォーラム (随時)	各委員会委員、スタッフ	目的達成のための行動 計画、立案と実践活動

＊各会議とも（　　）内の回数は、あくまでも原則であり、必要に応じて臨時会議を 開催することがある。

出典：堺市女性団体協議会（2020）『リーダー研修資料』より筆者作成。

2-2-3　定期事業

堺市女性団体協議会の年間の事業計画を見ると、表 2-4 事業計画のとおり、4月の彩桜忌から始まり、翌年 2 月の定期総会女性フォーラムまで、定期事業が入っており、毎年実施されている。主な定期事業は表 2-3 の通りである。

ここではいくつかの代表的な事業を見てみる。まず、1948 年（昭和 23 年）の団体創立以来継続しているのは、「婦人のつどい」（現女性フォーラム）である。ここでは、団体の総会として各年度の事業・決算報告と次年度の事業計画・予算案が示され、承認を得る。同時にその年に必要とするジェンダー平等社会の実現のための学びの講演会や研修会を行っている。

次に団体創設の理念である平和を希求する「国際女性平和フォーラム」である。この事業は長年「反戦平和フォーラム」として、毎年 7 月上旬の堺大空襲の戦没者の追悼と「二度と戦争を起こさない」という誓いと平和への願いを込めて開催されている[6]。この式典には市長や教育長はじめ、関係行政や各種団体長などが出席している。

定番の大きな事業は女性体育祭、女性創作展というスポーツと文化芸術の祭典である。女性体育祭には 2000 人以上の女性たちが集まり、健康づくりと交流を深める。また女性創作展は、戦後の女性たちの文化性、芸術性の高揚を図るために実施されており、毎年実施される。日本画、洋画、陶芸、ステンドグラス、刺しゅう、編み物、生け花、書道など幅広いジャンルの作品が出品されている。

芸能百華は、当団体内外の出演者約 800 名から 900 名が毎年出演する堺市最大の市民芸能舞台に成長している。実行委員会形式で実施されているが、もともとこの催事は、堺市女性団体協議会が行っていた「婦人のつどい」において、午前中の研修会と総会のあと午後からは、文化芸能舞台として、日本舞踊や民謡、琴、短歌、俳句などの発表会を行っていたものである[7]。芸能百華の理念は、「芸術文化は平和の証」としている。第 4 代当団体委員長の山口彩子は、自らが日本

---

[6] 当平和フォーラムの式典では、最初に黙とうと献花式が行われ壇上の献花台には山のような花束が積み上げられる。これらの花束は、当フォーラムの開催趣旨を明記した手紙を添えて、男女共同参画センターのある堺区宿院町に存在する 200 を超える寺社や堺市全域の単位校区女性団体の地域の寺社や教会に届けて戦没者の供養をお願いしている。

[7] 年々出演者が増え、観客数も増えたので、いよいよ婦人会館（現男女共同参画センター）の大ホールでは物理的な弊害が出てきた。よって、舞台を堺市民会館（現フェニーチェ堺）に移行した。一日の観客数は 1 万人を超えている。

舞踊花柳流の名取であったが、日本舞踊を習い、舞台を踏むのには高額な費用が必要であったという。「これでは、日本文化の継承は、とくに女性たちにとっては困難だ。しかし芸事というのは舞台を踏んでこそ上達する。必要経費だけで参加できる舞台を創ろう」と呼びかけたのである。

女性体育祭と女性創作展は両事業とも半世紀を超えて継続されている。また藝能百華は開催30年を迎えている。

表2-3

堺市女性団体協議会 年間予定表

月	主催事業	協賛事業
通年	DV・子ども虐待・性暴力被害者・生活困窮者緊急一時保護事業 DV・子ども虐待・性暴力ホットライン	
4	定例協議会 新旧会長離任・就任式 お花見バスツアー 新旧会長離任・就任式 運営委員会	国際日本女子相撲選抜堺大会 彩桜忌
5	定例協議会 IT講習会 校区女性団体男女共同参画研修会 リーダーズサミット 運営委員会	春の全国交通安全運動 堺市消費生活協議会 総会 消費者月間講演会 堺自由の泉大学開講式 浜寺ローズカーニバル
6	定例協議会 リーダー研修会 専門部会シンポジウム 手作り堺みそ講習（麦みそ） 世界難民の日募金活動 ゴルフコンペ 健康づくり研修会	UNHCR難民募金街頭キャンペーン 堺市人権協議会総会 堺市社会福祉大会
7	定例協議会 国際女性平和フォーラム 夏休み子ども教室 納涼バスツアー 運営委員会 女たちのリサイクルバザール	平和と人権を考える市民のつどい 堺大魚夜市

8	夏休み子ども教室 定例協議会 Z 世代ジェンダー平等交流会等研究会	堺市人権教育推進協議会全体研修会 ダイキン納涼まつり
9	定例協議会 運営委員会 女性体育祭	秋の全国交通安全運動
10	定例協議会 デート DV 防止教育ファシリテーター養成講座開催 運営委員会	芸能百華 お茶会（堺まつり） 堺まつり 堺市民オリンピック
11	定例協議会 女性創作展 DV 被害者一時保護事業 研修会 手作り白みそ講習会 運営委員会	堺市身体障がい者スポーツレクリエーション大会 シンナー覚醒剤乱用防止啓発街頭キャンペーン 堺市一日計量士 堺市消費者大会
12	定例協議会 お元気ですか会(元役員懇親会) 運営委員会	人権週間 堺発！安心・安全うまいもの市 堺市人権を守る市民のつどい
1	定例協議会 新春懇親会 初詣バスツアー 運営委員会	成人式
2	定例協議会 女性フォーラム 運営委員会	大阪府衛生教育大会
3	定例協議会 運営委員会	堺市健康フェア

出典：堺市女性団体協議会（2020）『リーダー研修資料』より筆者作成。

2-2-4　周年事業

堺市女性団体協議会は、団体創立以来、5 年ごとに周年事業を行っている。周年事業としては、5 年間の活動をまとめた記念誌を発行し、盛大な式典を行い、そこで地域の単位女性団体協議会の役員及び運営委員の功績表彰を行っている。表彰には団体長賞、市長賞、教育長賞などが設けられ、時代とともに表彰基準が追加されている。記念式典を行うために、毎年周年事業用の予算を積みたて準備をしていた。式典には市民会館等の大きな会場の借り上げや賞状や記念品、アトラクションや記念講演等の出演料や講師料、記念誌の編集発行等の経費が必要だからである。40 周年の頃からは、祝賀記念パーティーをホテルで開催するようになっている。記念誌が残されているのは、20 周年からである。表 2-4 に示す通り、創立 30 周年の 1980 年（昭和 55 年）には、堺市立婦人会館建設が実現されているが、国際婦人年の中間年に『炎の慟哭　戦争体験記“女の叫び”』が出版されている。記念事業としては、堺市内の公園などへの植樹、「平和の女神像」（ブロンズ製）や与謝野晶子の世界初の等身大像（大理石製）、与謝野晶子の歌碑の建立などを行っている。堺の女性たちへのエールと共に、堺が生んだ偉大な文化人である与謝野晶子の立像や歌碑によって、堺市の財産として形を残し、植樹によって堺の自然や緑を増やし、堺の古墳から出土した埴輪のミニチュアを作成して堺を誇りとする郷土愛を常に意識しての周年事業を継続してきている。

表 2-4

堺市女性団体協議会の周年事業

周年	記念誌	出版・記念事業等
20 周年	婦人のしおり	
25 周年	堺の婦人	
30 周年	創立 30 周年記念誌	平和の女神像建立（婦人会館 1 階ロビー） 『炎の慟哭～戦争体験記録“女の叫び”』出版
35 周年	社会の繁栄と女性の栄光をめざす—創立 35 周年記念誌	『女として、人として』出版 『婦人さかい縮刷版』出版
40 周年	創立 40 周年記念誌	国際女性年シンボルマークのバッジ作成（ビロード製）オリジナル紙バッグ、テレフォンカード、ゆかた（新デザイン）作成
45 周年	えがりて創立 45 周年記念	与謝野晶子像建立（等身大は世界初）与謝野晶子ミニチュア像、衝角付兜型埴輪のミニチュア、晶子像記念テレフォンカード作成
50 周年	創立 50 周年記念誌	晶子歌碑建立（婦人会館正面玄関横）揚羽の蝶ハッピ、UN 帆布バッグ、「共に生きた 50 年」テレフォンカード、手作りガラスペーパーウェイト、新ネーミングのゆかた作成

55 周年	えがりて創立 55 周年記念誌	国連 UNIFEM のシンボルマークの金のブローチ、ピンブローチ、一筆箋（鍵谷節子画伯が UNIFEM 本部に寄贈した『赫』） 作成
60 周年	創立 60 周年記念誌 祝日本女性会議 2009 さかい開催	記念パーティー（リーガ堺 4 階）文楽桐竹勘十郎出演 国際女性年シンボルマークの寿恵廣、ベアテさんのサイン入り シルクスカーフ 7 色作成
65 周年	創立 65 周年記念誌	記念パーティー 祇園の舞妓さんたちの出演 団体名の刺しゅう入り膝掛け オリジナル・クリアファイル ネーム入りボールペン作成
70 周年	創立 70 周年記念誌	記念パーティー SDGs バッジ作成

出典：『堺市女性団体協議会創立 20 周年から 65 周年記念誌』より筆者作成。

70 周年記念事業は、先に記念パーティーを開催したが、記念式典を行う堺市立市民会館のリニューアルが遅れたため、式典を 1 年延期していた。しかしその後、新型コロナウィルスの世界的パンデミックにより、予定が 2 度延期されている。すでに団体は 73 年目に突入しており、70 周年記念式典は、75 周年と共に行う予定とされている。

2-2-5　規約

堺市女性団体協議会は 1950 年 7 月 1 日規約を制定した。その後団体名の変更などにより計 4 回の規約改正を行っている。直近の改正は 2006 年（平成 18 年）である。第 2 条において、「本会は地域女性団体の自主的活動を推進するために単位相互の緊密な連絡をとり、女性の地位向上と、健康で文化的な生活を確保し、民主的に貢献することを目的にする」としている。8 章 20 条から成る規約も団体創立 73 年を迎えて、規約をもっとジェンダー平等社会の実現や女性の人権の確立等、現状の活動に沿った明確なものにすることを検討している。当規約の全文は附録に付する。

以上、本章においては、堺市女性団体協議会の組織と運営について、団体創立の経緯と「二度と戦争を起こさない」ための「ジェンダー平等社会の実現」という目的から、堺主婦連、堺婦人会、そして堺市婦人団体連絡協議会の結成後、2回にわたって団体名を改称し、堺市女性団体連絡協議会そして現在の堺市女性団体協議会に至った理由について示した。さらに、創立後はまず、組織の拡充を行いつつ、運営のための本部役員体制を整備し、その後、各校区女性団体協議会との大きな組織体制を構築してきた経緯を明らかにし、現在の組織と運営方法について詳細に示した。堺市女性団体協議会における、地域の一人一人の女性たちの「気づき」がどのような会議体に集約され、研究され、最終的に組織として意思決定されるか、また行動に移されるかを明らかにした。このプロセスやシステムから、堺市女性団体協議会の女性たちの主体性と、民主的で丁寧な運営方法を明らかにした。

第 3 章　堺市女性団体協議会におけるジェンダー平等社会実現の取り組みの概要

本章においては、堺市女性団体協議会の 73 年間にわたるジェンダー平等社会実現の取り組みの概要について、1948 年から現在に至るまでの期間を主な活動の特徴によって、10 期に区分する。また第 2 章で述べたとおり、堺市女性団体協議会は、堺主婦連、堺婦人会、堺市婦人団体連絡協議会、堺市女性団体連絡協議会、堺市女性団体協議会と時代によって、団体名を改称してきているが、ここでは、現在の「堺市女性団体協議会」という現在の団体名を使用する。なお資料の引用は、原文通りの表記としている。

3-1　堺市女性団体協議会の活動の概要　第 1 期～第 10 期（1948 年～現在）

3-1-1　第 1 期　団体形成期
1948 年～1956 年（昭和 23 年～昭和 31 年）

堺市女性団体協議会は、第 1 期を「結成から協議会組織確立までの団体形成期―社会奉仕、生活改善にあけくれた時代」としている。

▶時代背景

1945 年 8 月、日本は敗戦し、ポツダム宣言を受諾した。GHQ は婦人参政権と男女共学を含む 5 大改革を指令し、文部省に社会教育局が復活した。そして女子教育刷新要綱が定められ男女共学が認められた。また衆議院議員選挙法が改革され女性参政権が実現した。翌 1946 年には日本国憲法が公布され、市川房江らの婦選会館が竣工している。国連には婦人の地位委員会（CSW）が設置された。また 1947 年には、民法が改正され、家制度が廃止された。いわゆる家父長制の廃止である。教育基本法、学校教育法が公布され、国には労働省が発足、婦人少年局が新設された。文部省には純潔教育委員会が設置され、婦人学級・母親学級、社会教育学級へと名称が変更された。1948 年には、奥むめを会長とする主婦連合会が結成された。またこの年の国連総会において「世界人権宣言」が採択されている。

敗戦後の日本は、GHQ 政策により、とくに日本国憲法第 24 条に明記された男女平等、教育、政治における急速な民主化を図っていくのである。ちなみに戦後初の総選挙において、女性の国会議員は 39 人が当選している。

▸主な活動の概要

第 1 期に行った主な活動は表 3-1 に示した通りである。

第 2 次世界大戦の終戦の年、堺市は 3 月から 7 月にかけて米軍の B29 機により 5 度にわたる焼夷弾攻撃を受け、終戦の直前に焼け野原と化した。そのような中、堺市の女性たちは、それぞれの地域で、戦争で親を失った子どもや家を焼け出された高齢者たちに炊き出しをし、助け合ってなんとか生き延びてきた。その行為はすでに、地域福祉活動であった。このような社会貢献のボランティア精神は、今日の女性団体活動にも継承されている。戦後 3 年目の社会の混迷期に、日本の各都道府県教育委員会の社会教育課が、積極的に地域婦人団体の結成に尽力したことは、先行研究の志熊敦子によって示したが、当時の地域婦人団体の組織づくりに貢献したのは「婦人学級」であった。当時の女性たちは、ほとんどが主婦であり、戦争によって単身となった女性も多かった。「自宅近くの小学校の教室で開催される婦人学級は、無料で参加でき、敗戦で金もモノも失った私たちが、新しい時代に生きるための学習をして知識を得られるのは、生きる喜びであった」と堺市女性団体協議会の会員が語っている。婦人学級では、衛生的な暮らしの知恵や婦人リーダーの養成講座などが開かれていた。まさに婦人教育の始まりであり、自らの学び、つまり女性たちのエンパワーメントの始まりであった。こうして 1948 年（昭和 23 年）7 月に「堺婦人会」が結成され、この年から毎年「婦人のつどい」を開催している。そして 1950 年（昭和 25 年）には「堺市婦人会」が 12 団体によって結成された。また 1954 年（昭和 29 年）に全国地域婦人団体連絡協議会が設立され、その際に「堺市婦人団体連絡協議会」として全国組織に加盟する。以後 3 年間は輪番制の運営委員会を行っていたが、1955 年（昭和 30 年）に初代委員長に辻本八重が就任した。

当時の女性たちの団体創立の意志は、「二度と戦争を起こさせない」「二度と愛する家族を戦地へは送り出さない」という強い決意であった。戦争のない安全で平和な社会の構築のために、女性の地位向上と女性の社会参画の必要性を痛感しての団体創立だったのである。

この第1期において、堺市女性団体協議会は、1953年（昭和28年）から売春防止法制定運動を行っている。社会運動としての女性運動の初めての運動である。自ら駅頭や街頭に立ち、声を上げたという。これは、「女性の人権尊重」を訴え、買春行為は「女性に対する性暴力」であることを明確に認識しての運動であった。この「性暴力」撤廃の運動は73年間の堺市女性団体協議会の基本的な運動として拡大していく。それまでにも、日々の暮らしに密着した新生活運動や消費者運動、また原水爆禁止運動等を行っている。ちなみに第1回世界原水爆禁止母親大会は堺市の堺市立少林寺小学校で挙行されている。

団体の組織編成については全国的な地域婦人団体が組成されていく中、堺市内のリーダー的存在の女性たちが、お互いの力量などを勘案しながら、約3年間の時間をかけて役員やリーダーを選出している。辻本八重初代委員長就任の年に、自らの活動と学習の拠点施設の必要性を痛感していた当時の役員らは、堺市に婦人会館の建設運動をスタートさせている。

着目すべき点は、戦後の混迷期に女性たちが、組織化されながらも、戦前や戦中の婦人会とは決定的にあり方を異にしている点である。戦後の地域婦人団体は、誰からも指示や命令をされず、自発的に集まり、自らの気づき、自らの判断によって主体的に行動したという点である。さらに彼女たちが、自ら気づいた社会の課題解決のために学習を怠らなかったという点である。新民法により、家制度が廃止されたとはいえ、社会に通底していた男尊女卑の考え方や風習、慣習は、憲法が変わったとはいえ、前述の記録にあるように、「しかし、あくまでも法律上の形式的平等にとどまり、婦人自身も周囲の人々も意識の変革が伴わず、実質的平等への道のりはまだまだ遠いものだった。」と認識していたことは、当時の堺市女性団体協議会の役員レベルの女性たちが、冷静で客観的な自己認識と社会認識力を有していたことを示している。ここで言えることは、団体の創成期であり、日本全体また国際社会全体が大戦直後である時期に、また原爆を広島と長崎に落とされてから、やっと終戦に至った日本において、当時の女性たちが、はっきりと自らの意見を言語化して、力強く立ち上がっているということである。当時の女性たちは、戦前の封建社会において「女だから」ということで男性と同等の教育を受けることはできなかった。また「女だから」ということで家事、育児、介護などの非生産労働を一方的に負い、外に働きに出かけることを拒絶された。今では当たり前の教育権、労働権が保障されていなかった。政治参画も戦後の日本国憲法によって、女性の参政権がようやく認められた。このような時代に、当団体の女性たちは、「女のくせに」、「女だてらに」と揶揄されながらも、自らのエンパワーメントをはかり、「一人の女の声など社会には聞き入れられない、だから声を束にして提言してきた」と当時の役員は語る。

表 3-1

第 1 期の主な活動

団体としての活動	台風、大火、水害などの災害救護活動 こども会の育成、冠婚葬祭の簡素化、蚊・ハエの撲滅などの新生活運動 電気料金、浴場値上げ反対運動 黄変米問題の取り組み 売春防止運動 輪番制の運営委員制度発足　1953 年（昭和 28 年） 委員長、三役、常任委員と協議会の役員決定　1956 年（昭和 31 年） 機関紙「婦人さかい」発刊　1956 年（昭和 31 年） 婦人会館建設運動の開始
国内外の社会運動に関連した活動	戦犯釈放、引揚促進、国際親善等の社会奉仕活動 原水禁運動、世界原水禁母親大会への参加

出典：堺市女性団体協議会（2020）『堺市女性団体協議会の 72 年のあゆみ』より筆者作成。

3-1-2　第 2 期　学習する婦人団体の始まり　1957 年〜1967 年（昭和 32 年〜昭和 42 年）

堺市女性団体協議会は、第 2 期を「学習する婦人団体へ―婦人学級、研究会、指導者研修の盛況だった時代」としている。

▸時代背景

1957 年（昭和 32 年）には、売春防止法が施行された。また国連婦人の地位委員会の委員国に日本が選ばれ、谷野せつが委員に就任した。また市川房江らが国連 NGO 国内婦人委員会を結成している。1959 年（昭和 34 年）、社会教育法が改正され、1960 年には文部省が婦人教育振興費を大幅に拡充し、委嘱婦人学級を大幅増、また婦人教育指導者の海外派遣を開始している。1960 年(昭和 35 年)、国連婦人デー50 周年記念集会が各地で開催されており、国会では、中山マサ衆議院議員が厚生大臣に就任し、初の女性大臣となった。このころ、女性の高校進学率が男性と肩を並べた。1961 年（昭和 36 年）、文部省社会教育局に婦人教育課が設置され、婦人教育、家庭教育・純潔教育を所管した。この年、全国の婦人学級は、3 万か所以上で実施され最盛期を迎えた。1964 年（昭和 39 年）には文部省が家庭教育振興費を大幅増額し、市町村の家庭教育学級を「成人教育」の一環として奨励、助成した。7 月には母子福祉法が公布され、10 月には東京オリンピックが開催された。

1965 年（昭和 40 年）、ユネスコ成人教育推進国際委員会が「生涯学習」を提唱した。また国立市の公民館で、主婦の学習参加保障を目的に保育を開始している。1966 年（昭和 41 年）、中央教育審議会が「期待される人間像」の答申中、女子に対する教育的配慮の項目で「女子の特性」を強調した。また、労働省が婦人参政権 20 周年記念事業として、「婦人の地位に関する国内委員会」を開催している。1967 年（昭和 47 年）、総理府が「婦人関係の諸問題に関する懇談会」を設置した。また国連が、「女性に対する差別撤廃宣言」を採択している。戦後、日本が東京オリンピックを機に、高度経済成長期に突入した時代である。この年には女性の雇用者が 1000 万人を超えた。

▸主な活動の概要

第 2 期に行った主な活動は表 3-2 に示した通りである。

婦人学級については、文部省の婦人教育の実験学級が静岡県稲取町で開設され、学級生による自主的な運営方式が行われた。講義中心ではなく、話し合いによる共同学習により、生活課題解決学習など、学習理論と方法が確かめられるものとなっていた。堺市では 1956 年（昭和 31 年）に初めて婦人学級が開設された。以後、1963 年（昭和 53 年）には学級数 18、学級生 1,134 人まで、自主的で組織的な学習方法が定着した。（堺市女性団体協議会 73 年の歩み）また、婦人のリーダー養成のための指導者研修会、政治、教育、物価、老人福祉などの研究会や対外研修会も盛んにおこなわれている。また、すでに多くの婦人リーダーが各校区に誕生し、団体の運営委員会や単位校区会長会議、ブロック会議等を行うにも、まずは場所探しから、地域の小学校の講堂や公民館などをそのつど借り上げるために予約しなければならず、その場所に、会議の資料や湯呑ややかんをダンボールに詰めて、自転車や徒歩で運搬するという労苦があった。当時の女性たちには、自動車の免許を持つものはほとんどおらず、このような労苦から、自らの活動と学習の拠点である婦人会館の建設の要望の声が高まった。堺市教育委員会の社会教育課にも要望の申し入れをし続けていたが、1966 年（昭和 41 年）にようやく堺市役所内のプレハブ小屋を社会教育課の分室として、堺市女性団体協議会の仮住まいの活動拠点ができた。プレハブ小屋には何ら家具はなく、当時の運営委員が、それまで婦人会館建設の積立金から、机、いす、流し台、ガスコンロ、食器棚、本棚、蛍光灯、扇風機、ストーブ、ガリ版印刷機などの家具や道具を取りそろえた。当時の役員は「会議や研修会を行うにも、何十個もの湯呑茶碗や茶たく、やかん、ふきん、会議資料を数人で自転車で運ぶのは、本当に大変だった。湯呑茶わんを一つひとつ新聞紙にくるんでいても会議場についたら、必ず何個かが割れていた。」という状況が当時の報告書に記されている。

表 3-2

第 2 期の主な活動

団体としての活動	婦人学級を地区制で実施 婦人会館建設運動を本格的に開始 堺市婦人団体連絡協議会 10 周年記念事業 堺市立婦人会館の前身、仮設の拠点づくり（堺市役所内のプレハブに堺市社会教育課分室として設置　1966 年（昭和 41 年）
国内外の社会運動に関連した活動	大阪府婦人会館建設運動　1961 年（昭和 36 年） 返還運動参加 悪書追放運動、映画の深夜興行反対運動、 「家庭の日」を守る運動

出典 : 堺市女性団体協議会（2020）『堺市女性団体連絡協議会の 72 年のあゆみ』より筆者作成。

3-1-3　第3期　生活者/女性の視点から環境問題・消費者問題に取り組んだ時代 1968年～1973年（昭和43年～昭和48年）

堺市女性団体協議会は、第3期を「主婦パワーの時代、消費者運動と市民運動の台頭の中で」と位置づけている。

▸時代背景

1968年（昭和43年）には、消費者保護基本法が公布された。この背景には政府の所得倍増政策（1960）による日本の高度経済成長が高まった時代である。一方、生活環境の汚染、公害、物価の高騰、交通渋滞や事故、ごみ問題や高齢化などの生活課題や社会課題が顕在化してきた。とくにPCBの汚染魚、中性洗剤による水質汚染、資源問題、買い占めと便乗値上げ、石油ショックなど、大量生産、大量消費による弊害が、消費者を翻弄する。1969年（昭和44年）には、日本がGNP世界第2位となり、経済大国となったのである。また同年に女性の高校進学率が初めて男性を上回った。1970年（昭和45年）には、消費者を守るための国民生活センターが設立されている。またこの年に日本初のウーマンリブ集会が開催された。1970年は、経済成長や科学技術の進歩をより加速する日本万国博覧会が大阪で開催された。1971年（昭和46年）、全国婦人会館（代表山高しげり）が設立される。

1972年（昭和42年）には、「郵政保護法改正案」が国会に提出され、各方面から反対運動がおこる。総理府は「婦人に対する諸問題調査会議」を発足した。またユネスコ第3回世界成人教育会議が東京で開催された。1973年(昭和43年)、日本男性のキーセン観光が日韓両国で問題となった。またOECDが「リカレント教育―生涯学習のための戦略」報告書を発行した。

▸主な活動の概要

第3期に堺市女性団体協議会が行った主な活動は表3－3に示した通りである。

この時期、堺市は人口100万人都市をめざし、周辺地区を合併し、臨海工業地帯や泉北ニュータウン等の大規模団地の開発により、1960年（昭和35年）に約33万人から1973年（昭和48年）には約69万人に急増している。学校の増設などにより、堺市の小学校区の区割りも細分化した。高度経済成長による、大量生産、大量消費がもたらす弊害としての環境問題や健康被害などについて、女性たちは身近な生活課題の気づきを持ちより、問題点の情報収集、実態調査など、組織力を生かして実施している。例えば、灯油の価格調査、物価調査、家庭ごみの分別収集、中性洗剤や洗濯洗剤の成分調査、ハムやソーセージの食品添加物の調査などを行っている。とくに堺市立消費生活センターの設置を実現した後には、当センター内に食品テストなどの実験室が整備され、堺市女性団体協議会は堺市消費生活協議会も設立し、団体の消費経済部の部員らが主体となって、自主的に市販の加工品などの食品添加物の調査を行うようになった。またカラーテレビが普及し、テレビ番組の内容調査を行い、テレビのコマーシャルなどに男女の役割固定や女性をアイ・キャッチャーとして表現している企業に抗議活動もおこなっている。また、老後の生活設計の調査も行い、長寿社会における生活設計について女性の視点から年金問題などについて検討している。

表 3−3

第 3 期の主な活動

団体としての活動	第 1 回不用品交換会（1968 年） 団体創立 20 周年記念事業（1969 年） 第 1 回婦人体育祭開催（1969 年） 団体創立 25 周年記念事業（1973 年） 家庭ごみ週 2 回収集を要望、実現（1973 年）
国内外の社会の動きに関連した活動	クリーニングの合理化運動（1966 年） 交通遺児へ 1 円募金運動（1971 年） シンナー遊びの撲滅運動（1971 年） 再販制度廃止運動、過大包装追放運動（1972 年） 子宮がん検診始まる、胃がん検診を堺市に要望（1973 年） 石油ショックで消費者運動強化（1973 年） 堺市立消費者センター設置実現（1973 年）

出典：堺市女性団体協議会（2020）『堺市女性団体協議会 72 年のあゆみ』より筆者作成。

3-1-4　第 4 期　女性政策形成、政治参画への時代　女性議員誕生
1974 年～1977 年（昭和 49 年～昭和 52 年）

堺市女性団体協議会は、この第 4 期を「政治参加の時代―国際婦人年、平和、平等、発展をめざす婦人の 10 年へ突入」としている。

▶時代背景

1973 年（昭和 48 年）の石油ショックの際、消費者である女性たちが物価の高騰や便乗値上げに声を上げ、その後経済の安定を見たが、1975 年（昭和 50 年）、日本は、円高による長期不況に見舞われた。一方で、1974 年（昭和 49 年）には、国際社会の流れから、労働省に「国際婦人年国内連絡会議」を設置し、外務省は「国際婦人年に関する関係各省連絡会議」を設置した。この年、高校進学率が 90% を超えている。1975 年（昭和 50 年）には、国際婦人年世界会議がメキシコシティにおいて開催され、「世界行動計画」が採択された。そして 1976 年（昭和 51 年）から 1985 年（昭和 61 年）までを「国連婦人の 10 年」と定め、戦後はじめて、「婦人問題」が国際社会共通の課題であることが認識されたのである。同年、総理府に「婦人問題企画推進本部」、「婦人問題企画推進会議」が設置され、総理大臣が本部長に就任。また政府が、「国際婦人年記念日本婦人問題会議」を開催、日本の地域女性団体らが「国際婦人年日本大会」を開催し、翌月国際婦人年連絡会を結成した。1976 年（昭和 51 年）に、緒方貞子が国連代表部初の女性公使に就任。婦人問題企画推進会議は、中間意見を発表し、日本の固定的役割分担を批判している。労働省は第 1 回日本婦人問題会議を開催し、文部省は婦人ボランティア活動促進事業補助を行った、1977 年（昭和 52 年）には、婦人問題企画推進本部が「国内行動計画」を策定。同本部のニュースとして『えがりて』創刊。国立婦人教育会館が埼玉県嵐山町に開館。国際社会が一斉に婦人問題の課題解決に向けて国内整備をスタートした時代である。

▶主な活動の概要

第 4 期に行った主な活動は表 3-4 に示した通りである。

国際婦人年世界大会を契機として、「国際婦人年」、「国連婦人の 10 年」の世界行動計画の策定に基づく国内行動計画の策定など、活発な「婦人問題」の課題解決への動きに、堺市女性団体協議会も積極的に参画、推進を行っている。1975

年（昭和 50 年）には、堺市に対して「国際婦人年に関する公開質問状」を提出し、堺市立婦人会館建設を要望している。また同年、第 3 代委員長である山吉寿子を堺市議会へ擁立し、当選を果たしている。また山口彩子副委員長が、1974 年（昭和 49 年）、大阪府の「日中友好の船」に、参加し、当時の岸知事らと同行している。このことが堺市の婦人会館建設について知事の理解を促していた。

同年、これまで堺市女性団体協議会が行ってきた消費者運動や環境問題への取り組みを特化するために、堺市消費生活協議会を結成している。1976 年（昭和 51 年）には、山口彩子が委員長に就任した。山口は同年、第二次堺バークレー親善使節団に参加している。その後この米国カリフォルニアのバークレー市と堺市は姉妹都市提携を締結した。また、第 9 回全国都市問題婦人団体会議（13 団体）を堺市女性団体協議会が当番として堺市で開催した。すでに昭和 20 年代から継続されてきた堺市への婦人会館建設運動も佳境を迎えていた。1976 年（昭和 52 年）には、堺市議会において「堺市婦人会館条例」が承認、制定され、堺市の宿院町東の点字図書館の跡地に仮住まいながら、「堺婦人会館」が誕生した。また、堺市から当団体に、「文化施設建設調査研究業務」が委託され、運営委員らが全国主要都市の文化施設婦人会館の調査業務を行い、調査報告書を作成した。この年から本格的な婦人会館建設運動が行われ、一口千円の建設募金活動が開始された。

表 3-4

第 4 期の主な活動

団体としての活動	堺市消費生活協議会設立 1974 年（昭和 49 年） AF2 全面禁止運動 胃がん検診要望実現 1975 年（昭和 50 年） 国際婦人年に関する公開質問状堺市に提出・市立婦人会館要望 堺市議会に第 3 代委員長山吉寿子を擁立・当選 公共料金値上げ反対運動（国民健康保険料、下水道料金、水道料金、し尿くみ取り料） 第 9 回全国都市問題婦人団体会議（13 団体）を開催 1976 年（昭和 51 年） 第 4 代堺市女性団体協議会委員長に山口彩子が就任堺市婦人会館条例制定、仮の「堺婦人会館」誕生 1977 年（昭和 52 年） 堺市より「文化施設建設調査業務」の委託、全国主要都市の文化施設婦人会館を調査、報告書を作成 婦人会館建設千円募金運動始まる
国内外の社会運動に関連した活動	「日中友好の船」山口彩子副委員長が参加 1974 年（昭和 49 年） 国際婦人年をすすめる堺婦人のつどい結成（13 団体）1976 年（昭和 52 年）

出典：堺市女性団体協議会（2020）『堺市女性団体協議会 72 年のあゆみ』より筆者作成。

3-1-5　第 5 期　女性の活動拠点としての婦人会館建設の時代
1978 年～1983 年（昭和 53 年～昭和 58 年）

堺市女性団体協議会は第 5 期を「婦人会館竣工・国連女性の 10 年後半期」としている。

▸時代背景

「婦人問題」が世界共通の課題であることが認識されてから、その課題解決に向かうための実態調査や行動計画の進捗状況が図られるようになり、世界の女性たちが立ち上がった時代である。1978 年（昭和 53 年）には総理府が『婦人の現状と施策―国内行動計画第 1 回報告書』、初の『婦人白書』を発表した。国会では、国連婦人の 10 年推進議員連盟が設立され、総理府の調査によれば、国民の半数が「国内行動計画」を知らないという結果であった。1979 年（昭和 54 年）には、日本女性学会が設立され、第 34 回国連総会において、女性差別撤廃条約が採択された。1980 年（昭和 55 年）、国連婦人の 10 年中間年世界会議がコペンハーゲンで開催されている。1981 年（昭和 56 年）、国内行動計画の後期重点目標が設定され、文部省中央審議会が「生涯学習について」の答申を出している。1982 年（昭和 57 年）神奈川県が「かながわ女性プラン」を策定。神奈川県婦人総合センターが開館している。また、国連において、国連女子差別撤廃委員会（CEDAW）が設置された。また、国立婦人教育会館の「高等教育における女性学関連講座開設状況調査」によると、1983 年（昭和 58 年）には全国の 84 大学において、112 の女性学関連講座が開講されている。

▸主な活動の概要

第 5 期に行った主な活動は表 3-5 に示した通りである。

堺市女性団体協議会は、すでに 1975 年（昭和 50 年）に第三代の団体長を堺市議会に擁立し当選させ、草の根の女性市民が無所属で政治参画を果たしている。ただし、この政治参画は「堺女性政治連盟」という組織を立ち上げ、社会教育団体である「堺市女性団体協議会」とは一線を画している。1979 年（昭和 54 年）、1983 年（昭和 58 年）には第 4 代山口彩子委員長を擁立し、堺市議会に送り出している。この第 5 期の最大の活動の成果は、それまで 27 年間の婦人会館建設運動が実現し、1980 年（昭和 55 年）に堺市立婦人会館が竣工したことである。自らの建設募金運動による約6600万円を堺市に婦人会館の建設基金として寄贈し、翌年、堺市女性団体協議会は紺綬褒章を受章している。また、竣工、開館と同時に堺市教育委員会から、生涯学習プログラム「サカイ・レディス・アカデミー」の企画運営を受託され、実施してきた。１年間に市民10万人が利用する婦人会館となっている。「国際婦人年」、「国連婦人の10年」の活動も市内13の女性関係団体と共に活発に行い、毎年の活動報告もまとめている。山口彩子が堺市議会議員となり、堺市議会においても「婦人問題に関する調査特別委員会」や「堺市婦人問題行動計画策定委員会」が設置された。国内外で女性運動や「婦人問題」に関する取り組みが急速に推進される中で、1983年(昭和58年)、堺市女性団体協議会は、団体創立の理念である「二度と戦争を起こさない」ための「女たちの平和大行進」を千人以上の規模で婦人会館から堺東駅まで行っている。1980年（昭和55年）には、堺市の女性たちの戦争体験記『炎の慟哭』を出版し、女性が平和を希求した貴重な戦争資料として国内外から注文要請を受けている。また堺市が行っていた「まつりの女王」、「ゆかたの女王」を女王コンクールは、女性や身体障がい者への人権侵害であるとして、廃止させている。また山口彩子は、1983年（昭和53年）、ニューヨークの国連軍縮特別会議に参加しデモ行進の先頭で横断幕を手にして行進、同年、大阪府海外婦人セミナーに参加し東南アジアを視察している。また1980年（昭和50年）のコペンハーゲン国連婦人の10年世界女性会議に大阪府の代表として出席するなど、自らが女性リーダーとして、世界へ飛び出し、国際社会の動向を肌で感じ、体験してきたことを、団体に報告し、活動や政策立案に活かしてきた。

表3-5

第5期の主な活動

団体としての活動	専門部会に婦人問題部を新設1978年（昭和53年） 団体創立30周年事業（平和の女神像建立、婦人さかい縮刷版発等） 統一地方選挙に山口彩子を擁立、当選1979年（昭和54年） 堺市立婦人会館竣工1980年（昭和55年） 女たちの戦争体験記『炎の慟哭』出版

	堺市教育委員会よりサカイレディスアカデミー（生涯学習）の企画運営を受託、開講 乳がん検診予算計上実現 50 歳以上の単身女性の市営住宅への入居を要望・実現 堺市の女性管理職登用を要求 「堺市婦人問題行動計画策定委員会」設置実現 1981 年（昭和 56 年） 堺市婦人政策室設置要望 堺まつりの「まつりの女王」「ゆかたの女王」廃止 1982 年（昭和 57 年） 大阪府立母子総合医療センターを堺市に誘致実現 同センターに小児救急医療の設置を岸知事に要望書提出 堺市議会に「婦人問題に関する調査特別委員会」設置 1983 年（昭和 58 年） 女たちの平和集会、平和の大行進を実施 消費経済部街頭宣伝活動、食品添加物使用禁止チラシ配布
国内外の社会運動に関連した運動	ニューヨーク国連軍縮特別会議に山口委員長が参加 1978 年（昭和 53 年） 堺市北方領土返還推進協議会結成に尽力 コペンハーゲン国連婦人の 10 年世界会議に大阪府代表として山口委員長が参加 1980 年（昭和 55 年） 「女性差別撤廃条約府民会議」において国会議員に批准を求める署名運動 大阪府海外婦人セミナーに参加、東南アジア視察 1983 年（昭和 58 年）

出典：堺市女性団体協議会（2020）『堺市女性団体協議会の 72 年のあゆみ』より筆者作成

表 3-11

堺市立婦人会建設の経緯

堺市立婦人会館建設の経緯

（現　男女共同参画センター）

昭和	23	敗戦の傷跡の残る中、市内各地の女性たちが自発的に小さな集まりを結成し、活動を開始
	25. 7. 1	堺市婦人団体連絡協議会結成
	27.	婦人会館建設への要望高まる
	34.	歯ブラシ（5本 100 円）のあっせんによる募金活動開始
	36. 9	３４年の募金につづいて３年計画で１校区２万円の積立を開始
	39.	１００万円を建設資金として積立
	41. 11	市役所中庭のプレハブを社会教育課分室とし堺市婦協が主に利用するため先の１００万円積立金の中から机、いす、応接セット、流し、ロッカー、ストーブ、扇風機、黒板等を購入
	47. 1	庁舎が狭いため社会教育課分室の明け渡しを要請される 婦人さかい（１月から１１月分）紙上で婦人会館建設についてキャンペーン開始
	47. 6	社会教育課分室から堺市青少年センター宿院分館へ
	47. 7	堺市議会文教委員と婦人会館建設について話し合う
	47. 9	婦人会館建設資金カンパを開始（団体旅行や地区の会合の折に募金をつのる）
	47. 11	堺市長選挙立候補者に公開質問状提出
	47. 12	新市長と婦人会館建設について懇談
	48. 1	婦人会館建設署名運動 ３月末で３３，３６３人が署名
	48. 5	市長へ署名簿を添えて要望書提出
	49. 7	婦人会館建設問題について施設使用頻度のデータを添えて市長と話し合い
	50. 5	婦人会館建設資金として硬貨募金開始（これは従来の一円募金を硬貨募金に切り替え）
	50. 7	国際婦人年に関する公開質問状を提出市長と話し合う（婦人会館建設を訴える）そのほか、新春市長対談での要望、公約実現への要望
	52. 4	最初に手がけられたのが堺市立婦人会館条例、同施工規則設定堺市立婦人会館（速水助役　川崎課長の助力）
	52. 8	婦人会館建設趣意書を作成し、１口 1,000 円とし、５千万円目標に募金開始すると共にこの婦人会館は元市立図書館の建物にて老朽化に伴う建てかえについて陳情書を提出し、市のトップと個別会談（島、清水、田中３助役と高尾教育長、我堂市長）
	52. 11	婦人会館建設について文部省社会教育長へ陳情
	52. 12	12 月議会で文化施設建設研究費が議決され、調査研究業務が堺市婦人団体に委託される。
昭和	53. 1. 19	施設見学（まず堺市医師会館、鉄鋼会館をはじめ、住友不動産ビル、大阪市立婦人会館、川崎市中小企業婦人会館、国立婦人教育会館、千葉市中央コミュニティーセンター、名古屋婦人会館、神戸市婦人会館、尼崎市立勤労婦人ホーム、豊中市立婦人会館）
	53. 3	婦人会館調査報告書（７０頁）を作成
	53. 4	市へ提出
	53. 9	９月議会にて婦人会館建築設計委託料（780 万円）議決される。
	53. 11	文部省に調査報告書提出
	54. 1	国庫補助金決定（７千万円）
	54. 3	市議会にて婦人会館解体のため青少年センター本館、及び消費生活センターへ引越
	54. 7	府補助金決定（3,500 万円）
	8	社会教育課との団交
	8	市長との話し合い
	8	島助役と話し合い
	8	担当課長と話し合い
	9	解体工事終了
	54. 11. 24	起工式
	55. 1	調度品、備品、運営管理
	1～14	市と団交
	14～22	備品作成の相違検討
	55. 2	社会教育課と団交
	55. 2	1,700 万円の予算を 3,500 万円要求（備品費）
	55. 6. 25	定礎式
	55. 6. 30	堺市婦人団体が 7,000 万円の寄付金を堺市へ遂に竣工、まぼろしの婦人会館といわれていましたがとうとうやりました。白亜の殿堂。我らが婦人会館。 婦人会館と言えば、山口彩子委員長の功績は永遠にたたえたいと思う。
	55. 9. 1	堺市婦人団体連絡協議会へ婦人教育事業として「サカイレディスアカデミー」が市教育委員会より委託される。
	61. 4. 1	サカイレディスアカデミーを「堺女性大学」に改称。（女性差別撤廃条約の批准により）
平成	6. 4. 1	堺市立婦人会館を堺市立女性センターに改称。
	8. 4. 1	堺女性大学企画運営委員会を設立､「堺女性大学事業」を受託する。（平成１５年まで）
	30. 4. 1	堺市立女性センターを堺市立男女共同参画センターに改称。

出典：堺市女性団体協議会（2020）『堺市女性団体協議会の 72 年のあゆみ』より転載。

3-1-6　第6期　女性差別撤廃運動と団体名称変更
1984年～1988年（昭和59年～昭和63年）

堺市女性団体協議会は第6期を「女性差別撤廃条約と女性団体活動」としている。

▸時代背景

「国連婦人の10年」の世界的な運動も最終年に近づくにあたり、日本の女性団体等による「女性差別撤廃条約」および「選択議定書」に批准することを求める運動が高まっていた。1984年（昭和59年）、婦人問題企画推進本部はアジア・太平洋婦人問題を開催し、同年、政府は改正国籍法・戸籍法を成立させ、父母両系血統主義を採用した。労働省は「婦人少年局」を「婦人局」へ改組した。1985年(昭和60年)に、政府は女性差別撤廃条約に批准するための国内整備として、男女雇用機会均等法と改正労働法を設立させ、同年6月にようやく、日本が女性差別撤廃条約に批准した。国連婦人の10年ナイロビ世界女性会議が開催され、同時に同会議の世界NGOフォーラムも開催されている。同会議では「婦人の地位向上のためのナイロビ戦略が採択された。同年10月には、婦人問題企画推進本部が「西暦2000年に向けての全国会議―『国連婦人の10年』最終年」を開催し、国際婦人年連絡会が、国連婦人の10年日本大会を約2千人の参加を得て開催している。また、ユネスコが第4回成人教育会議をパリで開催し、「学習権宣言」を採択している。1986年（昭和61年）には、婦人問題企画推進本部が全省庁に拡大されている。9月には土井たか子が社会党委員長に就任し、政治史上初の女性党首となり、「マドンナ旋風」が吹き、女性の各級議員が増加した。1987年（昭和61年）、婦人問題企画推進本部が「西暦2000年に向けての新国内行動計画」を決定し、「男女共同参画型社会の形成」をテーマとした。1988年には、文部省が「社会教育局」を「生涯学習局」に改組し、横浜市に横浜女性フォーラムが開館されている。国際婦人年連絡会は、「西暦2000年に向けての民間国内行動計画」を発表した。この年、国連女子差別撤廃委員会において初めて日本の報告書が審議されている。

▸主な活動の概要

「国連婦人の10年」の後半5年間、堺市女性団体協議会はすでに、自らが「女の憲法」とした女性差別撤廃条約の内容に照らし合わせ、日本の法制度や堺市の婦人政策の有り様や条例に関しての調査や検討を行い、改善点を多数リスト化していた。それぞれの改善を実現するための運動方針についても協議していた。条約に抵触する国籍法改正や、条約の趣旨に則った家庭科の男女共修、労働法の改正（男女雇用機会均等法）について10回に及ぶ要請行動を起こし、政府にも批准促進を訴えている。1985年（昭和60年）には、堺市に要望していた「堺市婦人政策室」の設置が実現した。また同年7月、衆参両院全党一致で、女性差別撤廃条約の批准が決定した。さらに「国連婦人の10年ナイロビ世界会議NGOフォーラム」に堺市が派遣員を論文公募し、山口彩子を団長とする市職員を含む6名が選ばれ、派遣された。アフリカのケニア、ナイロビにおいて、平和のための女性運動のワークショップを開催し、世界中の女たちと課題解決の方法を協議し、交流を深めた内容は、報告書としてまとめられている。また1975年(昭和50年)代後半から、女性労働者が急増し、1984年昭和61年）には1,500万人を超え、全労働者の3分の1を占めるまでになった。しかし相変わらず女性は非正規雇用者が多く、採用、昇進、賃金における「男女格差」の問題が顕在化した。堺市女性団体協議会は、1982年（昭和57年）頃から、5年間の歳月をかけて団体名を「堺市婦人団体連絡協議会」から「堺市女性団体連絡協議会」に団体名を改称している。詳細は第2章において述べているが、基本的に当団体の最高議決機関である定例協議会に提案し続けたところ、様々な反対意見により、なかなか団体役員や会員の総意を得られなかった。よって山口委員長らは、団体名改称の根拠となる女性差別撤廃条約の内容をリーダーズ研修会をはじめとする学習会や、女へんの漢字や「婦人」の持つ意味についての学習会、男女の役割の固定化がなぜ女性の社会参画を阻むのか、女性自身に内在化されている慣習や風習の背景にあるジェンダーについての学習会や話し合いを重ねている。そして1986年（昭和61年）に「婦人」を「女性」に変更し、日本初の「堺市女性団体連絡協議会」が誕生した。当時、朝日新聞の「赤えんぴつ」という小さなコラムに、団体名を「婦人」から「女性」に変えたぐらいで、女性差別が無くなるのかという趣旨の記事が書かれた。当時の役員たちは、その程度の揶揄は覚悟していたという。「学べばわかる」、「世界の動向を見れば理解される」と山口委員長がその時点で取り合わず、その後堺市の「婦人政策室」は「女性政策室」となり、「婦人会館」は、堺市立婦人会館条例の変更が議会で承認された上で「女性センター」となった。

さらに堺市立婦人会館事業であるサカイ・レディス・アカデミーも堺女性大学に変更された。一般社会でも「婦人問題」は「女性問題」となり、いち早く写真雑誌やスポーツ新聞などが「女性団体」という言葉を使用するようになっていた。これも戦後の「婦人」たちによる「地域婦人団体」を中心とする主体的な「婦人運動」の成果としての団体名改称であり、国や都道府県市町村の行政よりも早くに行われた「婦人」から「女性」への転換は、最終的には日本社会全体に浸透したのである。またマドンナ旋風により 1987 年（昭和 62 年）4 月の統一地方選挙では全国的に女性議員が増加したが、政策決定の場である各種審議会等への女性参画は依然伸びず、堺市においても女性の過少代表を改善するよう、当団体が改善要望を継続している。第 6 期における堺市女性団体協議会は、堺市に対してだけではなく、国の経済政策や税制、また老人保健法や妻の相続権の問題に対し、国に対して直接要望書を提出するようになった。1980 年（昭和 55 年）「堺市立婦人会館」建設実現後、自らの学習や活動、堺市教育委員会からの委託による「生涯学習」の実践と同時に、女性が抱える様々な悩みや相談に応えるために「なんでも相談」を設け、弁護士等とも連携して女性差別、離婚、生活、子育て、消費、医療等の法律相談も実施してきた。1985 年（昭和 60 年）には、職場や家庭、地域等での「女性差別」に特化した「ウィメンズ・ホットライン女性差別 110 番」を実施した。

表 3-6

第 6 期の主な活動

団体としての活動	団体創立 35 周年事業（『女として、人として』出版、記念植樹等）1984 年（昭和 59 年） 「堺市婦人政策室」設置実現 1985 年（昭和 60 年） 女性差別撤廃条約に日本が批准、実現 大阪府立母子保健総合医療センターに小児救急医療施設予算計上実現 1986 年（昭和 61 年） 堺市女性団体連絡協議会に団体名改称 ウィメンズホットライン女性差別 110 番開設 円高差益還元、関西電力、大阪ガス等へ要望 大型間接税導入、マル優制度廃止に反対する要望書総理大臣に提出 老人保険法案に関する要望書　総理大臣、法務大臣に提出 妻の相続権改正に関する要望書　総理大臣、法務大臣に提出 団体創立 40 周年事業（記念大会、パーティー、平和調印式等） 第 40 回婦人週間全国大会に山口彩子がパネラーとして参画（日比谷公会堂）1988 年（昭和 63 年）
国内外の社会運動	前デンマーク大使、高橋展子さんを招聘し「国連婦人の 10 年最終年に向けて」講演会を実施 1984 年（昭和 59 年） アフリカへ毛布を送ろう運動、毛布 1,881 枚と義援金 150 万 7,640 円を送る　1985 年（昭和 60 年） 堺市国際青年年に副会長として参画 ナイロビ世界会議報告書作成、発行、 ナイロビ世界会議報告大会開催参加 国連 NGO 世界平和軍縮会議（ウィーン国連本部）に山口彩子、山口典子が出席 1986 年（昭和 61 年） 女性問題研修、韓国視察

出典：堺市女性団体協議会（2020）『堺市女性団体協議会 72 年のあゆみ』より筆者作成。

3-1-7　第7期　ローカルとグローバルをつなぐ活動の時代
1989年〜1998年（平成1年〜平成10年）

堺市女性団体協議会は第7期をナイロビ会議から北京会議を経て2000年までの行動計画の実践」としている。

▸時代背景

時代は、元号が昭和から平成に変わり、1975年（昭和50年）の「国連婦人の10年メキシコ世界会議以降、5年ごとに国連世界女性会議及びNGOフォーラムが開催されるようになり、国際社会におけるジェンダー課題が顕在化され、女性たちの活発な運動が行われ、それに準じて学術の分野においても研究が進められるようになった。1989年（平成1年）、文部省は新学習指導要領を告示し、家庭科の男女共修がスタートした。また、海部内閣においてはじめて2人の女性閣僚が誕生。第44回国連総会において「子どもの権利条約」が採択された。1990年（平成2年）中央教育審議会が、「生涯学習の基盤整備について」答申し、生涯学習振興整備法が施行された。同年、日本の出生率が1.57と史上最低になった。また総理府婦人問題企画推進有識者会議において、「女性」の用語使用を進める意見が出され、「婦人」から「女性」への変更が広まった。1991年（平成3年）は、湾岸戦争に反対する女性運動が盛んに行われた。また兵庫県芦屋市において、初の女性市長が誕生した。新国内行動計画（第1次改訂）が「男女共同参画型社会の形成」を総合テーマとして策定された。同年ソ連が崩壊している。1992年（平成4年）には、文部省生涯学習審議会が「今後の社会の動向に対応した生涯学習の振興方策について」を答申。初の婦人問題担当大臣が任命され、河野洋平官房長官が兼務した。同年ユニフェム国内委員会が発足している。また学校週5日制が開始された。1993年（平成5年）、中学校における男女共修が開始した。国会では土井たか子が初の女性衆議院議長に就任している。1994年（平成6年）、日本は「児童の権利に関する条約」を批准。総理府が男女共同参画室および男女共同参画審議会を設置した。政府が男女共同参画推進本部を設置。同年8月にエジプトのカイロで国際人口開発会議が開催され、リプロダクティブ・ヘルス／ライツが焦点となった。文部省が女性政策調整官を設置している。1995年（平成7年）には、阪神淡路大震災が発災した。育児休業法が改正され、介護休暇が認められる。第4回世界女性会議NGOフォーラムが北京で開催され、同世界会議ににおいて「北京宣言」と「行動綱領」が採択された。同年11月には国際婦人年連絡会が「NGO 日本女性大会」を開催し、アジア女性資料センターが設立され、北京JACが発足している。

1996年（平成8年）、優生保護法が改正され母体保護法となる。女性政策情報ネットワーク「JJネット」第1号が発信され、「男女共同参画2000年プラン」が策定された。また男女共同参画推進連携会議が発足している。この年、女子の4年制大学進学者が短大進学者を上回った。

▸主な活動の概要

第7期に行った活動は表3−7に示した通りである。

第7期における堺市女性団体協議会の代表的な活動は、1989年（平成1年）から1990年（平成2年）にかけての大阪花博EXPO‘90におけるミス・コンテスト（ミス・ユニバース）への反対運動である。女性の美を年齢や容姿等で格付けすることや、障がい者などが参加できないことは、人権侵害であるとして大規模な抗議集会を2回行い、現地での抗議集会も行い、世論を喚起した。この時、全国3872自治体におけるミス・コンテストの実態調査のアンケート調査を行い、その分析を『ミス・コンテストNON！〜すべての女性は美しい〜』にまとめ出版している。この年をミス・コンテスト廃絶元年としている。同年、堺市の人権教育推進協議会で、「ちびくろサンボ」の問題が提起された。この問題にも団体として積極的に取り組み、1990年（平成2年）発刊の『ちびくろサンボ絶版を考える』（径書房）に山口典子が寄稿している。

また、1995年（平成7年）に北京で開催された第4回国連世界女性会議には、山口彩子を筆頭に団体役員等20名参加し、山口典子は堺市からの派遣団の一員として参加し、それぞれが現地でワークショップを開催している。参加する前に、堺市において2回にわたるプレ・シンポジウムを行い、団体内外の市民と学習、情報共有を行っている。

堺市議会においては、男女混合出席簿の実施、水泳授業の生理見学の減点を指摘し改善。男女混合出席簿は、1993年（平成5年）に大阪府下の全市町村で一斉に実施されることとなった。堺市は、堺市女性団体協議会のミス・コンテスト反対運動と男女混合出席簿の導入が認められ、全国フェミニスト議員連盟による「自治体男女平等度コンテスト」で全国1位を受賞した。当時の幡谷豪男堺市長が表彰を受けている。また、1995年（平成7年）には、全国初の「男女共同参画宣言都市」となる。堺市は総理府[8]の新規事業である1994年度初の第1回男女共同参画宣言都市奨励事業[9]に応募し、同年国から指定された。1994年第5回堺市議会定例会において、女性議員が、その事業内容について質疑を行っている。

市民人権局長は、「国民生活の身近な地域社会から、さらに男女共同参画社会の実現に向けての機運を広く醸成するために、村山首相を本部長として発足した男女共同参画推進本部と総理府が今年度の新規事業として、本事業を実施した。市を挙げて女性問題の解決に取り組んで来た本市にとって誠に有意義であること、さらには本事業を実施することにより、パイロット的な役割が果たせるものであること、また今年は、国際家族年でもあり、家庭における男女平等が国際的な問題として取り上げられている現状からも、当事業が、本市がめざしてきている基本的な理念と合致するために応募した。

当該事業による施策としては、市民に男女共同参画社会づくりについての理解と具体化を図るための研究集会、もっと素敵にフェスティバル、女と男がともに生きる社会を始め、男性の自立と男女共同参画社会の実現をめざし、男性のための介護教室、パパの育児教室、子育ての教室などの開催を予定している。このように男性の家事・育児・介護への参加事業を通して、男女共同参画社会実現へのステップとしたい。」と答弁（要旨）している。堺市は、国からも男女共同参画の推進については、先進都市であることが認められていたと理解できる。またこの答弁内容も、男女共同参画宣言都市への自負と誇りが窺える。（平成6年第5回定例会―09月16日―04号 山口彩子大綱質疑より）堺市女性団体協議会の活動は、堺市のジェンダー平等を牽引し、全国的にも女性運動や女性政策のモデルとして注目されていた。また同年、堺市は「女性を政策決定の場に」という山口彩子の議会での提言に応え、「堺市審議会等への女性委員登用推進要綱」を制定している。女性の過少代表の改善のための取り組みである。1991年（平成3年）には、堺市婦人政策室が堺市女性政策室に組織名の変更を行い、1996年（平成8

[8] 現内閣府。

[9] 男女共同参画宣言都市とは、地域を挙げて男女共同参画社会づくりに取り組む決意を表明し、男女共同参画推進のための各種施策を重点的に展開している自治体（政令指定都市を除く市町村）のことを指す。内閣府は、これらの都市が男女共同参画宣言都市となることを奨励することにより、男女共同参画社会の実現に向けての気運を広く醸成することを目的とした「男女共同参画宣言都市奨励事業」を開催している。

年）には、女性政策室を女性政策課としている。これもすでに1986年（昭和61年）に全国で初めて団体名を婦人団体から女性団体に改称していた堺市女性団体協議会が、社会全体に与えた影響であることは明らかである。

1989年（平成元年）の堺市制100周年記念事業には、訪中団を結成し、姉妹都市である中国連雲港市への表敬訪問と婦女連との交流を図った。また同事業の協賛事業であるオランダとのダッハランドについては、山口彩子が市長の名代でオランダを訪問し、事業の締結調印を行っている。1990年（平成2年）にはPKO反対運動を実施し、堺生誕の歌人「与謝野晶子」の「君死にたもうことなかれ」を横断幕に掲げ、街頭活動を行っている。同年、高齢者の介護問題から、ファミリーサービス・キューピットを発会し、会員相互に介護支援を行うサービスを開始した。この活動は、介護保険制度の実施に伴い1998年（平成10年）には、大阪府からホームヘルパー養成研修事業の指定を受け、第1回のホームヘルパー養成研修を実施するまでに発展している。さらに堺市女性団体協議会が法人格を持ち、ドンナ・サービスという介護事業所を設立するに至った。次に消費者運動としては、1991年（平成3年）に牛乳パック・アルミ缶の回収を市内の大手デパートやスーパー等の量販店に回収箱を設置し、全国初の本格的なリサイクルのシステムをスタートさせている。同年「SAKAI 女性環境サミット」を開催し、ベラ・アブザグ事務局長を招聘し講演会を実施した。また、ダイオキシン発生の防止活動のために食品トレー等の使用や過重包装を控えるよう量販店に要望活動を行い、堺市に対しては焼却工場の煙突の改善を要請し、実現している。1997年（平成9年）には堺市においてごみの分別収集によるリサイクルが開始されている。

さらに第7期には大災害が発生した。1991年（平成3年）の雲仙・普賢岳の火砕流災害には義援金を送り、1995年（平成7年）の阪神淡路大震災の時には、いち早く救援物資を女性の視点で、生理用品、赤ちゃん用のミルクと水、下着など50万円分を送り、第1回の義援金として3,470,077円を送付した。1996年（平成8年）、堺市において世界でも未曽有のO-157 学童集団下痢症が発生し9523人が罹患した際も、三師会や他の市民団体21団体と協力して、感染防止や追悼と誓いの集いの中心として今でも活動を続けている。

第7期の堺市女性団体協議会の活動はマスコミに大きく取り上げられ、新聞社や雑誌社からの取材、「朝まで生テレビ」やラジオなどへの出演依頼が相次いだ。堺市とニュージーランドの首都ウェリントン市との友好都市提携やアジア女性会議を主催して堺市に 18 か国の関係者を招聘するなど、国際的なつながりが広がっていった。また 1998 年（平成 10 年）には山口彩子が堺市議会の女性副議長に就任した。堺市議会における女性副議長の出現は、堺市制 110 年目にして、初のことである。同年、当団体は、創立 50 周年を迎えるにあたり、団体名を堺市女性団体連絡協議会から堺市女性団体協議会に改称した。

表 3-7

第 7 期の主な活動

団体としての活動	団体創立 45 周年事業、活動記録映画制作 1989 年（平成 1 年） 団体創立 50 周年事業、団体名を「堺市女性団体連絡協議会」から「堺市女性団体協議会」に改称 1998 年（平成 10 年） 同記念事業、与謝野晶子の歌碑を建立 全国自治体男女平等度コンテストで第 1 位受賞（全国フェミニスト議員連盟）1993 年（平成 5 年） 全国初の「男女共同参画宣言都市」となる 1995 年（平成 7 年） 〈ジェンダー・人権〉 童話絵本研究会発足、調査実施 1989 年（平成 1 年） 『ちびくろサンボ絶版を考える』に寄稿 1990 年（平成 2 年） 大阪花博のミス・コンテスト反対運動 1989 年～1990 年（平成 1 年～平成 2 年） 全国 3872 市町村のミス・コンテスト実態についてアンケート調査 ミス・コンテストの調査報告書『ミス・コンテスト NON！～すべての女性は美しい～』を出版 セクシュアル・ハラスメントのアンケート調査実施 山口典子が国立婦人教育会館・女性学企画講座企画委員に就任 山口典子が「朝まで生テレビ」出演「差別と表現の自由」1994 年（平成 5 年）

	ピンクチラシ各戸配布禁止条例運動 1998 年（平成 10 年） 〈教育〉 水泳授業の生理見学減点を指摘、改善 1989 年（平成 1 年） 堺市で男女混合出席簿実施 1990 年（平成 2 年） 大阪府下一斉に男女混合出席簿を実施 1993 年（平成 5 年） 〈環境・消費者〉 牛乳パック・アルミ缶の回収を全市的にスタート 1991 年(平成 3 年) 環境バック（エコバック）を布製で作成 1992 年（平成 4 年） 堺市、ごみの分別収集とリサイクル開始 1997 年（平成 9 年） 動燃工場爆発事故に陳情提出 ストップ・ザ・ダイオキシン業者懇談会、要望書提出、街宣活動 1998 年（平成 10 年） 〈文化〉 「私が描く与謝野晶子展」実施 1992 年（平成 4 年） 晶子全国歌碑巡りツアーをスタート 世界初の与謝野晶子等身大像を制作 1993 年（平成 5 年） 与謝野晶子記念館建設運動 1995 年（平成 7 年） 第 1 回　芸能百華始まる 与謝野晶子生誕 120 年「かるた会」を実施 1998 年（平成 10 年） 〈介護〉 ファミリーサービス・キューピット発会、実施 1990 年（平成 2 年） 第 1 回ホームヘルパー養成研修実施 1998 年（平成 10 年） 〈災害支援〉 雲仙・普賢岳の火砕流災害に義援金 1991 年（平成 3 年） 阪神淡路大震災に女性視点で救援物資・義援金 1995 年（平成 7 年） 堺市 O-157 学童集団下痢症　1996 年（平成 8 年）
国内外の社会運動に関連した活動	堺市制 100 周年記念協賛事業ダッハランド（オランダ）に協力

<table>
<tr><td></td><td>1989 年（平成元年）
同記念事業にて訪中団結成、姉妹都市連雲港に友好視察
ちびくろサンボ問題の取り組み、南アフリカ共和国の ANC、南アフリカ大使館と交流、アパルトヘイト反対運動
PKO 反対運動「君死にたもうことなかれ」街宣活動 1990 年（平成 2 年）
国際女性デー記念特別展（イトーヨーカドー堺店）と講演会（丸木位里、俊）
SAKAI 女性環境サミット　ベラ・アブザグ事務局長を招聘 1991 年（平成 3 年）
アジア女性会議　堺を開催 1992 年（平成 4 年）
ユニフェム日本国内委員会の正会員となる 1993 年（平成 5 年）
国連ウィーン世界人権会議
ウェリントン市から女性市長来館
第 4 回国連世界女性会議（北京）に 20 名参加、山口典子は堺市派遣団の一員として参加。現地でミス・コンテストに関するアンケート調査実施。1995 年（平成 7 年）
ユニフェム堺設立 1998 年（平成 10 年）
〈政治参画〉
「堺市審議会等への女性委員登用推進要綱」制定 1995 年（平成 7 年）
山口彩子が堺市議会初の女性副議長に就任 1998 年（平成 10 年）</td></tr>
</table>

出典：堺市女性団体協議会（2020）『堺市女性団体協議会 72 年のあゆみ』より筆者作成。

3-1-8　第 8 期　ローカルからグローバルに発信する時代
1999 年～2008 年（平成 11 年～平成 20 年）

堺市女性団体協議会は第 8 期を「国際発信期、女性解放の巨星　山口彩子委員長逝く」としている。

▸時代背景

1999 年（平成 11 年）、男女共同参画基本法が公布された。日本はこの法律から、女性の人権に関する法律が次々に成立していく。2001 年（平成 13 年）には、DV 防止法（配偶者からの暴力防止及び被害者の保護に関する法律）、2003 年（平成 15 年）には少子化対策基本法、児童買春、児童ポルノに係る行為等の処罰及び児童の保護等に関する法律、ストーカー行為等の規制等に関する法律、児童虐待等の防止等に関する法律、また刑法の性犯罪規定の改正等である。2000 年（平成 13 年）から MDGs ミレニアム開発目標がスタートし、同年、労働省は「女性と仕事の未来館」を開設（初代館長樋口恵子）した。また大阪府では初の女性知事（太田房江）が誕生している。国連は、国連特別総会「女性 2000 年会議」を開催した。2001 年（平成 14 年）には、中央省庁再編に伴い、内閣府に男女共同参画局が新設された。また国立婦人教育会館が、国立女性教育会館に改称し、独立行政法人に移行している。2003 年（平成 15 年）には地方自治法が改正され、公共施設に指定管理者制度の導入が推奨された。また、国連女子差別撤廃委員会が、日本政府に対し、間接差別、女性に対する暴力、マイノリティ女性、婚外子差別などの問題を指摘、改善を勧告した。2000 年前半は、「ジェンダー・フリー」や性教育などに対するバッシングが強かった時期である。2006 年には文部科学省の教科書検定における教科書から「ジェンダー・フリー」という用語がすべて消えている。2007 年（平成 19 年）には、改正パートタイム労働法が成立した。また、同年の地方議員の女性比率が 10.36％で史上最高となっている。しかし 2008 年（平成 20 年）の世界経済フォーラムによる日本のジェンダー・ギャップ指数は、世界 98 位、先進国最低となっていた。女性に関する法整備や、北京行動綱領などのジェンダー課題は整理されたが、現実のジェンダー・ギャップが改善されていない状況である。

▸主な活動の概要

第8期に行った活動は表3-8に示した通りである。

第7期頃から、堺市女性団体協議会の活動はより活発化され、国内外の団体等との関係性が広がり、記録されている資料も約3〜5倍ほどの量に増加している。この間、2006年（平成18年）に堺市が中核市から美原町との合併により、長年の市民の悲願であった政令指定都市に昇格した。戦後の団体活動が半世紀を超えた第8期での組織を震撼させた大きな出来事は、2001年（平成13年）2月に第4代委員長山口彩子の逝去である。1999年（平成11年）、山口彩子は5期20年務めた堺市議会議員を勇退した。その議員の後継者を指名することはなく、後継者は堺女性政治連盟の総会において満場一致で山口典子が指名を受け、擁立され、当選を果たした。

1999年（平成11年）は介護保険制度がスタートし、堺市女性団体協議会が求めてきたダイオキシン法が施行された。西暦2000年を目前に、改めて堺市女性団体協議会は創立当時の決意を思い起こし、「戦争のない21世紀を」と願っていた。今期、堺市女性団体協議会のジェンダー平等に関する活動は、2001年（平成13年）の「女性差別撤廃条約の選択議定書の署名と批准を求める請願書」の署名運動を展開し、衆参両委員長に請願書を提出した。同年、大相撲大阪場所の太田房江知事の優勝杯を授杯のための土俵入りについて、議会で質問し、その後堺市長が日本相撲協会に要望書を提出している。また、国際平和女性フォーラムでは、米国のジャネット・ヤッセンを招聘し「DV・性犯罪被害者の現状とサバイバル」について学んだ。2000 年の国連世界女性会議のテーマも、女性への暴力の撤廃である。

また2006年（平成17年）には、UNIFEM（国連女性開発基金）の親善大使ニコール・キッドマンが主催する「女性に対する暴力撤廃」のためのガラディナーが、ニューヨークで開催され、堺市女性団体協議会、堺市、堺商工会議所等 28名が出席した。その際山口典子らは、当時の UNIFEM の事務局長と話し合い、日本に日本事務所を設置することを提案した。

その後、2009年（平成21年）に堺市立女性センターにUNIFEM日本事務所が誘致され、山口典子は当事務所の特別顧問に就任した。それまでも山口彩子をはじめ、団体として、国連世界女性会議や全米女性学会、女性環境学際会議など多様な国際会議に出席し、常に国際社会のジェンダー課題解決の動きを直接知り、団体活動に活かしてきていた。また、2002年（平成14年）には大阪府初の「堺市男女平等社会の形成を推進する条例」、いわゆる男女平等条例を制定している。また「夫婦別姓も可能な制度の導入」を求めて請願署名運動を展開し、国会へ請願を提出している。2003年（平成15年）には、太田誠一、森喜朗らの女性差別発言に対し、公的謝罪を求める要望書を小泉総理に提出、またビール会社（アサヒ、キリン）の水着姿の女性を起用したCMに対して抗議を行い、改善されている。2006年（平成18年）より「男女共同参画フォーラム」を開催し、第1回には、内閣府男女共同参画局長の名取はにわを講師として招聘している。その後、同局長の板東久美子も堺市女性団体協議会に講演会の招聘及び大阪大学の大学院生らと共に「地域教育計画論」のフィールドワークに訪れている。また、板東は前職の文部科学省生涯学習局長当時、堺市立女性センターの30周年記念誌の巻頭対談にも参画し、堺市女性団体協議会の取り組みを高く評価していた。

この頃から、堺市女性団体協議会は、とくに南アフリカ共和国大使館のボルドウィン・シイポ・ングバネ駐日全権特命大使との出会いから、「女性の人権」を基軸に交流を深めることとなる。山口典子は、南アフリカ共和国との「女性の人権」や「女性が自立するための教育やエンパワーメント」、またマンデラ前大統領の「アパルトヘイトからの解放運動」について相互理解を深めるだけではなく、ものづくりの町である堺市の技術力と南アフリカ共和国の持つレアメタルなどの資源を結び付けたいと考えていた。この第8期においては、UNIFEMや南アフリカ大使館 をはじめとする国際・国連機関であるJICA（国際協力機構）、UNHCR（国連難民高等弁務官事務所）、UNDP（国連開発計画）、ILO（国際労働機関）、UNICEF（国連国際児童基金）、UNFPA（国連人口基金）、UNIC（国連広報センター）、やエチオピア大使館、スリランカ共和国やカンボジア、エチオピア、ナイジェリア、ウズベキスタン、ベトナム、ザンビアの上級行政官、堺市の友好都市である中国の連雲港市、ニュージーランドのウェリントン市、米国のバークリー市などとの連携を強め、また内閣府男女共同参画局、文部科学省、外務省との協働も活発に行っていた。それぞれの活動については、表3-8及び附録の年表を参照されたい。

また堺市の教育に関しても、ジェンダー平等教育の推進や性暴力の撤廃の観点から、2001年（平成13年）から、児童虐待防止CAPプログラムを導入し、スペシャリストの養成を行い、堺市の公立小・中学校や高校において、子どもたちが

CAP 授業を受けられるよう、議会で提案し実施されている。この第 8 期における活動の一つの成果として、「犯罪被害者基本法」の成立を実現している。2003 年（平成 15 年）、全国犯罪被害者の会（あすの会）の活動を知った堺市女性団体協議会は、「あすの会」の林良平と連絡を取り、全国で初めての犯罪被害者基本法を求める照明運動に協力し、ともに街頭に何度も立った。また堺市内の自治連合会などの各種団体にも協力を求めた。「あすの会」のメンバーによる人形劇や講演会を数回実施し、市民に理解を求めた。さらに山口典子は、他にできることはないかと考え、堺市議会に「犯罪被害者の権利と被害回復制度の確立を求める意見書」を提案し、地方議会としては全国初の意見書が全会一致で可決、総理大臣等へ提出した。この意見書はすぐに全国に広がり、約 800 の地方議会が同じ意見書を国へ提出した結果、2004 年（平成 16 年）に「犯罪被害者基本法」が成立した。地方議会が国を動かす原動力となったのである。

第 8 期の活動の特徴の一つとして、国内外の大災害が多数発災し、その支援活動をことごとく迅速に組織力を生かして行っている。

2008 年（平成 20 年）、UNIFEM のニコール・キッドマン親善大使が推進する、「女性に対する暴力に No！と言おう」（Say No! キャンペーン）の署名運動を開始、同年 12 月に UNIFEM 事務局長のイネス・アルベルディが来堺の際に、堺市長、議会会派代表者、各種団体代表者との歓迎会の席上で、57,176 筆分の署名を手渡している。またこの前日に、山口典子の手配によって、イネス・アルベルディ事務局長は、麻生総理大臣との面談を実現し、日本への UNIFEM 日本事務所の設置を伝えている。また同年、堺市女性団体協議会は、ベアテ・シロタ・ゴードンを堺市に招聘し、堺市長表敬、堺市民会館での講演会、堺市立女性センターにおいての講演会、ホテルでの歓迎晩餐会「ベアテさんを囲む会」を実施した。

ベアテ・シロタ・ゴードンは、日本国憲法第 24 条、男女平等条項の起草者である。日本の女性の地位向上と男女平等のスタートラインを作ってくれた女性であり、戦後の日本と米国の平和の架け橋として、大きな役割を担った女性である。

表 3-8

第 8 期の主な活動

団体としての活動	創立 55 周年事業 2004 年（平成 16 年） 創立 60 周年事業 2008 年（平成 20 年） 第 4 代委員長　山口彩子逝去 2001 年（平成 13 年） 第 5 代委員長に山口典子就任 2001 年（平成 13 年） ＊堺市が政令指定都市となる 2006 年（平成 18 年） 〈ジェンダー・人権〉 有害図書追放運動、第 2 次運動展開 1999 年（平成 11 年） 大相撲大阪場所、女性知事の土俵入り、堺市長から要望書提出 2001 年（平成 13 年） 女性差別撤廃条約選択議定書の署名と批准を求める請願署名運動及び請願書を衆参両院委員長に提出（同年 4 月） 太田知事土俵入り問題、知事と日本相撲協会に質問状提出 2002 年（平成 14 年） 堺市男女平等社会の形成を推進する条例が施行 夫婦別姓も可能な制度導入を求める署名運動、国会へ請願 「犯罪被害者のための刑事司法の確立」を求める署名運動 2003 年（平成 15 年） 犯罪被害者基本法成立 2004 年（平成 16 年） 太田誠一、森喜朗議員の女性差別発言に公的謝罪要望書を提出 ビール会社（アサヒ、キリン）の CM に抗議、改善 子育て（親）支援への広場開設 第 1 回男女共同参画フォーラムを開催、講師　名取なにわ内閣府男女共同参画局長　2006 年（平成 18 年） 少子化対策シンポジウムを開催（於堺市民会館） 日本子ども虐待防止学会に参画 2007 年（平成 19 年） 堺市子ども青少年条例制定 2008 年（平成 20 年） 男女共同参画フォーラム　「慰安婦問題を考える」韓国挺身隊問題協議会代表

	「女性に対する暴力にNo！と言おう」署名運動開始 「日本女性会議 2009 in さかい実行委員会」設立 〈教育〉 CAP(児童虐待防止プログラム)のスペシャリスト養成講座実施 2001 年（平成 13 年）10 名認定 堺市公立小・中学校、高校にて CAP 授業実施 大阪府薬物乱用防止教育講師の資格取得 10 名 2002 年（平成 14 年） こころのアンケート実施（佐世保同級生殺傷事件により幼稚園から高校までの保護者 447 名回答）2004 年（平成 16 年） 板東久美子内閣府局長が大阪大学大学院生と共に「地域教育計画論」のフィールドワークで、当団体の生涯教育やボランティア活動推進について研修視察 2008 年（平成 20 年） 〈環境・消費者〉 堺市小阪の産業廃棄物焼却施設の設置反対署名運動、議会での要望により、営業差し止め 1999 年（平成 11 年）、施設撤去 2002 年（平成 14 年） 環境大臣表彰を祝う会 牛乳パック回収事業による緑化基金協力に国土交通大臣表彰 2001 年（平成 13 年） 鳥インフルエンザによる鶏卵・鶏肉の出荷に対し浅田農産に抗議文 2004 年（平成 16 年） 汚染米を食用に転売した三笠フーズと農林水産省に抗議文、街頭活動実施 2008 年（平成 20 年） 〈文化〉 第 6 回芸能百華を世界民族芸能祭（ワッショイ！2000）と共催 2000 年（平成 12 年） 第 7 回芸能百華　前段において、山口彩子合同追悼式を挙行 2001 年（平成 13 年） 藝能百華 10 周年、永年出演者、広告協力者に感謝状贈呈 2004 年（平成 16 年） 〈医療・介護〉

	堺市泉北夜間小児救急医療が開始　（議会要望、実現） ホームヘルパー養成研修会（第2回〜第5回）実施、計116名が資格取得2000年〜2005年（平成12年〜平成17年） 国民皆保険制度を守る署名運動2005年（平成17年） 〈災害等支援〉 トルコ地震、台湾地震、台風18号（山口県・熊本県）、三宅島噴火による義援金2000年（平成12年） 心臓移植費用　畑俊規さんに20万円支援 アフガニスタン難民支援　衣料品、毛布等を支援2001年（平成13年） イラン地震　義援金2004年（平成16年） スマトラ沖大地震　義援金約200万円、髙島屋よりテディ・ベア1000個協力　2004年〜2005年（平成16年〜平成17年） パキスタン大地震　毛布202枚支援
国内外の社会運動に関連した活動	第5回ニューヨーク国連世界女性会議に参加 「女性への暴力」をテーマにワークショップを開催2000年（平成12年） 第27回国際平和女性フォーラムに米国からジャネット・ヤッセンを招聘「DV・性犯罪被害者の現状とサバイバル」を学習2001年（平成13年） ユニフェム日本国内委員会理事に山口典子就任2003年（平成15年）、常任理事に就任2005年（平成17年） 国際専門家会議、国際公開フォーラム「戦争と女性」を女性のためのアジア国民平和基金と共催（参加国：アフガニスタン、インドネシア、東ティモール、フィリピン、スリランカ、日本） 国際人身売買シンポジウムを女性のためのアジア国民平和基金と共催2004年（平成16年） 世界難民の日UNHCRの募金キャンペーン実施2005年（平成17年から毎年実施）

	IMADER 理事長、ニマルカ・フェルナンドスマトラ沖地震報告会 「ベアテの贈り物」映画観賞会、藤原智子監督の講演会 UNIFEM30 周年記念式典、「女性への暴力撤廃」のためのガラディナーに堺から 28 名参加、約 1 千万円の寄付 UNIFEM 本部事務局長と日本事務所設置についてミーティング 2006 年（平成 18 年） 第 32 回国際平和女性フォーラムで南アフリカ共和国駐日大使館のングバネ大使を招聘、記念講演 2005 年（平成 18 年） 南アフリカ女性の日 50 周年事業として大使公邸に招かれる 2005 年、2006 年（平成 18 年、平成 19 年） 南アフリカ共和国と堺市の懇談会・晩餐会を主催（堺市、堺商工会議所、堺市関連企業）産業交流と総領事館等の誘致について懇談 2008 年（平成 20 年） 南アフリカ共和国ナショナル・デーに招かれる 南アフリカ「女性の日」セミナーに山口典子が講師として招聘される 南アフリカ共和国　ングバネ大使帰国、お別れ会 JICA 緒方貞子理事長より要請、内閣府等共催で開発途上国 6 か国の上級行政官の研修を受け入れ 2007 年（平成 19 年） 男女共同参画フォーラム　慰安婦問題について、韓国挺身隊問題対策協議会代表の後援 2008 年（平成 20 年） G8 洞爺湖サミット市民フォーラムに参加 UNIFEM 事務局長イネス・アルベルディ麻生総理大臣、橋本聖子外務副大臣と面談 イネス・アルベルディ事務局長歓迎会を主催（堺市長、堺商工会議所、堺市議会会派代表者、UNIFEM 日本国内委員会関係者等） 「女性に対する暴力に No！と言おう」の署名 57,172 筆を手渡す ベアテ・シロタ・ゴードン来堺、市長表敬、講演会（堺市民会館、堺市立女性センター）

	ベアテさんを囲む会を主催（堺リーガロイヤルホテル） 〈政治参画〉 山口彩子が5期20年の議員活動を勇退1999年（平成11年） 山口典子が第14回統一地方選挙に出馬、当選（平成11年） 山口典子が第15回統一地方選挙に出馬、トップ当選2003年（平成15年） 山口典子が堺市高石市消防組合議会議長に就任 2005 年（平成17年） 山口典子が政令指定都市堺市の区割り選挙に堺区から出馬、当選2007年（平成19年）

出典：堺市女性団体協議会（2020）『堺市女性団体協議会 72 年のあゆみ』より筆者作成。

3-1-9　第9期　ジェンダー平等社会実現の拠点形成の時代　2009年～2013年　（平成21年～平成25年）

堺市女性団体協議会は第9期を「国際社会の仲間とジェンダー平等をめざす」としている。

▸時代背景

2009年（平成21年）は、戦後初めて、自民党に代わり民主党政権が誕生した。同年、堺市の男女共同参画センターに国連女性開発基金 UNIFEM 日本事務所が開所した。また国連安全保障理事会は、「武力紛争下の性暴力根絶に向けた取組を促進する決議、第1881号、第1325号の実施加速に向けての決議第1889号を採択している。「育児・介護休業法」が改正され、短時間労働の義務化、所定外労働の免除の義務化などを規定した。女子差別撤廃委員会は日本政府の第 6 回報告に対し最終見解を公表している。さらに日本女性会議 2009 が堺市で開催された。2010年（平成22年）には第3次男女共同参画基本計画が策定され、APEC 第15回女性リーダーズネットワーク（WLN）会合が日本において開催されている。

2011 年（平成 23 年）、国連は UNIFEM などの女性関連 4 組織を統合し、UN Women を設立し、前チリ大統領のミチェル・バチェレを事務局長に迎えた。堺市立男女共同参画センターに設置されていた UNIFEM 日本事務所も UN Women 日本事務所と改組された。奇しくも国際女性デー 100 周年記念 UN Women 創設記念講演シンポジウムと除幕式が行われた 3 月 11 日、日本では東日本大震災が発災した。日本の国土の 3 分の 1 が津波等により破壊され、尊い人命が奪われ、被災者救済のために日本中の人々や世界の多くの国々が行動を起こした。しかし福島原発の第 3 号機の爆発により、東日本大震災は東北だけでなく、日本全土、世界に甚大な被害をもたらしたといえる。また避難所や災害支援において、ジェンダーの視点の必要性が明確に示された。翌年 2012 年（平成 24 年）の第 56 回国連婦人の地位委員会において、「自然災害におけるジェンダー平等と女性のエンパワーメント」の決議案が採択されている。同年、女性の活躍による経済活性化を推進する関係閣僚会議が、「女性の活躍促進による経済活性化行動計画」を策定した。さらに 2013 年（平成 25 年）には、「日本再興戦略」の中核に「女性の活躍推進」が位置づけられている。第 9 期において、堺市や堺市女性団体協議会の活動が国連日本事務所の誘致などにより、いよいよ国際舞台の歴史に登場している。東日本大震災は、自然災害だけではなく原発の爆発事故が重なり、さらに東京オリンピックの開催が決定されたことにより、復興が大幅に遅れている。地球温暖化による気候変動は、日本においても世界においても、地震以外に、台風や豪雨災害、異常乾燥や大規模な山火事などを発生させている。このような環境の中で、世界の政治界では、ポピュリズムの台頭が見られている。「自国ファースト主義を臆面もなく公約に打ち出す大国のリーダーたちの言動を注視していると、第 3 次世界大戦前夜の臭いがする状況であるといえるだろう。」（『創立 60 周年記念パーティープログラム山口典子挨拶』より抜粋）

▶主な活動の概要

2006 年（平成 18 年）に、堺市女性団体協議会がニューヨークの UNIFEM 親善大使「ニコール・キッドマン主催の女性に対する暴力撤廃」のガラディナーに参加して以来、UNIFEM 日本事務所の堺市への誘致の件で、UNIFEM 事務局長と総理大臣の面談を設定するなど、また同時に日本女性会議の堺市における開催依頼を受けるなど、国際レベル、日本全国レベルの活動に突入した日々が結実した第9期の始まりであった。またそれは、思わぬ妨害をいくつか経験した上での結実であり、通過点であった。堺市女性団体協議会は、ジェンダー平等社会の実現を平和社会構築のプロセスとして、これまで継続されてきた事業や活動を淡々と継続していた。しかし常に、今必要な活動は何か、今社会に訴えなければならないことは何かを考えながら、行動し、政策提案を行い、実現していた。2009年（平成21年）10月8日。堺市長選挙においてUNIFEM日本事務所の誘致を公式に要請し、締約を結んだ市長が落選し、新市長に交代した。そこで新市長及びUNIFEM日本国内委員会の代表者から横やりが入った。しかし、国連日本事務所の誘致を実現するためには、国連本部、日本政府、国連代表部、UNIFEM本部との調整と意思統一そして決断があり、もちろん堺市女性団体協議会と堺市、堺市議会の調整と決定があり、その上でUNIFEM本部と堺市とが契約交渉を行うのである。新市長は大阪府庁職員出身であったが、国連事務所の誘致は、例えば、大阪府所管の出張所を堺市に設置するというようなレベルでの話ではないのである。またUNIFEM日本国内委員会の代表者は、国連本体の事務所が日本に設置されることや、ましてやそれが堺市に設置されることを良としていなかったようである。国内委員会の会議において、針の筵に立たされたこともあった。堺市女性団体協議会がUNIFEM事務所を日本に誘致した理由は2つである。1つは、UNIFEMの活動を先進国におき、堺市女性団体協議会のような活動の担い手が大勢存在するところで、世界の女性支援を応援すること。1つは、国連の力を借りてでも、日本の女性の人権尊重の確立と地位向上を図るためである。UNIFEM日本事務所の誘致についての詳細は附録に付している。同年10月29日、予定通りUNFEM日本事務所は、堺市立女性センター（現男女共同参画センター）に誘致され開所式典が挙行された。またその翌日から、内閣府男女共同参画局の事業である「日本女性会議2009 in さかい」が、市を挙げて開催された。テーマは、「山の動く日来る～ジェンダー平等の宇宙（そら）へ～」とし、大会長は新市長である。全国から約4000人の参加者が集い、日本のジェンダー・人権問題の第一線で活躍してきている樋口恵子、赤松良子、李節子、林陽子、山田登世子、ロバート・キャンベル、また当時米国のオバマ大統領の経済特別顧問のジェフリー・サックス、南アフリカ駐日特命全権大使、与謝野晶子研究家、慰安婦とされた韓国のオモニ、LGBTQ＋の当事者などの講師陣によって、ジェンダー課題を解決するためのグローバルな視座での会議が開催された。当大会は、すべてが実行委員会と市民ボランティア2000人と堺市協働の手作りの大規模な会議であった。国連事務所の誘致と日本女性会議の開催は、堺市女性団体協議会の目標であるジェンダー平等社会の実現のための一つの拠点形成の土台となった。とくに第9期、堺市女性団体協議会は、国際的な活動のつながりを拡大している。南アフリカ共和国大使館をはじめとして、ホンジュラス駐日大使館、タンザニア連合共和国大使館、リベリア共和国大使館、在神戸オランダ総領事館、在大阪アメリカ総領事館、中華民国総領事館、韓国総領事館、イタリア総領事館や堺市の友好都市であるウェリントン市、バークレー市、連雲港市などとの交流も活発化していく。南アフリカ共和国の大使は、ングバネ大使の後任のガート・ヨハネス・グロブラー大使、またモハウ・ペコ大使とも密接な交流事業を実施している。

また2010年（平成22年）には、APEC・WLN（ウーマン・リーダーズ・ネットワーク）会議を堺市で開催し、その際、UNIFEM本部が進めるWEPs（女性のエンパワーメント原則）の協力企業であるP&Gや資生堂、関西電力、クボタ、大阪ガス等の認証式典を実施した。同時にそこで、山口典子が正式にUNIFEM日本事務所の特別顧問の任命を受けている。また、2010年（平成22年）には、国連広報センターの根本所長からの依頼で、潘基文国連事務総長が日本訪問の際、妻の柳淳沢との懇談会に、ステイヌン・グッドヨンステッドUNIFEM日本事務所長と共に出席した。また、2013年（平成25年）に横浜市で開催されたTICADにUNIFEMのメンバーとして出席し、その際にリベリア共和国のエレン・ジョンソン・サーリーフ大統領（ノーベル平和賞受賞）とホテルの大統領の部屋で、リベリア共和国大使と共にプライベートな直接面談の機会を得ている。2012年（平成24）年には、韓国孤児の母・田内千鶴子さん生誕100周年記念式典、および「世界孤児の日」制定推進大会2012に招待を受け、木浦市とソウル市を訪問した。2013年（平成25年）には、南アフリカ共和国のモハウ・ペコ大使からの招請で「ネルソン・マンデラ大統領」の追悼式に緒方貞子らと共に出席している。同年、日本・ニュージーランド国交60周年記念として、ウェリントン市で開催されたジャパン・フェスティバルに堺・ウェリントン協会副会長として出席し、当市に堺パークが造設されるにあたり、堺市女性団体協議会は、11本の桜の木を寄贈し、その植樹祭に参加した。このように国際的な活動もすべて「ジェンダー平等社会の実現」のためであった。堺市の友好都市であるバークレー市は、ウーマン・リブの発祥の地であり、ニュージーランドは世界で初めて女性参政権を獲得した国であり、国際親善だけではなく、「ジェンダー平等」について先進的な都市であることにおいて、友好都市の意義が深い。また国内においても、2011年（平成23年）山口典子は、日本女子相撲連盟の顧問に就任した。その役割は世界84か国で実施されている「女子相撲」をオリンピックの種目にするための論客であるということであった。実際に山口の顧問就任後、毎年4月に堺市の大浜相撲場で世界女子相撲大会が開催されるようになっている。「2013年（平成25年）には、内閣府男女共同参画局からの依頼により、堺市で男女共同参画フォーラムが開催された。ここでは、ILO駐日代表の上岡恵子、立命館大学総長の川口清史、立教大学大学院教授の萩原なつ子、堺市長の竹山修身をシンポジストとし、「鍵をにぎるのはあなたの力！女性の活躍促進が経済を活性化する」をテーマに、山口典子が進行を務めている。また2012年（平成24年）、樋口恵子からの依頼により、堺市において「高齢社会をよくする会全国大会 in 堺」を開催した。また堺市が主催の「国際女性デーイベント2013」が、堺市立男女共同参画センターにおいて開催され、UN Women 日本事務所長のミユキ・ケルクホフ、堺商工会議所の前田寛治会頭らがシンポジストとして、「女性の力が日本を救う～UN Women　WEPsの拡充による女性の躍進～」をテーマに協議するなど、国内においても国や堺市などからの依頼による大きな会議が堺市女性団体協議会の協力のもと実施されている。一方で、普段通りの団体の恒例事業や日々の女性相談対応なども しっかりと行っていた。南海高野線の浅香山駅にエレベーターの設置を求める住民らの声を浅香山女性団体がまとめ、署名を集めた。その署名を持って堺市と交渉したのは議員としての山口典子の役割である。要望は実現した。また堺市女性団体協議会が1996年（平成8年）の事件発生以来、悲願であった「O-157学童集団下痢症を忘れない日」を議会で提案し7月12日に決定している。また原発やエネルギー問題などの消費者問題を団体と議会で検討、研究、協議し取り組みを深めている。2010年（平成22年）には堺市消費生活基本条例が制定されている。

表 3-9

第 9 期の主な活動

団体としての活動	創立 60 周年記念大会　式典 創立 65 周年記念事業 〈ジェンダー・人権〉 堺市立女性センターの耐震工事により 30 年前の婦人会館建設時のタイムカプセルが発見される 2009 年（平成 21 年） 日本子ども虐待防止学会 10 周年記念大会に参加 堺市立女性センター建設 30 周年を祝う会 を開催 2010 年（平成 22 年） デート DV 防止プログラム・ファシリテーター養成講座を開催 「女性への暴力に No！と言おう」署名活動を堺東駅街頭で実施 堺警察署ウーマン・パトロール隊「アイリス」結成　（故中西普憲警視正からの依頼）2011 年（平成 23 年） 高齢社会をよくする女性の会全国大会 in 堺、実行委員会設立、開催 2012 年（平成 24 年） 鳥取県倉吉市「女性塾」にて山口典子が講演 2013 年（平成 25 年） 南海高野線浅香山駅の無人化について地元住民と南海電気鉄道と意見交換会を実施 〈環境・消費者〉 手作り味噌の製造販売　堺市保健所長より許可下りる 2009 年（平成 21 年） 堺市緑化基金への寄付、堺市より感謝状贈呈される（毎年） 堺市消費生活条例制定 2010 年（平成 22 年） 牛乳パックとアルミ缶のリサイクル第 20 期。通算で牛乳パック 142 万 7.050 kg 9,306,820 円。アルミ缶 20 万 2,177 kg 7,868,080 円分。

	堺市議会「安全なエネルギー特別委員会」において団体より3副会長が参加、意見表明2012年（平成24年） 原発から安全なエネルギーへの転換を求める署名運動、10,515筆を野田総理へ提出 電気料金値上げについて関西電力と意見交換会2013年（平成25年） 相次ぐ食品偽装問題について消費者庁へ抗議文を提出
国内外の社会運動に関連した活動	UNIFEM日本事務所開所記念式典2009年（平成21年） 日本女性会議2009in さかい開催 UNIFEMエイボン女性事業、協賛実施 〈南アフリカ共和国駐日大使館〉 ガート・J・グロブラー大使来館、講演2009年（平成21年） 修好100周年記念レセプションに招請され参加2010年（平成22年） バードライフプレゼンテーション（高円宮妃殿下）に招請され参加 サッカーワルドカップ記念レセプションに招請され参加 ナショナル・デーセレモニーに招請され参加 緒方貞子先生が南アフリカ共和国から勲章授賞、記念式典に招請され参加 公共事業省副大臣来日記念レセプションに招請され参加2011年（平成23年） 第38回国際女性平和フォーラムにて、モハウ・ペコ大使が講演2012年（平成24年） ナショナル・フリーダムデーに招請され参加 ネルソン・マンデラ大統領追悼式に招請され参加 2013 年（平成25年） （以上、参加はすべて山口典子と役員） 国連広報センターからの依頼により、潘基文国連事務総長来日の際、妻の柳淳沢と会談2010年（平成22年） UNIFEM日本事務所特別顧問に山口典子が任命される APEC・WLN会合を堺市で開催

	ングバネ前南アフリカ大使の旭日大綬章式に招請され参加 第36回国際平和女性フォーラムにて、UNIFE日本事務所ステイヌン所長が講演 UN Womenが発足2011年（平成23年） UNIFEM日本事務所がUN Women日本事務所に改組され、記念開所式 ウェリントン、ブレンダー・ガスト市長が来館、講演会2009年（平成21年） ウェリントン、セリア・ウェイド・ブラウン市長が来館、講演会2011年（平成23年） ホンジュラス共和国マルレーネ・ビジュラ・デ・ダルボット大使が来館、懇談会 UN Women本部のミチェル・バチェレ事務局長が堺市長表敬、堺市議会と懇談、堺市女性団体協議会主催の記念式典で講演、サッカー女子中学生らと交流2012年（平成24年） 日本・ニュージーランド国交60周年事業で 山口典子がウェリントン市の記念式典に出席2012年（平成24年） 第39回国際平和女性フォーラムにてタンザニア連合共和国サロメ・タダウス・シジャオナ大使が講演2013年（平成25年） 国際女性デー、堺市主催のイベント実施 2013年（平成25年）UN Women日本事務所のミユキ・ケルフコフ所長が講演 TICADに出席、リベリア共和国エレン・ジョンソン・サーリーフ大統領と面談 内閣府主催、男女共同参画フォーラムin堺 山口典子がコーディネーターを務める

出典：堺市女性団体協議会（2020）『堺市女性団体協議会72年のあゆみ』より筆者作成。

3-1-10　第10期　ジェンダー平等社会実現に向けた政策立案、形成、実現の時代 2014年〜2020年（平成26年〜令和2年）

堺市女性団体協議会は第10期を「SDGsの達成とジェンダー平等社会実現のための政策実現の時代」としている。

▶時代背景

2014年（平成26年）は、UN Womenが世界に提唱する「Safe Cities Global Initiative（女性と女児への暴力のない安全な都市世界行動計画）」（以下、SCGIという）に堺市が日本で初めて、また世界の先進国では2番目に参画し、堺セーフシティ・プログラムとして取り組みをスタートさせた。世界に蔓延する女性や女児に対する暴力は、大きなジェンダー課題として1975年以来その根絶を目標としてきたが、女性の過少代表や固定的性別役割、ジェンダー平等教育の欠如という明確な課題と同様、未だに改善されていない。そこで2015年（平成27年）、MDGs（ミレニアム開発目標）につづく「持続可能な開発のための2030アジェンダ」が国連総会において採択された。このアジェンダの実施原則20（ジェンダー）では、「ジェンダー平等の実現と女性・女児の能力強化は、すべての目標とターゲットにおける進展において死活的に重要な貢献をするものである。（中略）女性と女児に対するあらゆる形態の暴力は男性及び男子の参加も得てこれを廃絶していく。」とし、「新たなアジェンダの実施において、ジェンダーの視点をシステマティックに主流化していくことは不可欠である」としている。要はSDGsの基盤にあるのはジェンダー平等社会の実現であり、さらに目標5において「ジェンダー平等を達成し、すべての女性と女児のエンパワーメントを実現する。」としているのである。同年、第59回国連婦人の地位委員会は国連「北京+20」記念会合としてニューヨークで開催され、国連世界女性会議の北京行動綱領から20年を経て、改めてジェンダー課題解決の進捗状況が検証された。同年、第3回国連防災世界会議が仙台市で開催され、「仙台防災枠組」が採択された。東日本大震災の死者及び被害者は女性のほうが多く、また災害支援や避難所運営などにおいて「ジェンダーの視点」が不可欠であることが認識された。また政府においては第4次男女共同参画基本計画が閣議決定され、「女性の職業生活における活躍の推進に関する法律が成立、翌年2016年（平成28年）に公布・施行された。同年、男女雇用機会均等法及び育児・介護休業法が改正されている。2017

年（平成 29 年）には、「働き方改革実行計画」が決定された。2018 年（平成 30 年）には「政治分野における男女共同参画の推進に関する法律」が成立し、公布・施行された。しかし一向に女性議員の数は増えず、日本のジェンダー・ギャップ指数（GGP）が世界 156 か国中 121 位と先進国最低（2020 年）である理由も、指数の一つである国会の女性議員比率が世界最低レベル（193 か国中 165 位）であるのが大きな原因である。また同年「働き方改革を推進するための関係法律の整備に関する法律」を成立したが、8 つの労働に関する法律を一挙にまとめたこの法律は「同一労働同一賃金」などで話題性はあるが、ジェンダーの視点が欠落していることが法曹家等から指摘を受けている。2019 年（令和元年）には、G7 パリサミットにおいて、「男女平等に関するパリ宣言」が採択されている。しかし、この頃から現在まで、世界は新型コロナウィルスのパンデミックに襲われた。中国の武漢に始まり、すでに新型コロナウィルスは変異株を発生させ、感染力が高まっている。感染防止対策と経済とのバランスの対応を迫られるが、感染防止のためのロックダウンなどは失業者を増加させており、日本も飲食店等への規制ばかりで根本的な対策が遅れている。東京、大阪などの大都市では、何度も緊急事態宣言やまん延防止措置が取られてきたが、人流は増えており効果が見られない状況である。病床数が不足し、感染者が入院できずに自宅等で死亡するケースも見られるまでになった。このコロナ禍により、東京オリンピック・パラリンピックが 1 年間延期され、2021 年 7 月、開催地である東京都が過去最多の感染者や重症者が増加している緊急事態宣言中に、無観客で実施された。さらに感染防止のための不要不急の外出を控え、企業のテレワークなどの影響で、家庭での DV が約 30%増加したと国連が公表し、各国の対策の必要性を訴えた。感染対策と医療、経済がひっ迫する中、世界ではウィズ・コロナ、アフター・コロナの「価値観」の変容についての考え方が深められている。

日本では、「女性活躍・ハラスメント規制法」が成立し、「配偶者からの暴力防止及び被害者の保護等に関する法律」が一部改正された。内閣府男女共同参画局は、2020 年（令和 2 年）から 2022 年（令和 4 年）までの 3 年間を「性犯罪・性暴力の対策強化年」と定め、全省庁を横断して取り組んでいる。また、「第 5 次男女共同参画基本計画」が閣議決定された。本計画には第 8 章に防災や災害時のジェンダーの視点の必要性が詳細に記載されている。内閣府は 2020 年（令和 2 年）に、「災害対応力を強化する女性の視点～男女共同参画の視点からの防災・

復興ガイドライン」をまとめた。本ガイドラインは、これまでの災害において、様々な意思決定過程への女性の参画が十分確保されず、女性と男性のニーズの違いなどが配慮されない課題があったとして、7つの基本方針を示したうえで、とくに防災会議等の男女比率、男女共同参画センターや女性団体等の役割を明らかにしている。このようにSDGsの取り組みから、ジェンダー平等社会の実現に向けた政策が政府や行政においても比較的、スピーディに推進されるようになってきた。

▸主な活動の概要

第10期の主な活動は表3-10に示すとおりである。

堺市は、2009年（平成21年）の「UNIFEM日本事務所の誘致」と「日本女性会議2009in さかい」において、堺市女性団体協議会を中心とする市内各種団体とジェンダーに関する世界的な専門家らとの協働過程で、職員がそれまで経験したことのない数々の職務を担当している。その後2015年（平成27年）から、世界193か国の共通目標としてSDGsの取り組みが行われるようになり、議会での山口典子の質問調整の段階で、堺市環境局の職員が初めてSDGsを知り、堺市としての取り組みをスタートさせた。その2年後2018年（平成30年）に堺市は国からSDGs未来都市に選定されている。堺市女性団体協議会は、2019年（令和1年）の団体創立70周年事業として、SDGsのバッジを制作した。また2012年（平成24年）、堺市にUN Women本部のミチェル・バチェレ事務局長が来堺した際、事務局長は堺市長に2つの要望を提示している。1つはUN Women日本事務所の東京への移転、1つはUN Womenが世界に向けて提唱している通称、セーフシティ・プログラムへの参画であった。同日本事務所の移転については、堺市女性団体協議会も堺市も承服しがたい案件であったが、当時、財政的にひっ迫していたUN Women本部は、日本事務所をはじめ世界にある他のUN Women事務所の職員への給与が滞る状態であった。潘基文国連事務総長の肝いりでUN Womenが設立され、前チリ大統領であったミチェル・バチェレを招請し事務局長に任命したものの、当初の約束通りの予算が手当されず、2013年（平成25年）バチェレ事務局長はUN Women事務局長を離職している。もともと外務省によればUNIFEMの時代から会計決算報告の遅延がみられる組織であったことは側聞していたが、国連組織として財政難であり、また東京に事務所を移転して政府に近ければ、予算が取りやすいと考えたようであるが、堺市にとっては納得のいかない話であった。結果 2013 年（平成 25 年）末に UN Women 日本事務所は東京文京区の市民センターの中に移転した。日本政府は、安倍総理のアベノミクスの「女性活躍推進」の見せ場として、UN Women への約 10 億円の予算措置を行ったが、それも 1 度きりであった。しかしこの時点で、実は堺市女性団体協議会は「国連組織」との協働に辟易としており、事務所は移転しても、ジェンダー平等社会の実現に資するセーフシティ・プログラムに取り組むことを決めたのである。2013 年（平成 25 年）の年末に堺市長は日本で初めてセーフシティ・プログラムに署名した。全国初の堺セーフシティ・プログラム、「公的空間における女性や女児に対する暴力を根絶する」取り組みが 2014 年（平成 26 年）から堺市においてスタートしたのである。女性に対する暴力、とりわけ性暴力の根絶を自治体行政が正面から取り組むことに大きな意義がある。また当期における大きな動きとして、堺市女性団体協議会と堺市消費生活協議会が、ライフ・コーポレーションの清水信次 CEO によって、国民生活産業・消費者団体連合会（以下、「生団連」という）に参画し、副会長職を任命されたことである。この参画により、当団体からの意見や取り組みが、日本の GDP の約 8 割をはじき出している 550 社の製造、流通企業に迅速かつダイレクトに伝わり、政府に対する提言などにも直結することとなっている。つまり女性の意見や取り組みを大企業が知り、ともに協働することになったのである。その成果の一つが、堺セーフシティ・プログラムの取り組みの一つであった、全国約 58,000 店舗のコンビニエンス・ストアにおける成人向け雑誌（ポルノ雑誌）の販売が中止されたことである。

また、2021 年（令和 3 年）山口典子の発議により、生団連に「ジェンダー主流化委員会」が設置されたことは、これまで遅々としてきた政府のジェンダー平等社会の実現のための「ジェンダー主流化」の取り組みは、地方の女性団体等の活動が主導してきていたが、今後は日本を代表する多くの企業体が主体的に推進することになる。また 2018 年（平成 30 年）堺市議会において、山口典子が第 83 代議長に就任した。政党に所属していない無所属の女性議員が政令指定都市の議長に就任することは、日本の議会においては初めてのことである。堺市女性団体協議会が創立 75 周年を目前に、ジェンダー平等社会の実現のための政策立案、形成、そして政策実現を果たし得る時代となったのである。

表 3-10

第 10 期の主な活動

団体としての活動	団体創立 65 周年記念式典 2014 年（平成 26 年） 団体創立 70 周年記念事業 2019 年（令和 1 年） 〈ジェンダー・人権〉 堺市 O-157 学童集団下痢症「永遠に」の日建立 2014 年（平成 26 年） 堺市が日本初の堺セーフシティ・プログラムをスタート 東京都議会での女性差別発言に抗議の要望書を提出 ICT 講習会を実施 第 40 回国際平和女性フォーラム「MDGs の達成に向けて」李節子、池上清子と山口典子基調鼎談 堺セーフシティ・プログラム、キックオフ・シンポジウム 与謝野晶子と千利休記念館「利晶の杜」がオープン、長年の晶子記念館建設運動が実現 2015 年（平成 27 年） 「女性と政治」講演会に参加　赤松良子元文部大臣、林陽子弁護士対談 第 41 回国際平和女性フォーラム「敗戦 70 年今思うこと、願うこと、元特攻隊員の誓い」ライフ・コーポレーション CEO、生団連会長　清水信次講演 第 67 回女性フォーラム「トイレから考える女性と女の子のエンパワーメント」プランジャパン理事　大崎麻子と山口典子対談 2016 年（平成 28 年） 青少年健全育成部が堺市内のコンビニエンス・ストア全店の成人向け雑誌の調査 堺市が、コンビニエンス・ストアにおける成人向け雑誌について市民にアンケート調査を実施 ファミリーマート店の協力で、成人向け雑誌にカバーを取り付け、女性や子どもたちへの配慮の取り組みを始めた 社会政治部が堺市内の公園の公衆トイレ 200 か所を調査 第 42 回国際平和女性フォーラム「女性と平和　ネルソン・

	マンデラ大統領の遺志を継いで」南アフリカ共和国、ベリル・ローズ・シスル大使講演 第68回女性フォーラム　堺セーフシティ・プログラム実施記念「JKビジネスの実際〜その背景と解決に向けて〜」女子高校生サポートセンターcolabo代表　仁藤夢乃と山口典子が対談2017年（平成29年） 堺セーフシティ・プログラムシンポジウム　「みんなでつくろう安全安心なまちSAKAI」作家　谷村志穂が基調講演 生団連小川賢太郎会長との経済交流会を堺市にて開催 第69回女性フォーラム「あたりまえの健全な社会をめざして〜堺セーフシティ・プログラムが地球を救う〜」長崎大学大学院教授、李節子と山口典子が対談 コンビニエンス・ストアが成人向け雑誌の販売中止を決定ミニ・ストップ、イオングループ世界28,000店舗にて（国内7000店舗）2017年（平成29年）2018年1月1日から実施 堺市立女性センターが堺市立男女共同参画センターに名称変更、所管も堺市教育委員会から堺市に移管 堺市がSDG s 未来都市に選定される 第44回国際平和女性フォーラム「犯罪被害者の人権を求めて〜犯罪被害者の会（あすの会）解散に寄せて〜」あすの会顧問、岡村勲弁護士、林良平代表幹事代行が講演 コンビニエンス・ストアが成人向け雑誌の販売中止を決定セブンイレブン、ローソン、ファミリーマートが8月末での販売中止を決定した2019年（平成31年） 第70回女性フォーラム「祝！大手コンビニからポルノ雑誌が消える！堺市女性団体協議会創立70周年への贈り物〜」長崎県立大学大学院　李節子教授と山口典子が対談 第45回国際平和女性フォーラム「SDGs、ジェンダー平等と平和」関西学院大学　大崎麻子客員教授と山口典子が対談 堺市が若い女性向きの防犯ベルを作成するクラウドファウンディングを実施、協力 空色リボン（犯罪被害撲滅）プロジェクト運動に参画

	堺市、市教委、堺警察署、堺防犯協議会等と連携し、空色リボンの作成とチラシ配布を堺東駅頭で実施 2020 年（令和 2 年） 〈環境・消費者問題〉 堺市消費生活協議会が生団連に入会 2014 年（平成 26 年） 生団連において山口典子が副会長に就任 関西電力の電気料金値上げに対する懇談会を実施 2015 年（平成 27 年） 生団連　小川賢太郎会長と堺市において経済交流会を実施 2017 年（平成 29 年） 「循環型社会の形成や SDG s の達成に寄与する目的に市民、事業者、行政の三者協働でプラスチック削減に取り組むことに関する協定」を締結（市内大手量販店 11 社）2019 年（令和 1 年） 第 29 期牛乳パック、アルミ缶回収、通算牛乳パック 1,842,610 kg、13,405,600 円（毎年堺市の緑化基金に寄付）。アルミ缶 246,127 kg、9,606,480 円（災害支援金としている） 〈医療〉 堺市が骨髄移植協力者へのクラウド・ファンディング実施、提案団体として 10 万円を寄付 2018 年（平成 30 年） 「外国人のお母さんが安心して子どもが産めるような格差のない社会にしたい！」プロジェクトに協力、10 万円を寄付 〈政治参画・政策実現〉 堺市議会において「ヘイトスピーチなどの人種差別を禁止する国内法の整備を求める意見書」を草案、提案、全会一致で可決 2014 年（平成 26 年） 堺総合医療センター、子ども医療センターが竣工　山口彩子、山口典子の公約が実現　2015 年（平成 27 年） 「2016 年 G7 伊勢志摩サミットに向けた世界人口開発議員

	会議」に山口典子が参加2016年（平成28年） 堺市が「性暴力を許さない！あなたは悪くない！」カードを作成し、市内の児童生徒、公共施設のトイレ、民間レストラン等に配布2018年（平成30年） 山口典子が堺市議会第83代議長に就任 「セーフシティ・グローバル・ミーティング」（UN Women主催）に堺市を代表し、議長として山口典子が参加、堺市の取り組みを報告、意見交換、また国連のビデオ広報の撮影も行われた。（カナダ、エドモントン市） 犯罪被害者の会（あすの会）の解散式に招請され議長として出席、あいさつ、上川陽子法務大臣、国谷裕子らと面談 自民党SDGｓ議連と長崎県立大学共催のSDGs研修会に山口典子が議長として講師に招請され、堺セーフシティ・プログラムの説明を行う。上川陽子法務大臣、経団連幹部、全国のNPOなどが参加 デートDVの職員研修会、冊子を作成、毎年、中高3年生に配布 「堺市立学校園　性暴力防止推進委員会」を設置 堺市保護者向け「性暴力防止・対応ちらし」を毎年7万枚作成、配布 教職員向け「性暴力防止ガイドライン」を作成、研修 〈災害支援〉 西日本地方を中心とする大規模土砂災害、広島市安佐南区、丹波市、福知山市、倉吉市に義援金及び救援物資を支援2014年（平成26年） 熊本地震の際、熊本市男女共同参画センターを通じて、ライト付き防犯ブザー、歯ブラシ、洗濯ネット、Tシャツ等、先方の要望を確認して救援物資を支援2016年（平成28年） 熊本地震の際、南阿蘇村役場の女性職員を通じて、マットレス、傘、レインコートなど、先方の要望を確認して救援物資を支援

国内外の社会運動に関連した運動	UN Women セーフシティ・プログラムに堺市が参画、堺セーフシティ・プログラムの取り組みを開始2014年（平成26年） UN Women本部、ムランボ・ヌクカ事務局長来日、外務省主催の歓迎会に招請を受け山口典子が参加 第2回　国際女子相撲選抜大会堺大会が開催（以降毎年開催） 南アフリカ共和国大使館ナショナル・デーに招請を受け参加 UNHCRの「難民の日」募金活動、堺東駅頭等で実施（毎年実施） 日本国際情報学会　国際開発研究部会において山口典子が「堺セーフシティ・プログラムの取り組みについて」発表 「国連孤児の日」制定のための国際学術セミナーが韓国の木浦市で開催、山口典子が日本の児童福祉の現状について発表、ソウル大学教授や学生らが参加2017年（平成29年） 木浦市の「共生園」を視察 〈鳥取県の女性団体との交流〉 関西広域連合主催の「男女共同参画フォーラム」が鳥取県倉吉市で開催、山口典子が分科会の講師として招請され参加2014年（平成26年） 境港市にて、「よりん彩活動支援事業公開講座」に山口典子が講師として参加 琴浦町において、「第10回男女共同参画フォーラム」が開催され講師として山口典子が参加 三朝町において「よりん彩活動事業公開講座」が開催、講師として山口典子が参加

出典：堺市女性団体協議会（2020）『堺市女性団体協議会72年のあゆみ』より筆者作成。

3-2　堺市女性団体協議会の重点活動

ジェンダー平等社会実現をめざす堺市女性団体協議会の 73 年間を振り返ると、幅広いすべての分野におけるジェンダー課題の解決に取り組んできているが、その中でも「ジェンダー平等教育」の推進、「女性に対する性暴力の撤廃」、また政治分野や審議会をはじめとするあらゆる分野における女性の「過少代表」という 3 つの問題重点的に取り組んできていることが明らかになった。これらの取り組みは、全国レベルの取り組みの中でも先進的であり、ジェンダー平等社会の実現のために不可欠な取り組みであるので、課題ごとに整理しておく。

3-2-1　ジェンダー平等教育の実践

1980 年に婦人会館建設を果たした堺市婦人団体連絡協議会は、前述（第 2 章第節 1-3）の通り、単なるハコモノだけではなく、女性を中心に男性も含めたすべて市民が、学習や社会参画が可能な生涯学習の場を設けることを考えていた。まだ生涯学習という概念がなかった時代である。しかしこの時点で、すでに堺市婦人団体連絡協議会は「自主体的に学び、行動する女性」という、戦後間もない時点で文部省がめざしていた「新しい女性像」を体現していたと言えるだろう。その女性たちが、今度は広く自分たち以外の人々と共に学び、ジェンダー平等の理解を深めるために、堺市教育委員会から受託して、婦人会館の設置目的に沿って、堺市の女性政策を推進する学習プログラムの企画運営を開始した。1980 年 9 月、第 1 回サカイ・レディス・アカデミーの開講以来、現在までの 39 年間で受講者総数は約 452 万人を超えている。

1980 年のサカイ・レディス・アカデミーの開講当初は 6 講座の講演会による学習であったが、女性たちの要望が高まり、技能習得や、芸術、音楽、文化の講座が徐々に開設されていった。受講料については、当初は無料で行われていた。それは、封建的な社会と戦争に巻き込まれ、女性であるという理由で教育権や労働権を奪われてきた時代の女性たちが、やっと自らが主体的に学ぼうとするとき、家庭の財布の紐を握っているとはいえ、子どもや家族の財布であり、自分自身のために使える経済的余裕はほとんどなかったことを考慮していた。また、高齢女性については、そのほとんどがわずかな年金で暮らしていることも考慮していた。現在日本では、教育の無償化の政策が進められようとしているが、まさに、女性たちが置かれている社会環境や経済状況を鑑みた、当時の堺市教育委員会及び堺市婦人団体連絡協議会の判断は、正当であった。年々、押し寄せるように受講申し込みは増加し、年に一度の申込日には、婦人会館の外にも行列ができるほどであった。また、申し込みは先着順であったため、徹夜で並ぶ市民もいたことから、主催者は市民の安全のために、申し込み方法を改善していった。受講料が無料であっても、事業は公費であることから、普通の大学と同じように教養講座を年間 15 回以上受講することを必修とし、併せて 1 人 1 講座のコース講座が受講できるシステムである。教養講座は大ホール（定員 300 名）において開催されるが、毎回会場は満杯で、定員を超える場合は、1 階から 3 階までのロビーを開放している。現在では、定員を超えると予測される教養講座は、予約制にしなければならないほどである。堺市立男女共同参画センター館長の瀧口住子は、「このシステムを、誰かが真似て生涯学習などのプログラムを行ったとしても、おそらく教養講座には、これほど人は集まらないと思われる。なぜなら近年の社会において ICT 環境が整い、人々は、自由に情報にアクセスできるが、自分にとって利益になるもの、自分の好きなものに限定されがちで、子どもも大人も、この情報なら得をする、儲かるという発想で生きる人が増えている。しかしこの生涯学習に参加する人々は、あらゆる世代の価値観が合流することから、自己中心の発想から、他者への気遣いや寄り添い、また他者の意見を聞くという基本的な姿勢が自然に身につけられる場となっている。単身の高齢女性、子育て中の女性、仕事を持つ女性、離婚経験のある女性、家族を失った女性、男性も含めて、年齢だけではなく、多様な人生を身近に知ることができる。そのような環境の中で、学び続けることの楽しさや大切さ、少々のことがあってもそれを乗り越えて、人生を生き抜くという逞しさ、自分や自分の家族だけではなく、周りの人と生きることを考える機会を得るのである。これは 39 年間、この生涯学習が女性の人権の確立と平和をテーマに積み重ねてきた最大の成果である」としている。

また、この生涯学習の改称や主催者の変遷から、堺市婦人団体連絡協議会が、この生涯学習の企画運営を行うことによって、関わってきた女性たちがエンパワーメントしてきていることが確認される。1980 年に開講したサカイ・レディス・アカデミーは、開講から 6 年目の 1985 年に日本が女子差別撤廃条約に批准したことから、レディスという階級英語を改め、1986 年から「堺女性大学」に改称している。堺市婦人団体連絡協議会も同年、堺市女性団体連絡協議会に、日本で初めて「婦人」を「女性」に改称している。1994 年には、堺市立婦人会館も堺市立女性センターに改称されている。また、国において 1997 年には男女雇用機会均等法[10]、2002 年には男女共同参画基本法[11]が成立、2002 年には堺市において、大阪府下初の「男女平等社会の形成の推進に関する条例[12]が制定された。また、文部科学省の第 2 期教育振興基本計画の「絆づくりと活力あるコミュニティの形成に向けた学習環境・協働体制の整備の推進」の具体策である「学びによる地域活性化プログラム」としても推進され、また、「地方創生」が主要な政策のキーワードとして推進されるなど、地域づくりにおける学習の重要性が示されている。このような経緯の中、2011 年には堺女性大学は、男女共同参画社会の実現を目的として「堺自由の泉大学」に改称されている。

堺市婦人団体連絡協議会は 2003 年の堺女性大学まで本事業を受託していたが、2004 年からは、堺女性大学企画運営委員会が、2011 年からはプロポーザル方式の委託になり、現在は民間会社が企画運営を行っている。堺自由の泉大学における一般教養講座は、希望する市民が、生涯にわたって教育を受けることができる環境を提供し、学び続ける人を支援する。学び続けることによって、「個人としての義務を果たし、社会的参加行動を促進し、社会的正義を守る」というシティズンシップ教育を実践する、としている。昨年度（2020 年度）のコース別講座数は、105 講座で各年間各 17 回実施されており、合計 1785 回。教養講座は主催事業としては年 110 回。その他堺市との共催で開催される講座も多数ある。2019 年度の総合学習テーマは、「SDGs な私を楽しむ　～誰一人取り残さない社会をつくろう～」としている。これは、2018 年 6 月に堺市が

10　「雇用の分野における男女の均等な機会及び待遇の確保等に関する法律」の通称。1985 年制定、1986 年施行。企業の事業主が募集・採用や配置・昇進・福利厚生、定年・退職・解雇にあたり、性別を理由にした差別を禁止することなどを定めている。施行当初、各種差別禁止の項目の多くは努力規定であったが、1999 年の改正により禁止規定となる。また、2007 年の改正では出産・育児などによる不利益取扱の禁止や、1999 年の改正で規制されていなかった男性に対する差別、さらにはセクシャルハラスメントの禁止などが規定される。2017 年の改正により、マタニティハラスメントに対する禁止規定が制定された。

11　1999 年施行。男女が互いに自らの人権を尊重しつつ、能力を十分に発揮できる男女共同参画社会の実現のために作られた。

12　男女平等社会とは、女性も男性も自分の意思で社会に参画し、喜びも責任も分かち合う、男女ともに生きやすい社会である。本条例は、男女平等社会の実現をめざすことを 21 世紀の堺市の主要施策に位置付けたものである。

SDGs 未来都市[13]に選定されたことから、堺自由の泉大学のテーマとして、市民ひとりひとりが SDGs の実践を行うために 17 目標を多角的に学習するためとしている。

このような全国レベルでも先進的な生涯学習の取り組みは、同じ男女共同参画センターの中で、SDGs について 2013 年頃からいち早く取り組んでいる堺市女性団体協議会の取り組みの情報を堺市行政とともに共有することができるからであろう。但し、2021 年度（令和 3 年度）から、堺市長による 30%もの予算削減によって講座数は大幅削減となり、市民や講師等から不満や抗議の声が上がっている。

堺市立女性センター30 周年（2009）の記念対談の中で、内閣府男女共同参画局の板東久美子局長は、堺市の女性センター及び堺女性大学について、「女性たちが長年にわたる募金などの積極的な活動の積み重ねにより 30 年前に女性センターが建設されたこと自体先駆的なことですが、さらに設立当初から堺女性大学のような取り組みをしておられたことは、画期的だと思います。堺女性大学は社会の課題について広い視野に立って考える一般教養講座とバラエティーに富み、個人の関心に応じて楽しく学べるコース別講座が組み合わされ、個人として市民として力をつけていくための総合的なプログラムとなっています。これをはじめとしたセンターの様々な講座が、個人の自立や地域における活動、国際的な活動など様々な実践に結びついているのを感じます。」と述べ、さらに「私は全国各地の施設を訪問するのですが、本当にこの堺市の女性センターの活気は素晴らしいものだと思いました。2 度目の時は、大阪大学人間科学部の授業の一環として訪問させていただいたのですが、学生たちもセンターにおける学習が核となり女性が様々な実践活動に積極的に取り組んでいることに強い印象を受けたようです。」としている。現在でも年間利用者数が約 13 万人という同生涯学習は、全国レベルで見ても、館の設置目的に則し、「人権と平和」を基軸に、さらに堺市や国、また国際社会と協調しながら多く

13 内閣府地方創生推進室が、日本全体に持続可能な経済社会づくりの推進を図り、その優れた取り組みを世界に発信していくことを目的として、SDGs の達成に向けた優れた取り組みを提案する都市として選定する制度。2018 年度から 2020 年度まで、各年度最大 30 都市を選定し、自治体 SDGs 推進関係省庁タスクフォースにより支援を行う制度である。

の市民の学びを提供している。印象的なのは、そこに市民の主体的な生き様と喜びの笑顔にあふれていることである。

3-2-2　性暴力への取り組み

堺市女性団体協議会は、団体創立当初から売春防止法の制定運動を行っていた。その後は青少年健全育成の視点から、大阪府青少年健全育成条例に基づき「有害図書」についての研修会や、実際に書店調査を行い「有害図書」の追放運動を行い、またポルノビデオの調査、ピンクチラシや出張ヘルス等のビラの取りはずし運動などを行ってきた。子ども用のカードゲームで女性への性暴力が酷いゲームについては、製造会社に抗議を申し入れて、玩具は絶版となった。ポルノ雑誌やビデオ等についても製造会社に抗議を申し入れるも、会社名を変え、雨後の筍のごとく、抗議運動では対症療法にしかならず、解決には至らなかった。しかし、堺市女性団体協議会が UNIFEM 日本事務所を堺市立女性センターに誘致した後に、UNIFEM が UN Women に統合され、UN Women が主導した「Safe Cities Grobal Initiative」に堺市が、日本で初めて参画し、「公的空間における女性や女児に対する暴力のない安全安心なまちづくり」堺セーフシティ・プログラムとして取り組みが始まった。当プログラムの実態調査の段階（スコーピング・スタディ）で、有識者らから、コンビニエンス・ストアにおける「成人向け雑誌」の問題が、課題として取り上げられた。堺市女性団体協議会のメンバーは堺市内全店のコンビニエンス・ストアにおける「成人向け雑誌」の実態調査を行った。堺市は、この問題に関する市民意識調査を実施。「大半が見たくない」と回答していた。ファミリーマート店と協定し、成人向け雑誌にカバーをかけた。同時に堺市女性団体協議会の山口典子が堺市議会や生団連等で問題提起を行っていた。結果、生団連の構成員であるイオングループが全世界の店舗において成人向け雑誌の販売を中止すると発表した。また千葉市の市長が堺市の取り組みを視察した後、市長のイニシアチブによって千葉市内のミニ・ストップが成人向き雑誌の販売を取りやめると発表。その後すべてのコンビニエンス・ストアにおいて成人向き雑誌の販売が中止された。長い間この問題に取り組んできた堺市女性団体協議会にとっては、画期的というよりも奇跡的なことであった。すでに警察庁科学警察研究所によれば、性犯罪の加害者の調査において、コンビニエンス・ストアの成人向き雑誌が犯行動機となっており、国連において、いわゆる女性の性を商品化した雑誌等は「性犯罪製造物」と定義されている。よって、コンビニエンス・ストアにおける「成人向け雑誌」の販売中止は、堺セーフシティ・プログラムの取り組みの一つの大きな成果といえるだろう。しかし堺セーフシティ・プログラムは、コンビニエンス・ストアにおける「成人向け雑誌」の販売が中止されただけで、すべての性暴力が撤廃されるとは考えていない。とくにサイバー空間における性暴力については、「成人向け雑誌」等をはるかに上回る膨大な情報を垂れ流している。またそれが日本においてはほとんど規制されていない状況である。このことを当プログラムも堺市女性団体協議会も深刻に受け止めている。また人工知能 AI 等のデジタル・トランスフォーメーションの推進によるジェンダー課題の再生産の実態も踏まえて、女性に対する性暴力の撤廃に関しては、あらたな厚い壁が立ちはだかっていることを認識している。

3-2-3　女性の過少代表

堺市女性団体協議会は、あらゆる分野における意思決定の場に女性が参画することが必要であるとしてきた。例えば、地域の町会や自治会における役員の女性比率、堺市行政における審議会等の女性比率、堺市職員の管理職の女性比率、また企業等における役員の女性比率については、UNIFEM 日本事務所と共に国内役 100 社に呼びかけ「女性のエンパワーメント指針」（WEPs）への署名を得て、役員に女性が 3 人以上いる企業が、一人しかいない、あるいは一人もいない企業と比べていかに業績を上げているかというエビデンスを示してきた。また GAFA 等の巨大な資本を持つ投資家らは、今後世界の政府や企業に対する投資は、対象が組織としてジェンダー平等を推進しているか、クリーン・エネルギーの取り組みを行っているかという点を重視して行うとしている。

日本においては政治や司法をはじめとして、とくに政治分野の女性参画が遅れており、この女性の過少代表が、ジェンダー・ギャップ指数が世界で低位である要因となっている。堺市女性団体協議会は、自らのリーダーたち 3 人を堺市議会に送り出し、女性議員を輩出してきた。日本の選挙制度の中で、女性が議員になることや、政治参画を実践することは容易なことではないが、実際に 3 人の女性リーダーを政治参画させてきた堺市女性団体協議会に見る女性の政治参画の手法は、今後の女性の過少代表の課題解決の一つのモデルとなるだろう。

以上、本章においては堺市女性団体協議会の 73 年間の活動について、昨年度（2020 年度）までの数々の記録をもとに、活動の特徴や変容に基づいて 10 期に区分し、それぞれの時代にテーマを設定して、活動内容をまとめた。毎年の恒例事業に加え、日々の社会問題や自らの「気づき」をジェンダーの視点から考え、調査した上で、しっかりと協議して、行動を起こす際には、運動方針を決めて実践していることが明らかとなった。堺市女性団体協議会の女性たちの「気づき」は、社会を変えるものとなり、そのプロセスや成果が、いかに個人の女性に達成感と自信をもたらし、集団としての達成感を獲得してきたことが確認できた。とくに当団体が堺市に婦人会館の建設を実現したこと、また実現するために、自らのリーダーを堺市議会に擁立し、当選させてからの活動の広がりや政策実現のスピードは、それまでと比して、相当加速化されている。全国に影響を与えた男女混合出席簿の導入や、ミス・コンテスト反対運動、女性専用車両実現なども堺市女性団体協議会な活動のほんの一部に過ぎない。社会が当団体の運動の意味に関心を持ち、盛んに議論が交わされたものである。しかしそのことが、社会全体のジェンダー平等意識の改革に大きな影響を与えたことは否めない。当団体のすべての活動は、幅広い分野において展開されているが、当団体の 73 年間の持続性は、知識と運動のスキルの積み重ねであり、一連の活動が団体創立当初の目的、「二度と戦争を起こさない」ための「ジェンダー平等社会の実現」と結びついていることが明らかとなった。

第4章　堺市女性団体協議会のジェンダー平等社会実現に向けた取り組みのエンパワーメント視点からの分析とその考察

本章では、第3章における堺市女性団体協議会の戦後73年間にわたるジェンダー平等社会の実現に向けた取り組みから、女性の主体形成と市民活動の持続性、組織と意思決定のプロセス、主体としての女性運動の実践プロセス、気づき、共有、つながり、寄り添い、学習、調査から運動へ、地域社会、各種団体との連携・協働、行政との連携・協働、国との連携・協働、国連及び国際機関との協働・連携、企業との連携・協働、リーダーシップ、フォロワーシップ、また政策立案、政策形成、政策実現について、エンパワーメントの視点から分析を行う。

4-1　エンパワーメントの視点による分析

本論第1章の先行研究に述べた通り、本研究が対象とする堺市女性団体協議会のエンパワーメントのプロセスを分析する概念としてのエンパワーメントの定義を、「社会的に周辺化され、差別的扱いを受けている人々が、様々な気づきを通してその状況を意識化し、学習を通して自信や能力を獲得し、状況を変革しようとするプロセス」とした。また、ジェンダーは、社会における男女の固定的役割（ジェンダー分業）、経済力の格差、上下関係等、過去からの女性差別の意識に根差した構造問題である。そしてその本質は、社会的に強い立場の者が、弱い立場の者へ権力を振りかざす、パワー・アンド・コントロール（力と支配）構造によるものである。力の問題であり、支配・被支配の力の構造である。したがって、ジェンダー平等を目指すということは、力の構造をかえていくことであり、そのためには「弱者」のエンパワーメントが不可欠である。（千葉 2007: 30）堺市女性団体協議会は、団体発足当時から、平和社会の構築のために、ジェンダー平等社会の実現を求めて活動してきた。よって分析視点としてエンパワーメントの視点を用いることとした。

4-1-1　エンパワーメントの視点分析の指標

エンパワーメントの視点分析における、女性のエンパワーメントへのアプローチについての指標の設定については、先行研究における太田まさこ（2011）の研究を参考に、エンパワーメントのプロセスとして、①気づき（意識化）、②能力獲得、③行動という 3 つのプロセスを 5 つの側面、①心理的、②身体的、③社会的、④経済的、⑤政治的エンパワーメントを基本に分析する。また、同時に千葉たか子（2007）の Hashemi, Schuler &Riley と藤掛洋子のエンパワーメント指標（2003 : 85）から、実際に千葉がインド国西ベンガル州の州都コルタカにある女性のための NGO オンクル・カラでの研修における女性たちの発言について、①社会的、②経済的、③心理的、④身体的エンパワーメントの側面から、エンパワーメントを示す発言の分類を参考に、堺市女性団体協議会の活動を分析するものとした。

千葉は、エンパワーメントが起こったかどうかを判断する際、女性とその女性が関わる他者とのパワー、すなわち「力関係の変化」がカギとなるとし、また、その変化を女性たち自身と他者が認識することが重要なポイントであるとしている。また女性が関わる他者とは、一次レベルでは世帯の構成員、二次レベルでは女性の生活範囲、活動範囲である村あるいは地域共同体の人々、三次レベルでは、さらに拡大した範囲の人々である、としている。（千葉 2007 : 33）

4-1-2　女性のエンパワーメントのプロセスと 5 つの側面

太田（2001）は、女性のエンパワーメントのプロセスを 3 段階とした[14]。
第 1 段階は、気づきから始まる心理的エンパワーメントとしている。これは抑圧された状態にある女性が、権利や権力が剥奪されている状況に気づき、その原因を分析する段階である。次は「行動」に移す前の能力獲得の第 2 段階である。リプロダクティブ・ヘルスを学ぶことによって得られる衛生面への配慮や健康への意識の高まりなどの身体的エンパワーメント、教育や学習によって知や情報を獲得することによって発言力が増したり、組織的に活動したりする社会的エンパワーメント、技術研修、就業トレーニング、マイクロファイナンスによる起業などの経済的エンパワーメントを通して力をつけることを意味する。これらの能力獲

[14] 太田（2001）4 頁による。

得のプロセスを通じて心理的にも成長できると述べている。第3段階は、能力を獲得した女性たちが、「既存の力関係の不均衡に挑戦する行動」を起こす段階である。その際、女性たちは「組織化し、ネットワークを構築し、連帯して行動することによって、権利を主張し、獲得し、意思決定の場への参加」を実現していく過程で、「一人一人のエンパワーメントから集団としてのエンパワーメントが図られ、政治的エンパワーメントが達成される」とまとめている。

4-2　堺市女性団体協議会のエンパワーメント視点の分析

4-2-1　堺市女性団体協議会設立の道のりにおける組織構造の分析

堺市女性団体協議会の団体設立の経緯は、すでに第2章で述べているが、本章で当団体をエンパワーメントの視点から分析するにあたり、設立の道のりと団体形成の要点をその「構造」に着目して整理し分析する。

堺市女性団体協議会は、第3章第1期にあるように1948年（昭和23年）、奥むめをが主婦連を結成したころ、町単位の有志らによって、小さな「堺主婦連」を結成している。その後、堺市内の小学校区ごとに婦人会が結成され、1950年（昭和25年）には12校区女性団体によって「堺婦人会」が結成された。そして1952年（昭和27年）には、全国地域婦人団体連絡協議会が結成された際、堺市婦人団体連絡協議会が設立されている。その構造は、以下の通りである。

①　各小学校区に一つの女性グループ

各小学校区では町単位（支部）で構成された女性たちが集まり1つの「校区女性団体協議会」を形成した。そこでは、リーダーである会長、副会長、書記、会計、会計監査、支部長が選出される。

②　クラスターの形成

堺市女性団体協議会としての月1回の堺市女性団体協議会運営協議会には、すべての校区の会長や役員が集い、80人から100人で組織の最高決定機関として協議と決定を行う。また各種の研修、調査、学習はすべての校区女性団体協議会からの代表者や希望者などの参加によって行われている。堺市をいくつかのブロックに分けて、複数の校区女性団体協議会が集まって研修を行うこともしてきた。「団体の発足時は、中央部の集まりよりも、しばしば各校区に出向いて、懇談会を開催し、婦人団体のあり方や民主的な団体運営技術の啓蒙等を通じて組織づくりに力が注がれた」（『25周年記念誌堺の婦人』1974年（昭和49年）堺市婦人談連絡協議会）。このような近隣の小学校区の女性グループとの交流や研修などによって、女性たちは共通の課題を抱えていることに気づいた。また女性たちは､関心のある課題ごとに集まって学習､調査などを行うクラスターを形成し、そのクラスターを「専門部会」とした。最初に専門部会が結成されたのは、1958 年（昭和 33 年）、社会問題部、生活部、青少年問題部、保健衛生部の 4 つだった。それが現在では、18 部と 5 クラブとなっている。それぞれの専門部会において、部長が選出され、専門部会の部長は、組織の最高決定機関である堺市女性団体運営協議会に参加する。

活動資金は会費制であり､会員数に応じて規約に規定されているとおり､各校区女性団体協議会から本部に納められ、その他リサイクル・バザーや、バスツアーなどの旅行などの事業収入とで運営されている。

③大阪府地域婦人団体連絡協議会、全国地域婦人団体連絡協議会に加盟、連携

堺市女性団体協議会は、大阪府、全国組織に加盟し連携し、より広い範囲の課題共有と活動の連携を図っていく。その後、第 3 章で説明した通り、大阪府、全国地域婦人団体連絡協議会からは脱会している。

④UNIFEM 日本国内委員会・国連ウィメン日本の正会員、理事、常任理事

1975 年（昭和 50 年）のメキシコ国際婦人年世界会議以降、堺市女性団体協議会は、団体として、また堺市の派遣団の一員として、5 年ごとに開催される国連世界女性会議に参加してきた。常に国際社会のジェンダー問題の動向を注視しながら、グローバル・スタンダードな活動に届くよう努力していた。そのような中堺市女性団体協議会は、北九州市の三隅佳子の勧誘によって、1992 年（平成 4 年）に UNIFEM 日本国内委員会の正会員となり、世界レベルで、女性たちとの連携を図るようになった。また翌年の 1993 年（平成 5 年）には第 4 代団体委員長の山口彩子が当国内委員会の理事に選出され、2003 年（平成 15 年）には、第 5 代委員長の山口典子が、同委員会の理事に、また 2005 年（平成 17 年）には、常任理事に選出されている。世界で「女性の人権」を取り扱う国連組織の日本委員会組織の中核の立場となって､日本各地の代表者たちと活動するようになっている。そして 2006 年（平成 18 年）には、堺市の行政や各団体の代表者ら 28 名がニューヨークで開催された UNIFEM30 周年記念式典及び UNIFEM 親善大使のニコール・キッドマンが主催した「女性の暴力を撤廃する」ためのガラディナーに参加し、約 1 千万円のガラを納めた。そこで UNIFEM 本部のノエリーン・ヘ

イザー事務局長らと UNIFEM 日本事務所の誘致について協議、3 年後の 2009 年（平成 21 年）には、堺市立女性センター（現堺市立男女共同参画センター）に UNIFEM 日本事務所を誘致している。

以上のように、堺市女性団体協議会の設立の道のりと組織の構造をエンパワーメントの視点で見ると、太田の分析視点によるプロセスは 3 段階であるが、堺市女性団体協議会においては、女性たちの気づき（意識化）、気づきの共有による集まり（集団化）、集団の組織化（対話と意思決定のルール化）、外部組織との連携（地域や行政）、国際社会との連携（国際化）という 5 段階のプロセスになっていることが明らかになった。この 5 段階について、さらに詳しく分析する。

4-2-2　堺市女性団体協議会のエンパワーメントの 5 段階のプロセス

堺市女性団体協議会のエンパワーメントのプロセスには次の 5 つの段階がある。

第 1 段階は、堺市女性団体協議会は、女性たちの一つひとつの気づきをまずグループや専門部会で共有する。そこで共感を得たら、次に校区女性団体協議会と共有する。次に堺市女性団体協議会の運営委員会に諮る。そこで問題解決の問題であるかどうかをある程度判断した上で、最高議決機関である運営協議会に諮って協議する。そして決定していく。このプロセスの中で、賛否両論や疑問点が整理されていくのである。疑問点やまだ知らない情報等については、研修会をするか、調査をするかと方法論を模索する。そして学習や研修、調査を行ったうえで、あらためて運動の方針を考察し、運動の方法を企画していく。

第 2 段階は、自分たちの運動の協力者を獲得する段階である。小さい単位であれば家族、近隣の人々、町会、自治会などの地域の人々や団体に声をかけていく。普段、堺市女性団体協議会の女性たちは、地域の自治会などで、重要なポジションに位置している。「女性団体の人らがいなかったら、地域は回らない。わしらはあんなこまごましたことはようせんからね」という自治会長もいる。ただし、「婦人会」が重要であり、必要不可欠な存在というのも、その背景には性別役割分担が根差していることは否めない。堺市の自治会は 93 校区があるが、そのうち女性の自治会長は 2 人にとどまっているのが現状である。しかし、平素からの相互関係の中で、堺市女性団体協議会が協力を要請したときには、地域の団体や商店連合会、市場連合会、三師会、商工会議所、更生保護女性会、母子寡婦福祉会などの各種団体は、快く協力に応じてくれる関係性が構築されている。これは、地域社会との「連携力」である。この「連携力」が堺市女性団体協議会の社会的エンパワーメントの一つである。

第 3 段階は、堺市の行政である。堺市女性団体協議会の女性たちの気づきは、行政の施策やサービスで不足していることや制度そのものが女性差別であるもの、ジェンダー平等社会の実現のために、もっとやらなければならないことについての要望や抗議の気づきであることが多い。

例えば堺市女性団体協議会の活動や市民の学習拠点としての「婦人会館」が必要であること、また市営住宅に 50 歳以上の単身女性が入居できないのは差別であること、いつも男子から先に点呼する学校の出席簿が、入学式も卒業式も身体検査も、常に男子が先というのは教育上子どもたちにどのような意識をもたらすのか、ジェンダーの視点で見直す必要があるのではないのかという提案、堺まつりのゆかたの女王コンテストは、なぜ若い女性だけを競わせ、審査員が格付けをするのかこの催事が女性の人権の視点から考えて適切なのかという投げかけ、堺市は国が言う、男女共同参画宣言都市に名乗りを上げてはどうか、国連女性の 10 年にどう取り組むのか、UNIFEM 日本事務所を誘致しよう、また国民健康保険料や介護保険料の値上げの反対など、ジェンダー問題から、教育、消費者、環境、保健衛生、まちづくりなど堺市女性団体協議会の専門部会が網羅している領域の中から数々の気づきが生まれてくる。それを堺市に要望、抗議、提言、協働という様々な形態で交渉するのである。この交渉力が堺市女性団体協議会の一つの大きな社会的エンパワーメントである。この交渉力を支えるものとして、戦後から「お役所の下請け」と女性たちが言っていたことからもわかるが、堺市が市民に必要な情報を伝える際に、団体力を活用してきた。堺市主催の研修関係のイベントにも大多数参加するのは堺市女性団体協議会である。堺市が広報紙やホームページに掲載したくらいでは、なかなか市民には届かないのが現実である。届いたとしても研修会や説明会などに参加するという具体的な行動変容にはつながりにくいのが現状である。また、堺市とは 1949 年（昭和 24 年）「第 1 回婦人週間」や、堺市女性団体協議会の「第 1 回婦人のつどい」（総会）などで協働してきている。堺市女性団体協議会は堺市のためではなく、市民である自分たちにとって必要な情報は、きちんと説明をして理解を促すことができる。このような堺市行政との協力、協働関係が「交渉力」を支えている。

第4段階は国に対する気づきからの提言や要望、抗議、また双方向の協働である。ジェンダーの課題は、堺市の範囲やレベルでは、解決できないこともたくさんある。たとえば、自治体の条例は上位法に基づいているので、条例の効力には一定の限界がある。職員等の性暴力事案があったとしても、上位法が緩い規定であるので、自治体がそれを超越する罰則規定を定めることはできない。よって、国に対して法律の改正を求めていくことになる。堺市女性団体協議会は、団体として国に直接法改正を求める要望書や抗議書を送ってきた。犯罪被害者基本法制定については、被害者の司法権利を守るための署名運動を行い、さらに自分たちの議員（山口典子）を通じて意見書を作成し、その議員が堺市議会の各会派を説得して全会一致で、国に意見書を提出したこともある。さらにその意見書が全国の約 800 市議会でも可決され、国へ提出するという多大な影響を与え、結果、2012 年（平成 24 年）犯罪被害者基本法が制定された。また。国への要望等だけではなく、1992 年（平成 4 年）には、当団体の事務局長だった山口典子が、文部省国立女性教育会館女性学企画講座の委員に任命されている。また 2021 年（令和 3 年）には、国土交通省の国土強靭化計画に提案する一般社団法人レジリエンスジャパン推進協議会の老朽街路灯鋼管柱強靭化促進研究会の委員に任命されている。あるいは 2009 年（平成 21 年）には、日本女性会議を当時の板東久美子内閣府男女共同参画局長から直接の依頼があり堺市での開催を実現した。これらは、国の施策との協働であり、政策形成の協働である。さらに堺市女性団体協議会が主催する男女共同参画フォーラムや APEC の WLN 会合等には、内閣府の男女共同参加局長の名取はにわ、板東久美子、総理府や農林水産省の女性局長らを堺市に講師として招聘し、ともに研修を行ってきている。この堺市女性団体協議会の国との動きは、一方的な要望や抗議にとどまらず、相互が、双方向での協働や学習を実践しているところに特徴がある。堺市女性団体協議会は、国の官僚や大臣、組織と対等にフランクに渡り合えるまでにエンパワーメントされていたのである。

第 5 段階は、国連や国際機関との連携である。
堺市女性団体協議会は、戦後の団体形成期からすでに国際的な活動を行っていた。1951 年（昭和 26 年）には日比親善促進のための人形を製作し、寄贈。また国際親善母と子による在堺外国人との交歓会を行っている。1953 年（昭和 28 年）、水爆禁止と原子力国際管理促進運動を行い、中国残留邦人の引揚促進と帰還者の援護活動を行っている。1959 年（昭和 34 年）には原水爆禁止世界母親大会、堺大会（於：少林寺小学校）に参画。1960 年（昭和 35 年）、辻本八重初代委員長がアメリカ国務省からの招聘により、3 か月間にわたりアメリカ全土の社会教育施設を視察している。またチリ共和国の津波災害への募金活動を行っている。以来、堺市女性団体協議会は、常に国際社会の動向を視座に活動を行ってきた。堺市の姉妹都市・友好都市である、米国のバークレー市、ニュージーランドのウェリントン市との協会の副会長として、また中国の連雲港市との交流で、相互に交流を深めてきている。さらにこの動きが加速したのは 1975 年（昭和 50 年）の国連メキシコ世界会議からである。国際婦人年制定以降の「国連婦人の 10 年」による女性差別撤廃条約の制定、批准運動から始まり、日本において「国際婦人年連絡会」が結成され、大阪府そして堺市においても組織が結成された。堺市においては他の 13 団体の女性団体と共に、堺市女性団体協議会（山口彩子）が中心となって、国や堺市に対して、政策の推進を行っている。その後堺市女性団体協議会は、1992 年（平成 4 年）に UNIFEM 日本国内委員会に参画し、日本国内の構成員の代表者らと共に、主に開発途上国の女性たちを支援する活動を行ってきた。2006 年（平成 18 年）には、本章 4-2-1 で述べた通り、UNIFEM30 周年記念で堺市からニューヨークに飛び、UNIFEM 親善大使のニコール・キッドマンが主催する「女性に対する暴力撤廃」運動のためのガラディナーに参加している。このガラディナーはヒルトンホテルで開催されたが、席料は 3 種類あった。ニコール・キッドマンが中央に座り、その周りに 10 人ずつのテーブルがセッティングされ、キッドマンに近いテーブルから、1 席 60 万円、36 万円、6 万円という金額であった。私たちは 1 席 60 万円のテーブルを 1 つ、36 万円のテーブルを 1 つ、6 万円のテーブルに 8 人が座った。60 万円のテーブルについては、堺市の（株）幸和製作所の玉田栄一会長がスポンサーとなった。堺からのガラの総額は 1008 万円である。この日は、日本の堺から大勢が参加するということで、当時の国連代表部の次席大使であった北岡伸一や妻の鈴木理恵子に歓待を受けた。翌日には、UNIFEM 本部で日本事務所の誘致についてノエリーン・ヘイザー事務局長らと話し合った。またニューヨーク商工会議所にも訪問した。堺市商工会議所の会頭、副会頭が参加していたからである。そして 3 年後の 2009 年（平成 21 年）、堺市立女性センター（現男女共同参画センター）に UNIFEM 日本事務所を誘致し、開所された。この間の UNIFEM 本部や国連代表部、また外務省（人権人道課）、堺市との交渉において、国連事務所が日本の堺市に来るということの仕組み、手続きを電話やメール等で日本語と英語でやり取りすることの「学び」は大きなものであった。この間新たに UNIFEM 本部事務局長にイネス・アルベルディが着任し、アルベルディを麻生総理大臣に面会させるという仕事まで山口典子が担っている。当初、国連の力を借りてでも日本の女性の地位を向上させと考えていた堺市女性団体協議会は、UNIFEM 日本事務所の誘致により、国連機関である UNIFEM の活動を支援し、協働する立場となった。

以上のように、堺市女性団体協議会の女性たちの活動の場が、5 段階にわたって行動範囲が広がり、最終的には一人の女性の気づきから、問題解決のために必要な知識や情報、技術などの能力を獲得し、行動に至っている社会的エンパワーメントの詳細が確認された。

4-2-3　堺市女性団体協議会のエンパワーメント・アプローチの側面

太田のエンパワーメント・アプローチの 5 つの側面を参考に、堺市女性団体協議会の活動を心理的、身体的、社会的、経済的、政治的エンパワーメントの視点から分析する。

（1）　心理的エンパワーメント

第 2 次世界大戦中、銃後の戦争支援を行っていた大日本婦人連合会の女性たちは、大切な家族に召集令状が寄せられたとき、お国のために戦える名誉であると万歳をして送り出した。また帰らぬ家族の訃報にも、泣くことも許されず、「名誉の死」と称えなければならなかった。むしろ生きて帰ってきた人々は、自らを不名誉な後ろめたい存在と感じ、自らを追い詰めてその後の人生を生きている。敗戦後の女性たちは、あの時の苦悩を苦悩であると誰にも言えなかったことについて、後悔と反省に立ったのである。1945 年（昭和 20 年）の敗戦後、それでも廃墟と化した堺の町のがれきを拾い集めながら、戦争で親を失った子どもたちや高齢者に炊き出しをしながら、GHQによる日本の民主化施策の柱の一つであった婦人団体の結成による女性の地位向上、婦人教育の必要性から行われた婦人学級や母親学級において学び始めた。大切な家族の命が奪われても国は何らを償うこともなく、町は破壊され、焼き尽くされていた現実の中で、すでに女たちは気づいていた。「もう二度と愛する家族を戦場へは行かせない。」「二度と戦争を起こしてはならない。」という決意の気づきであった。その思いが、婦人学級等の学習によって、意識化、言語化されていった。また一緒に学んでいる近隣の女性たちと話すことによって、お互いが戦争に対して同じ思いであることにも気づいたのである。この気づきが堺市女性団体協議会の設立へのスタートラインとなった。

やがて復興も落ち着いてきたころ、文部省社会教育局は、「自ら主体的に学ぶ女性像」を目標として、婦人学級において、女性たちが自ら気づいたテーマを主体的に学ぶ社会教育の手法へと変化させていった。一人の女の言うことなど、自らの夫ですら聞こうとしない。それはなぜなのか。なぜ、女は大学に行かなくてよいのか、なぜ女は働きに行くことも許されないのか。次第に女たちは、それまで当たり前だと思い込んでいた女の扱われ方に、なぜなのか、という疑問をいだき始める。女三従の教えとはなにか、福沢諭吉が説いた女大学とは何だったのか、福沢が言った「天は人の上に人をつくらず」の「人」に女性が含まれていなかったのはなぜなのか、と次から次へと疑問に気づき始める。このような婦人学級での学びを土台に、団体結成が図られ、「戦争体験者」であることの連帯感、また何よりも「女であること」の強い連帯感が生まれ、団体が結成されていった。堺市女性団体協議会の本部役員だった女性たちからは、「婦人学級は無料であったし、子連れでも参加できた」「婦人学級なら行ってもよいと夫や姑から許可が出た」「初めて、家の外での世界に触れた」「婦人学級での学びは、いろいろな知識を得て、自分が成長した」「講師の話を聞いているだけだったが、その雰囲気が新鮮で、大学生になれた気分だった」「学べば学ぶほど、もっと知りたいと思い、夫専用だった新聞を読むようになった」等、当時の様子をイキイキと語っているのが印象に残っている。それまで、「女だから」という理由だけで、教育権や労働権を奪われていたことに気づいたのである。堺主婦連から始まる堺市女性団体協議会は、団体の設立過程の気づきから、団体設立後は、この気づきが一つ一つ共有され、共感されていった。自分の気づきが、自分だけではなく、他者である女性たちの大半が同じ気づきを持っていることを認識したとき、自分が変われるという安心感となり、自信が生まれた。これが堺市女性団体協議会の心理的エンパワーメントである。これらの気づきを共有する大小さまざまな会議そのものを開催する場所がないことに堺市女性団体協議会の女性たちは気づいたのである。その気づきが後に堺市立婦人会館の誕生となったのである。

(2) 身体的エンパワーメント

敗戦後、堺市は廃墟と化し、堺市だけではなく日本の都市部では食料や日用品などは配給制であった。誰にもどこにも金もモノも食料も不足していた時代でも、女性たちはなんとかやりくりをして、自分や自分の家族だけではなく、近隣の人々にも炊き出しをして生き延びた。第 1 期の団体形成期の 1951 年（昭和 26 年）頃から、国連軍の傷病兵の慰問、広島原爆被災乙女の治療費援助、日本の傷痍兵への援助、市内 5 施設の収容児童への慰問、黄変米問題、結核予防、中国残留邦人引揚促進と帰還者の援護、欠食児童助け合い運動、浴場清潔運動などの取り組みは、栄養摂取と保健衛生による、人々の健康維持の取り組みであった。またジェーン台風、鳥取大火、北九州、和歌山、南山城の水害など救援物資、義援金を送る際も被災者らの健康を考えて行われていた。1956 年（昭和 31 年）には、食生活改善などの研究会が開催され、老人福祉についても学習している。1957 年（昭和 32 年）、堺母親会議として、青少年を暴力から守る大会が開催されている。また市民レクレーション大会や日本体操祭などに民踊参加をするようになり、女性たちが自らの健康づくりに趣味を兼ねて民踊の稽古をし始めた。また後に堺市女性団体協議会の専門部会に、スポーツ・レクレーション部が設立されており、堺市女性団体協議会の紅色の千鳥格子柄の浴衣を着ての華やかな民踊は市民レクレーション大会、堺市民オリンピック、堺まつりや地域の盆踊り大会などのメインゲスト団体となった。さらに「女性の健康づくり推進」のために 1969 年（昭和 44 年）から女性体育祭を毎年秋に開催している。女性約 3000 人の体育祭は、プログラムもジェンダーの視点で構成され、障がい者団体も参加して、他に例がない体育祭である。第 2 期、第 3 期では、生活の中でも「健康」と「保健衛生」に関する活動や研修を行っている。また堺市消費生活協議会と堺市立消費生活センターを設立することによって消費者運動を活発に行っている。食品の安全テストや「ごみと環境問題」は堺市と取り組み、原発問題の研修会、子宮がん検診を要望し、実現されている。第 4 期以降には、ホルマリンによる皮膚障害やサッカリンの市場調査、また照射食品、OPP 添加（防カビ剤等）の柑橘類、サッカリンの使用許可の取り消しを求めている、照射じゃがいもの学校給食への使用禁止を要望し、成果があった。また団体として、安全安心な手作り味噌講習会を年 2 回行い、夏は麦みそ、冬は白みそで、まったく化学添加物を使用しない味噌づくりを広めてきている。食品トレーやレジ袋の焼却によるダイオキシンは、発がん性があるとして、堺市のごみ焼却場の煙突の交換や、量販店との協議によって、トレーやレジ袋の使用や過重包装をやめることを要望してきた。その結果、現在では、レジ袋の有料化が行われ、消費者の多くがエコバックを利用するようになっている、また堺市のごみ焼却場の煙突が改善され、ダイオキシンの発生はほぼ抑えられている。また山口彩子が大阪府の母子医療総合センターの堺市への誘致を実現している。これも団体の女性たちをはじめとする女性市民の声であった。第 7 期以降は山口典子が乳がん検診にマンモグラフィーを導入し、さらに低価格で検診を受けられるよう市民検診に導入することを要望し、実現した。これは働き盛り、子育て盛りの女性たちの罹患率と死亡率が高いためであり、実際に山口の義妹も乳がんによって他界している。また堺市女性団体協議会は、食の安全安心を求めてきていたが、堺市消費生活協議会と共に食の安全探検隊を作って、全国の安全安心な食品を探し、生産者の話や実際の農園や飼育場、工場などを視察したうえで、年末の「堺発！安全安心うまいもん市」が開催され、協力している。また山口彩子が 2001 年（平成 13 年）に堺市立市民病院にて治療していたが、治療の甲斐なく他界した。その際、山口典子はいくつかの遺言を言い渡されている。そのうちの一つが、「私がこの程度のがんで、死ななくて済むような、日本一のがん治療ができる病院を作りなさい。そして市民の人々が、遠い病院に行かなくても堺の病院で治療できる、そんな立派な病院を作りなさい。」というものであった。山口彩子はそれまでにも、大阪府の母子医療センターを堺市に誘致し、母子の健康を守ってきた。また堺市に第三次医療の救命救急センターが必要であることを要請していた。今度は、自らの生命を賭して、山口典子に託したのである。その後山口典子は高度ながんをはじめとする各科の治療ができ、それまで二次医療圏であった堺市に三次救命救急センターを併設した堺総合医療センターを堺市女性団体協議会の会員や堺市医師会と共に要望し続けた。さらにジェンダーの視点で子ども医療センターも併設し、1 年 365 日 24 時間営業の小児科の病院を実現した。子育て中の母親たちを助けるためであった。それまでも山口典子は堺市において夜間小児救急の開設を実現している。また、女性医師や女性看護師が結婚や出産をしても働き続けられるよう、敷地内に医療従事者の住宅及びその子どもたちの保育所を設立した。2015年（平成18年）のことであった。このように、堺市女性団体協議会の身体的エンパワーメントは、団体形成期の73年前から、いち早く立ち上げた専門部会の中に保健衛生部があることからも明らかである。女性の健康、子どもたちの健康、障がい者や高齢者の健康についての研修やキャンペーンを実施し、その結果、自分自身や家族、また市民全体の健康についての知識と行動が向上したと考えられる。自分たちが病院ボランティアなどの支援活動や障がい者団体への支援、介助活動を続けてきた。そのような経験から当事者たちの声を聴きながら、新しい健康づくりや、既存の慣習や制度までも改善してきたのである。そして行き届いた総合医療センターと子ども医療センターを実現するに至っている。

(3)　社会的エンパワーメント

堺市女性団体協議会は、エンパワーメントの5つの側面のうち、この社会的エンパワーメントの領域が広く深いといえるだろう。本論の第3章にまとめた堺市女性団体協議会の73年間の活動の概要と本章の4-1で述べたが、堺市女性団体協議会は、女性たちの気づきを共有することによって、心理的エンパワーメントを獲得した。それぞれの気づきについて、問題解決をするために、学習し、研修し調査を行っている。そのうえで専門部会や団体全体としての運動の方針を決定し、行動に移していく。堺市女性団体協議会の組織図や定例会議の表に示した通り、1か月間に行われる団体全体としての定例会議の種類だけでも運営委員会、運営協議会、専門部会18部会5クラブ、リーダーズ・サミット、リーダー研修会、専門部会合同シンポジウム、各種委員会フォーラム等行われる。またこれらの会議案件に載せるまでに各単位女性団体協議会の会議も役員会議、支部会議などが行われている。これらの会議そのものが、女性たちにとっては、会議の運営の仕方、リーダーの在り方、組織運営の仕方、司会の仕方、会場の設営、準備、案件作成、印刷、会議用茶菓の段取りなど、自ら考え、試行錯誤しながらトレーニングされていく。リーダーが決めるのではなく、「こうしたほうがいいのではないか」、「いや、こうしたほうが合理的だ」、「案件が進行したら、元の案件の話を持ち出してはいけない」「司会者は、はっきりとわかりやすく、明るい雰囲気でマイクを持って大きな声で話しましょう」「意見を言う前に、すみませんと謝る口癖をやめましょう」、「会議は井戸端会議ではない」「私たちは女性たちのリーダーです。どうでもいいことをしゃべるのではなく、目的を持って意見をはっきりと言いましょう」など、小さなことではあるが、このような会議の運営方法や、準備そのものが、スムーズにできるようになってきたときに、「地元の会議は男性ばかりだけれど、会議運営がなってないのよ、だらだらと時間ばかり取られて困ります」など他団体の会議運営を評価できるまでに、自信がついてくる。

また、毎月 1 回発行の機関紙「女性さかい」の発行についても、原稿を書くこと、集めること、割り付けや見出しを考え、何度も校正を行うことも、広報部の部員たちが印刷業者に教えてもらいながら、編集する。その作業の結果、15,000 部が配架される。その作業自体が能力の獲得であり、結果が「機関紙」として多くの人々に読まれる。それは自らの情報発信が団体の貴重な記録となり、また団体会員や社会を変える一助となっていることを認識することが社会的エンパワーメントの一つである。今まで、夫や家族ですら、自分の言うことなど聞き入れられなかった女性たちが、堺市女性団体協議会の活動の中で、まず役員になる。そして役員としての職責を果たすために学習する。そして行動する。そこで様々なスキルを身につけ（能力獲得）エンパワーメントされたのである。山口彩子は常に言っていた。「男たちは、私たち女が毎日台所で鍋を洗っている間に、新聞を読んでいる。社会の動静を見ている。そして会社へ行けば、責任のある仕事で結果を出さなければならない。男たちはそうやって毎日社会で訓練を受けている。私たち女は、そういう社会的な訓練を受けたくても受ける機会がなかった。婦人会でいくら勉強しても活動しても給料は 1 円も出ないが、そんな私たちだから、私たちにしか見えないことがあるはずだ。見えた問題を力をあわせて解決していこうではないか」と、仲間たちを勇気づけていた。このようなリーダーシップは社会的エンパワーメントにとって必要不可欠である。リーダーシップについては後に述べる。堺市女性団体協議会の女性たちは、戦後の炊き出しや清掃という、地域福祉活動や社会奉仕活動を続けており、その頃の女性たちは、「相変わらずお役所の下請けの時代だ」と明確に言っていた。しかしそれは、1955 年（昭和 25 年）に堺市婦人団体連絡協議会が設立され、本部役員である運営委員制が採用されてから、自らの気づきから始まり、学習、研修、調査等を経て、問題解決の行動に移すという、行動規範が生まれてくる。それはその時代時代の社会運動に影響されるものもあった。例えば女性参政権運動、売春防止法制定運動、公明選挙運動、原水禁反対運動などは、全国的な社会運動としての波があった。しかし、第1期の団体形成期、電気料金や浴場料金の反対運動やクリーニング合理化運動、子宮がん検診の実施運動、家庭ごみの週2回収集の要望活動などは、堺市女性団体協議会の女性たちの気づきから始まった運動である。それまで、家の中や親族、近隣の人たちとしか会話したことがなかった女性たちが、電力会社やクリーニング業界、堺市を相手に、会議や要望書、抗議書などで、自分たちの意見をはっきりと主張したのである。その時の一人一人の女性たちの思いは、「私一人では無理だが、私たちならできる」という自信であり、運動の成果が出た場合には、小さなことでも社会が変わった、役所が変わったという達成感に満たされる。そして何よりも自分自身が変わったことを認識する。それが堺市女性団体協議会の社会的エンパワーメントである。

また、堺市女性団体協議会の活動で特筆すべきことは、団体創立直後の1950年代（昭和20年代）から、現在まで、国内外の災害支援を行ってきていることである。1995年（平成7年）阪神淡路大震災の支援の頃から、明確にジェンダーの視点での支援物資を調達し送っている。熊本地震や南阿蘇、広島豪雨災害なども顔の見える支援を行っている。現地の男女共同参画センターや南阿蘇の女性行政職員、広島の地域の代表をしている女性などを通じて、現地が必要とするものを聞いて、支援を行っている。海外であってもアフリカへ大量の毛布や衣服、スリランカには子どものおもちゃを支援として送ってきた。スマトラ沖大地震で親を失った子どもたちがヨーロッパから来る誘拐集団に臓器移植や中近東のメイドに売るために、誘拐されるのを阻止するためであった。このような災害支援や堺市のO-157学童集団下痢症の事件を風化させないための「追悼と誓いの集い」を20年間継続させてきたのも、いずれも人の「生命」に寄り添う活動である。これらの活動は被災者の支援、市民への啓発という点において、堺市女性団体協議会の個人と集団、そしてその活動が被災者や市民のエンパワーメントにつながっている社会的エンパワーメントである。

次に堺市女性団体協議会が、ジェンダー平等社会の実現のために実践した大きな取り組みがジェンダー平等教育の場として広く市民に開講された生涯学習プログラムである。「サカイ・レディス・アカデミー」、「堺女性大学」、「堺自由の泉大学」と主催者は変遷しているが、堺市立婦人会館（現男女共同参画センター）で実施されてきた。この生涯学習のうち現行の「堺自由の泉大学」について、高橋聖子が事業評価を行っている。その目的は、堺自由の泉大学による個人及び地域への影響の内容とその程度を可視化することで、男女共同参画を中核とする生涯学習機関としての大学の価値を確認するためである。その結果、市民の受講生が当大学において①知識を得て成長し、②心身の健康を良好に保ち、③豊かな人間関係を築き、④地域に貢献していくという仮説が評価によって確認されたとしている。この高橋の仮説は、その分析視点が女性のエンパワーメントの分析視点と一致している。つまり、高橋は「堺自由の泉大学」をエンパワーメントの視点から分析した上で評価しているのである。

生涯学習の理念は、教育基本法において「国民一人一人が、自己の人格を磨き、豊かな人生を送ることができるよう、その生涯にわたってあらゆる機会に、あらゆる場所において学習することができ、その成果を適切に生かすことのできる社会の実現が図られなければならない。（第三条）」と掲げられているが、評価結果から、堺自由の泉大学は、生涯教育の理念を体現する場であると結論づけられるとしている。さらに高橋は、全国の各自治体では、男女共同参画センターや生涯教育のプログラムの場は多くあるものの、「堺自由の泉大学」のような男女共同参画を理念の中心とした、生涯教育の専門的機関は稀有な存在であるとしている。また、男女共同参画を市民の自己実現及びまちづくりに接続させた「堺自由の泉大学」のプログラムは、男女共同参画を個別の課題として扱うだけではなく、様々な社会の側面に結び付けている点で、SDGs のゴールの組み立てと共通する先進的な生涯学習のコンテンツを有している。そして、世界経済フォーラムが毎年発表しているジェンダー・ギャップ指数において下位に位置する日本にとって、社会的ニーズの高いプログラムを提供しているといえる、としている。（『堺自由の泉大学　事業評価　報告書　男女共同参画、地域づくり、自己実現の礎として』2021 年 7 月：1、7、8）

この高橋による「堺自由の泉大学」の分析と評価は、まさに堺市女性団体協議会が常にグローバル・スタンダードの視点で、国際社会の動向を察知しながら、自らの団体活動を個人レベル、団体レベル、堺市民レベル、世界レベルでぶれることなくエンパワーメントしてきた証であるともいえるだろう。

(4)　経済的エンパワーメント

現在、女性を対象とする開発援助プロジェクトでは、エンパワーメントのプロセスの第 2 段階である能力獲得において経済的側面を重視するものが多い。女性が再生産活動だけでなく生産活動、しかも家庭外から収入を得る生産活動に従事することが、女性の地位向上のために重要であると認識されているからである（太田 2004 : 4）。日本における女性の経済的エンパワーメントについては、堺市女性団体協議会の団体形成期には、女性（とくに既婚女性）が外に出て働くことは、夫のメンツをつぶすことであり、女らしくない」とされていた社会風土があった時代である。もともと地域社会貢献を行いながら、民主的な市民生活を構築することを目的とした団体であった。その「民主的な市民生活」を実現するために、まず「女性の人権」の確立、そして女性の地位向上、社会参画の推進を図ってきたのである。女性の社会参画の推進において、女性の精神的自立や経済的自立を実現することを並行して進めてきた。しかし男女雇用機会均等法が施行されるまで、女性の雇用及び募集や採用における年齢等において男女の格差は大きくかった。現在でも女性は非正規雇用従事や派遣社員が多く、安定した経済的自立を獲得しているとは言えない。堺市女性団体協議会は団体としての性格は社会教育団体であり、ボランティア団体である。しかし、女性の経済的自立を図る事業を実践してきている。1 つは堺市立婦人会館（現男女共同参画センター）が建設された 1980 年（昭和 55 年）から、開講されている生涯学習プログラムにおいて、様々な教養講座と同時に生きがい対策や技術習得講座において学んだ受講者の中から、その講座での習得を極めて、講師の資格を獲得し自分の教室を開いて収入を得る人々や講師の助手を務めるなど仕事を獲得する人々が出現している。例えば３Ｂ体操、編物、つまみ絵、琴、茶道、華道、パッチワーク、健康体操、ヨガ、書道等である。また堺市女性団体協議会は、2003 年（平成 15 年）まで堺市での生涯学習プログラムの委託を受け実践してきたが、2004 年（平成 16 年）からは、堺女性大学企画運営委員会に運営を移譲、2011 年（平成 23 年）からは、堺自由の泉大学として、その運営はこれまでこの生涯学習プログラムで力をつけてきた女性たちや専門家たちが起業し、プロポーザルによって委託を受けて運営している。これは経済的エンパワーメントである。また、堺市女性団体協議会としては、介護保険制度が開始される際に、それまで当団体が行っていたファミリー・サービス・キューピット（会員相互の介護支援事業）について、労働省が事業への補助金制度を終了した。そのために山口典子は自らがケア・マネージャーの資格を取得し、介護保険事業を行える法人を設立した。ヘルパーの養成研修も実施し、団体内外の女性たち約150人がヘルパーの資格を取得し働き始めた。法人の代表者をはじめ運営は、すべてその女性たちに委ねている。さらに団体長である山口典子は、堺市女性団体協議会の事務局や運営委員、専門部会等のリーダーである女性たちが、ジェンダー平等社会の実現に有効な資格を取得することが必要であると考え、方針を示した。資格取得に必要な申請費や講習費は、全部、もしくは半額程度を団体が支援することも運営協議会で承認を得ている。具体的には、シンナー・覚せい剤等の薬物乱用防止講師である。これは、大阪府警察本部と大阪府が講師の養成を行ってきたものであり、堺市女性団体協議会は当初から、毎年2名ずつ資格を取得してきた。資格を取得した女性たちは、堺市の小中学校からの依頼により各学校園に出向き、講習会を実施している。また児童虐待防止プログラム、CAP スペシャリストの資格も取得し、子ども虐待の発見や啓発に努めている。さらにアウェアと協働し、デートDV防止教育ファシリテーターを養成した。その結果堺市内の各学校に出前授業を実施し、堺市立全校に向けた教職員研修や、大学等の依頼により教授会等における研修を行っている。また、日々寄せられる多くの女性たちからの離婚、親権問題、生活困窮、子育て、DVや子ども虐待などの相談については、弁護士や税理士等の専門家とともに対応していたが、相談を受ける堺市女性団体協議会の担当者が、カウンセラーの資格を取得している。これらの資格取得により、多少の謝礼金収入が生まれると同時に、ジェンダー平等社会の実現のための社会教育や啓発が実践されるのである。資格取得をした女性は、そのことで心理的エンパワーメントされ、能力獲得として、資格と収入を得る、そしてその仕事そのものが高齢者や相談者、あるいは教育者たちへのエンパワーメントにつながり、その一人一人が変わることによって、相乗作用のエンパワーメント効果が図られる。これが堺市女性団体協議会における経済的エンパワーメントである。

(5)　政治的エンパワーメント

政治的エンパワーメントは5つの側面のエンパワーメントの中でも最も困難であるといわれており、実際に女性を対象とするプロジェクトは、身体的、社会的、経済的エンパワーメントが主な目的で、心理的、政治的エンパワーメントは副産物として報告している事例が多い。言い換えれば、実際的ニーズを満たすことが第1目的で、戦略的ニーズを満たすことは、最初から意図されている場合と派生的に充たされる場合がある[15]。

堺市女性団体協議会は、社会教育団体として団体結成当初から堺市との連携による活動を行ってきていた。しかし、先述のとおり、団体結成後、団体としての大小さまざまな会合を行う際には、会議の場所を探すことから始めなければならなかった。まだ公民館や地域会館が整備されていなかった時代である。団体の月1回の運営協議会の参加者は80人から120人であるため、小学校の講堂を借りることが多かった。小学校は、平日の日中は借りることが困難であるし、毎月同じ学校を借りることも困難であった。それ以外のブロック会議や専門部会などの会議や活動の準備、また研修会や講演会を行うことも、とにかく場所を探し、会議の準備を行うことが大変だった。団体最盛期の1950年代には会員総数が3万人を超えていたことからも、各校区単位女性団体協議会、支部長会議おいても集合する場所探しに苦労していた。このような状況下、大阪府や大阪市の婦人会館の建設の話が持ち上がっていた。すでに堺市女性団体協議会では堺市に堺市女性団体協議会の学習と活動拠点としての婦人会館の建設を求める声が上がっており、婦人会館建設運動は1955年当初から始められている。初代辻本八重、第2代松若春子委員長の時代は、こつこつと婦人会館建設のための募金活動や資金集めをしていた。3本100円の歯ブラシを各校区の役員が子どもをおんぶしながら会員宅を回って販売したという活動記録が残されている。そうしながら、堺市女性団体協議会の運営委員は、堺市の市長選挙に政策協定を結んで、選挙を応援し、男性の市議会議員たちにも、婦人会館建設の要望と引き換えに選挙応援をしてきた。しかし、彼らは当選したら、婦人会館建設の話などには全く触れず、なかったことのように扱われた。このような団体交渉への裏切り何度も経験した上で、ついに堺市女性団体協議会は、自らの代表者を堺市議会へ送り出すことを決意した。第3代山吉寿子を擁立し立候補させ、当選させた。その際には「堺婦人政治連盟」という別の政治団体を結成した上で選挙運動を行っている。政治団体を結成した理由は、堺市女性団体協議会は、社会教育団体であり、公共団体であること、また団体の会員の中には、夫の会社の組合が応援している候補者や宗教的な

---

[15] 太田（2004）14頁による。

結びつきで支援している候補者などを応援する人々も大勢いたため、普段の女性団体活動と選挙とを明確に分けたのである。他の先進国などでは、女性団体の代表者が議員になるというのはすでに当たり前のことであるが、日本ではまだまだ理解が進まないところである。

堺市議会においては、憲政の常道、民主主義の原則から政党会派の人数により議会の勢力が分布する。その中で山吉寿子一人が無所属で上位当選したのである。議会というところは正論を吐いても、通用しない。自らの政策を実現するためには、まず「女性」であることに対するバッシングや見えないハラスメントやジェラシー等を乗り越える術が必要である。山吉は、そのような議会という典型的な男社会の中で、しっかりと「婦人会館の建設」を要望できなかった。山吉の夫が、議員である妻の政治的職務に口を挟むようにもなってきたので、山吉は支援団体からの要望と夫からの支配の間に挟まれてしまい、身動きが取れなくなったのである。よって、その次の選挙には、第 4 代山口彩子が擁立された。山口彩子も 3 人の子育て中であり、夫は昭和 3 年生まれの頑固な医師であり、かねてから山口彩子が女性団体活動を行うことについては「一銭にもならないのに」「家の掃除ができていない」など、否定的であった。よって議員に立候補することについては、賛成も協力もしなかったのである。山口彩子は、山吉が当選した後、堺市女性団体協議会の委員長に選出されていた。女性議員を輩出した後、期待して団体としての「婦人会館建設」の準備を着々と進めていた。

山口彩子が委員長に就任したときに、先代から引き継いだ建設基金は 100 万円だった。「これでは柱 1 本にもならない」と、婦人会館建設のための 1 口千円募金を開始している。さらに婦人会館建設要望の署名運動を 2 回行い、それぞれ 3 万 3 千筆分を当時の我堂市長に手交した。また、度重なる堺市教育委員会の社会教育課との団体交渉、教育長や市長との団体交渉を行っている。我堂市長は「おなごの会館などいらない。わしは博物館を建てる」と言っていたそうだ。当時の権力を持つ男性にとっては、「婦人会館」は「おなごの会館」だったのである。しかし堺市女性団体協議会は、相変わらずの封建的な男尊女卑の感覚や社会環境に屈することはなかった。「だから封建の帳を破るのは私たちである」という強い信念を持っていた。2 年ほどの千円募金は 7 千 7 百万円に上った。当時の役員らは文部省の社会教育課にも直接交渉に行っている。ちょうど当時の文部省の社会教育課長が山口彩子と同郷、香川県の出身だった。「今は都道府県に年 1 館ずつの順番に建設している。すでに7府県からの建設要望が出ている」という回答だった。「冗談ではない。7年も待たされたら、私たちがこの7千万円を持ち逃げしたと思われ、団体の信用を失墜してしまう」と山口は課長に訴えたという。その後山口は、日中国交回復後、大阪府の日中友好の船に参画し、当時の岸大阪府知事と同行していたため、堺市の状況を説明した。その後、国と大阪府が堺市の婦人会館の建設を決めた。そして堺市の出資分のうち、6600 万円を堺市女性団体協議会から婦人会館建設基金として、堺市議会に「堺市立婦人会館条例」を設置後、寄贈したのである。こうして堺市の婦人会館(現男女共同参画センター)が 1980 年（昭和 55 年）完成した。

堺市女性団体協議会の最初の政治的エンパワーメントは、「婦人会館」（現男女共同参画センター）の建設を巡って、自ら女性議員を輩出することから始まった。さらに「婦人会館」建設の際、当初から堺市女性団体協議会は、「女の駆け込み寺」を4階に設置する要望をしていた。しかし当時の「堺市立婦人会館」は文部省の所管であるため、DV 被害者を保護する機能は厚生省の所管であるとして、シェルターを持つことができなかった。堺市女性団体協議会は、このあたりが「縦割り行政」のひずみであることを十分に認識していた。

堺市立婦人会館（現男女共同参画センター）がオープンして以降は、堺市女性団体協議会のすべての会議が会館で行われ、活発な気づきから学習、研修、調査が行われ、活動はより迅速に合理的に行われるようになった。また議会へ送り出された女性議員を通じて、団体以外の市民の意見を取り込みながら、政策立案、政策形成そして政策実現が行われる。

「婦人会館建設の実現」は、多くの女性たちにとっての達成感を生み出し、大きな自信と未来への希望を持つことになったのである。さらに、堺市女性団体協議会は、「自分たちの団体だけではなく、社会全体が変わらなければ、ジェンダー平等社会の実現はあり得ず、平和への道も開かれない」、また「ハコモノだけではだめだ、教育のソフトを打ち込もう」という山口彩子の方針によって、市民向けの生涯学習プログラム「サカイ・レディス・アカデミー」を開講した。この生涯学習は、それまで教育権や労働権を奪われてきた女性たちのために、また戦争で青春を奪われた人々のために、「女性の人権確立」、「女性の地位向上」、「女性の社会参画の推進」を目標として開始された。堺市教育委員会から堺市女性団体協議会が委託を受けてスタートしている。現在も継続されているこの生涯学習は、「ジェンダー平等教育」の一環として開催されている。以上が堺市女性団体協議会の政治的エンパワーメントである。

(6)　文化的エンパワーメントの発見

堺市女性団体協議会の活動を 5 つのエンパワーメントの側面に基づき詳細に分析した。エンパワーメントについての先行研究や現在の女性を対象とした開発におけるエンパワーメント分析は、研究対象が開発途上国や新興国の女性を対象としたものが多い。本研究のように先進国日本の戦後の女性たちの活動 73 年間分をエンパワーメントの分析視点で考察しているものは、ほぼ皆無である。堺市女性団体協議会のエンパワーメントを分析した結果、「文化的エンパワーメント」の側面を発見した。

戦後の堺市女性団体協議会の文化活動は「平和」の象徴としての「文化」活動であり、「趣味と生活の手芸展」が次第に「女性の芸術性、文化性」の高揚を図る「女性創作展」へと発展しているのを見ても、堺市女性団体協議会の「女性のエンパワーメント」は、ジェンダー平等社会の実現から平和社会をめざすものとしての「文化的エンパワーメント」の側面は大きいと分析する。小さな手芸作品を展覧会に出品し、多くの他者に見てもらい、評価されることは出品者の女性にとっては、自分の努力が認められ、喜びと自信を獲得するエンパワーメントである。また舞台に立ってライトを浴び、稽古や練習を経た成果の舞踊や歌、音楽の演奏を披露して大勢の人々からの拍手喝采を得ることもエンパワーメントである。これを筆者は「文化的エンパワーメント」とする。さらに「サカイ・レディス・アカデミー」、「堺女性大学」、「堺自由の泉大学」という生涯学習の実践は、明らかに当時の多くの団体内外の女性たちの心理的、身体的、社会的、経済的、政治的エンパワーメントを実現し、加えて、これまでのエンパワーメント論には分類されていない「文化的エンパワーメント」を実現させている。第4代委員長山口彩子の時代、自らが、日本舞踊花柳流の名取で「花柳雄泉加」という芸名を持ち、堺市女性団体協議会における民踊や「婦人のつどい」（現女性フォーラム）、またそこから発展させた「芸能百華」を推進した。それは文化的事業の企画と実施にとどまらず、山口自身が文化の表現者としての技量と思想を持ち合わせていたリーダーであったということである。だからこそ文化や芸術がいかに人間生活や、女性団体活動にとって必要かつ重要な要素であるか、またそれがいかに女性のエンパワーメントを実現していたのかを理解し、推進していたのである。

4-3　ジェンダー平等社会実現の発展的プロセスモデル

以上、4-2 においてジェンダー平等社会の実現を戦後 73 年間めざしてきた堺市女性団体協議会の活動をエンパワーメントの視点で分析したところ、5 段階のプロセスと 6 つのエンパワーメント・アプローチの側面が明らかとなった。

筆者は、この堺市女性団体協議会の活動の分析により、ジェンダー平等社会実現のための一つのプロセスモデルを見い出した。図 4-1 に示す通りである。

図 4-1 の階段は、堺市女性団体協議会のエンパワーメントの段階を関係する対象のレベルとエンパワーメントを発揮するレベルによって分類している。それぞれ、個人レベル、市民レベル、地域レベル、国レベル、世界レベルとした。個人レベルのキーワードは「自分づくり」とし、その内容は「気づき」を意識化することによるエンパワーメントである。ジェンダー平等社会実現の土台である。市民レベルのキーワードは「仲間づくり」とし、この段階は、共感者、賛同者、協力者等とのネットワークの構築、協働が行われ、アドボカシーが創造される。地域レベルのキーワードは「まちづくり」とし、女性たちのアドボカシーが社会的に発信され醸成されることにより、自治体行政（市区町村、都道府県）との連携により、条例制定、事業・施策などの政策形成および政策実現が達成される。さらに国レベルのキーワードは「社会づくり」とし、政策提言や法律制定を行う。世界レベルのキーワードは「世界モデルづくり」とし、国連活動や国際機関との連携、協働により世界モデルの政策を展開する。

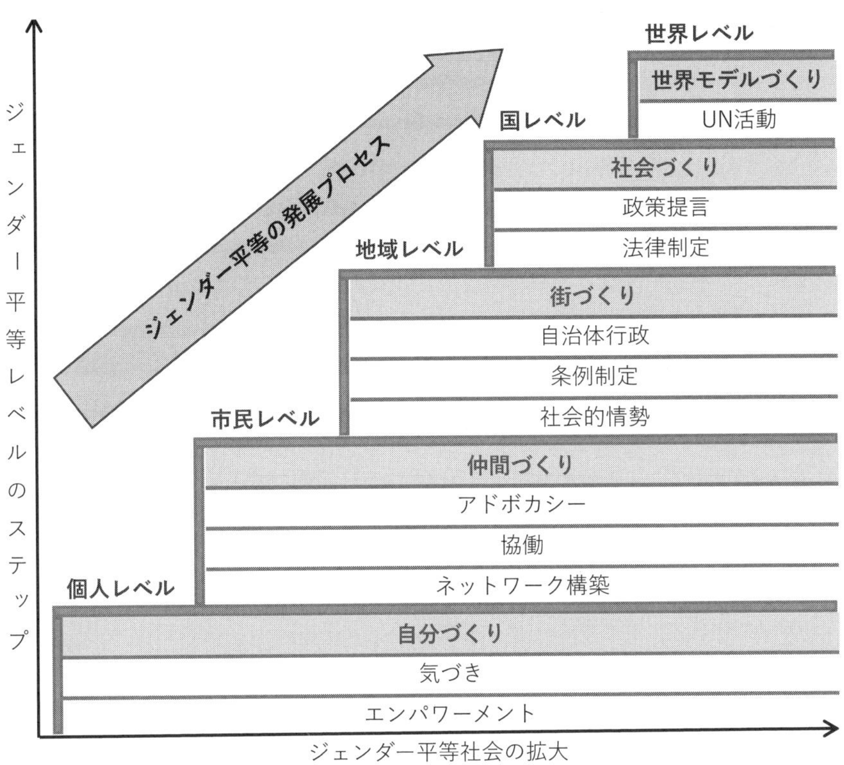

図 4-1　ジェンダー平等社会実現の発展的プロセスモデル

出典：筆者作成。

筆者はこのプロセスモデルを「ジェンダー平等社会の実現のための発展的プロセスモデル」とした。これは堺市女性団体協議会の戦後 73 年間の活動をエンパワーメントの分析視点によって得られた知見である。女性のエンパワーメントや女性の開発のエンパワーメントに関する分析は、他にもあるが、分析の対象が開発途上国の女性に関するものが多く、本研究のように日本という先進国の戦後の 73 年間にわたる女性の活動に関するエンパワーメント分析は他に例を見ない。ここで、エンパワーメントの 5 段階のプロセスと 6 つの側面を見い出せたことも本研究によって得られた知見である。

第 5 章　堺市女性団体協議会のジェンダー平等社会実現に向けた取り組みのリーダーシップ視点からの分析と考察

第 4 章において、堺市女性団体協議会の活動をエンパワーメント視点により分析した。エンパワーメントの側面においてとくに重要なのが政治的エンパワーメントであるが、達成するのが最も困難であるとも言われている。政治的エンパワーメントを達成するにあたっては個々のエンパワーメントを集団のエンパワーメントに高めるためのリーダーの存在が不可欠である。よって本章においては、堺市女性団体協議会のリーダーシップがどのようなものであるかを、客観的に分析し考察する。

本研究の第 1 章の先行研究において、我喜屋（2016）は、変革型リーダーシップ及びチェンジ・エージェントとしての女性の役割に注目しており、変革型リーダーが政治、文化の制度に変化をもたらすとしている（Tichy and Ulrich, 1984）。

変革型リーダーシップは、「リーダーとフォロワーが互いのモチベーションやモラルをより高い階段まで高め合うような方法で他の人間と関わるときに発生する（Burns, 1978）。

よって、堺市女性団体協議会のリーダーシップを、変革型リーダーシップとチェンジ・エージェントの役割に着目して、3 人のリーダーを分析する。初代委員長の辻元八重と第 4 代委員長の山口彩子、および第 5 代委員長山口典子である。辻元八重は 1956 年（昭和 31 年）に堺市女性団体協議会の初代委員長に選出されており、当団体の礎を築いたリーダーである。また第 4 代委員長の山口彩子は、婦人会館（現男女共同参画センター）建設の第一人者であり、まさに政治的エンパワーメントの体現者である。この二人のリーダーは、時代はちがえど、多くの会員から愛されたリーダーである。また 3 人目は筆者自身であるが、筆者の当団体及び社会における役割を客観的に明らかにするものとする。

5-1　初代委員長　辻元八重

辻元八重は、1956 年（昭和 31 年）5 月に堺市婦人団体連絡協議会（現堺市女性団体協議会）の初代委員長に就任した。それまで当団体の組織運営には、本部役員制はなく、1955 年（昭和 30 年）頃から、全国地域婦人団体連絡協議会への統合の動きがあり、そこで委員長部長制が導入されていた。当時は売春防止法の制定に向けて、当団体が熱心な運動を行っていた時であり、辻元八重の委員長就任の年、売春防止法が戦後 5 度目の提案で、参議院で可決されている。

辻元八重が委員長に就任したときのあいさつ文が、当団体の機関紙『婦人さかい』に掲載されている。『婦人さかい』は 1955 年（昭和 30 年）9 月に第 1 号が発刊されている。

五月の新緑の候と共に各地域とも新しい会長様と役員の方々が選出されました。

昨年度の役員の皆々様には本当にありがとう存じました。本年度はあたらしい委員長部長制によってますます団結をかためて地域社会の幸福と婦人の向上のために力を合わせる事になりました。此度私事皆々様の厚い御支援によりまして委員長をお引き受けいたしまして本当に責任の重い事を痛感しております。もとより民主的運営による婦人会は会長一人の意見では何もできません皆様とご協力し常に皆様方の幸福になるため、この大きい組織が役立つ様に全力をそそぎたく存じます。先づ先日の委員会で御相談いたしました様に、堺全市に起こっている新生活運動に協力を惜しまないで一日も早く明るい清潔な堺市を作り度いものです。

これには婦人の惜しみなき奉仕を必要とします。私たちの問題として地域で考え実践致しましょう。第二は政治の問題も、子供の教育の問題も、あらゆる変化する社会問題について私共はすなおに勉強しなければならぬと痛感しています。それで一ケ月五回勉強会をする事にしました。これに出席した方々は地域でできるだけ多くの人々に井戸端会議でも市場の行き帰りにでも話し合ってつたえましょう。青少年問題は、堺に育った子供会を地域地域で私共は出来るだけの協力をして育てましょう。

主婦の労力と時間を生み出すための生活勉強は具体的にグループで勉強して秋までには何かの形で、出し合える様に今から各地域でそれぞれに計画をたててやり度いと思います。各部の計画はそれぞれ部長から皆様に相談のあることと存じますが、新年度にあたり全力をつくしてこの責任を果たさせて頂き度く、皆様の心からなる御力添えを御願い申し上げますと共に婦人の幸福のため前進いたし度いと存じます。

（『婦人さかい』第 9 号　1956 年（昭和 31 年）6 月号　「御挨拶　堺市婦人団体連絡協議会　委員長　辻元八重」）

女性のリーダーシップを研究する我喜屋（2016）は、現代の女性に関する研究は、「個人とリーダーシップの関係に焦点を当て、家父長制的な議論におけるモノとしてよりも、むしろ女性を自立した個人として、組織として、人生と価値についての意義ある議論に関与させることで（中略）フェミニストによるリーダーシップの再構築」（Blackmore 1989）を強調している。辻元八重はあいさつ文の中で、まず、当団体の運営ついて、「民主的運営による婦人会」は「会長一人の意見では何もできない」としている。団体の当面の目的を「地域社会の幸福と婦人の向上」とし、明るく清潔な堺市を作ること、子供会の育成には力を惜しまず協力すること、また「婦人の惜しみなき奉仕が必要」であると、戦後復興期の新しい社会づくりに女性の奉仕が必要であると説いている。また「すなおに勉強をしなければならぬ」、「毎月 5 回の勉強会を行う」と「学習」の必要性を強く訴えており、具体的な学習方法やタイムスケジュールまで、計画的なビジョンを持っていたことがうかがえる。そして最後には「婦人の幸福のために前進いたし度い」と締めくくっている。辻元八重は明らかにジェンダーの視点を持ち、問題解決と社会変革を行うことによって人々の「幸福」を考え、一個人や団体にとどまらない社会全体の変革の意志を持っていた。また政治に対する関心も高く、辻元八重は「学習」による女性のエンパワーメントを実践していたことが明らかである。辻元の時代には、まだ堺市に婦人会館はなかった。この勉強会や会議はどこで行われていたのかを調べてみると、大きな会議は小学校の講堂、勉強会等は地域の公民館、青年会場、地域会館、農栄倉庫や寺院または、それぞれの地域の個人宅で行われていた。（『婦人さかい』1956年（昭和31年）7月号）

また辻元八重は、1960年4月27日から8月5日までの約3か月と10日間、米国広報教育交流に基づき、アメリカ国務省の招聘を受けて日本を代表して、「米国シアトルからアメリカ全土、そして西欧、北欧、地中海沿岸諸国、人類発祥の地、チグリス、ユーフラテス川の流域をこへて中近東、アジア諸国」（『婦人さかい』1960年（昭和35年9月号）辻本八重「世界の旅を終えて」）を全米各地の学校、社会教育の状況視察のため渡米している。この視察団は、「ギリシャの元副大統領、インドネシアの労組委員長、フランスの美術家、アルゼンチンの実業協会の人、チュニスの大学教授、（日本からは）阪大の平田部長、九大の教授と私の三人で、女性は私一人です。」（『婦人さかい』1960年（昭和35年）8月号、「辻元委員長アメリカ便り第二報」であった。出発前の4月18日に、堺市立神石小学校の講堂で盛大な「辻元八重渡米壮行会」が開催されており、当時の河盛堺市長、早勢教育長らが次のような挨拶を行っている。

「委員長は、周知のようにただ堺市の婦人会の辻元さんではなく、大阪府の辻元さんであり、日本の辻元さんなのです。私共堺市・婦人会で独占するには余りに大きすぎる辻元さんであります。委員長の此の度の渡米は、米国務省の招待によるものです。米国務省が招待する為には、同省の調査は申すまでもなく、日米の大使館、日本の文部省の詳細な調査の結果によるものだそうです。其の選に当たった辻元委員長ですから、何等情実もない真の価値を裏書されたことと申せます。しかも米国の名所と世界的にうたわれるホトマック河畔を彩る桜は、辻元委員長の一族の方である、当時の駐米大使珍田さまの植えたものだということです。其の花の盛りに渡米する委員長の感慨は如何でございましょう。誠に感胸に迫るものがあることに想像に難くはございません。」（河盛堺市長の挨拶：『婦人さかい』1960年（昭和35年）8月号）

また早勢教育長は、辻元委員長を替え、「貴女の真価を発揮するこの上ない機会である、檜舞台での存分のご活躍を御願いします。」とあいさつをしたとある。（『婦人さかい』同上）

この壮行会における辻元八重のあいさつは、当団体の委員長として、また全国地域婦人談連絡協議会の副会長（会長は山高しげり）、大阪府婦人団体連絡協議会の会長として今回の渡米視察に関する意気込みが感じられる。その一節を当時の記録から抜粋する。

「デンマークへ行って、ニルスブックの教育上の功績をしっかりと見てきたい。デンマークはノルウェーからスエーデンを併せ一時英国を侵略して、プロシャまで圧迫した武力国家であったが、ナポレオン軍に侵され、後に独逸連合軍に敗れて、シュレスウィッヒ、ホルシュタインの二州をドイツに割譲し、ついに不毛の砂丘からなる狭小な本国のみとなったのであります。この時愛国の士、ニコライグ・ルントウイが出て、青年の精神的革命を提唱した。そしてこの精神革命に基いて社会革命と産業（革）命を実行して遂に今日見るような平和にして、豊かなしかも道徳的なデンマークが生まれたのであると、何かで読んだことがあります。まったく近世の日本と似ているところがあると思えてなりません」（『婦人さかい』同上）

同壮行会のあいさつの中で、辻元はこのように、視察目的を具体的に示していた。

その後、4 月 26 日には、大阪駅に当団体の役員や大阪府地域婦人団体連絡協議会の役員らが大勢見送りに行き、そのうちの 4 人、当団体の副委員長の奥中和恵、平と大阪府地域婦人団体協議会の役員 2 名が辻元とともに午後 10 時 20 分発の「あかつき号」で上京した。
翌日午前 10 時に辻元らは、宿舎として用意されていた大阪汽車会社の寮に到着し、早朝からアメリカ大使館や関係官庁に挨拶にまわった。「アメリカ大使館において、あらためて国賓としての招待状を大使からいただき、それはお免状のようなもので、渡米中、行く先々で見せると大変親切にされた」（辻元談）とのことであった。

翌日 4 月 27 日の出発日。羽田空港には、「外務省の方、文部大臣の代理の方、全国地婦連（全国地域婦人団体連絡協議会）東京地婦連（東京都地域婦人団体連絡協議会）の役員の方々、辻元さんのご親戚知己の方々等約 50 名」による見送りで辻元の夫も来ており、しばしの別れに固い握手をしていたという。当日の辻元八重の服装は「黒地に白の細い縞のスーツ、黒の帽子、真珠のネックレス、黒い手袋が辻元さんの白い奇麗なお顔によく調和して一段とお美しさを増しておられました。」また辻元は、何度も「しっかりと留守を頼みます」と手を振って税関手続きに向かったという。この時点で当時、辻元と共に役員をしていた女性たちにとって、辻元は対等なリーダーではあるが、その能力、知性やバックグラウンドにファッションセンスが追加され、ある種の憧憬の的であり、カリスマ性を有していたといえる。

また、辻元がアメリカのノースウエスト機のタラップを上がるとき何度も花束を掲げて振り返ったことや、一旦閉じられた飛行機の扉が再び開いて辻元が現れ、あらためて高く花束を高く掲げて手を振った様子が記されている。このあたりの辻元の行動は、辻元が「ラッパのお八重さん」と称されたように、リーダーとしてのサービス精神、人への気遣いに抜かりがなかった、そして誇り高きリーダーシップの持ち主であったことがうかがえる。

辻元が視察先から度々日本に報告している「便り」によると、「ドイツやイタリーは少し言葉に不自由があったが、英語ができればたいていの国で不自由はなかった」としていることや、国連婦人の会において、辻元が立って意見を述べている写真を見ると、辻元八重は英語に堪能であったことがわかる。

さらに辻本八重の視察先や帰国後の報告からは、行く先々で辻元八重は、とくに「女性の置かれている状況」、「各国の近代化」、「教育」「市民生活」を女性の視点から、しっかりと見聞し、考察してきたことがわかる。残念ながら、本研究においては、現時点では辻元の学歴等の個人的な記録や見聞が見当たらない。しかしながら、60 年前の当団体の初代委員長の人物像に関心は深まるばかりである。

帰国直後の辻元は、「世界の旅を終えて」と題して婦人さかいに簡潔な報告をしている。当団体のリーダーである辻元が、世界に出て何を感じ、今後どうするかを考えたかについて知る手がかりとなるので、抜粋する。

私共が美しい島国に住み人情のよい美しい国土であることを知ると共にしみじみと徳川三百年の封建性が如何に日本民族の人情性をゆがめたか、徳川氏安泰のための政策が人の積極性を圧迫し、日本人がこのようにうみにかこまれ国であるのに船をつくる事を禁じ、国外に出ないようにし、階級性によって人の自由にのびる事を圧迫し、おどかしと形式主義を形づくり、この優秀な国民が世界の進歩からたちおくれた事をしみじみと見せつけられ、現代の社会が、民主主義にかわったとは云え、国民の中に植えつけられた封建性は一朝一夕にはぬぐいされぬ事をしみじみと感じました。インドが独立した今日も階級性をつよくおしすすめる事が英国の利益になって永年の植民地政策は、インド人の心の中に今も別の階級が出来、官僚がいばり国民が生き生きとした姿で生活出来ない姿をみるとき、我が国の民主主義の中にまだ国民の性格の中に深く根ざした形式主義、生命のない時の権力にこびる時代主義が真実の人間性を侵している事で、この心の中の汚れがとれないかぎり真の自由がない。人の気げんばかり考へて真理に忠実に委せない。道徳にしても形式主義におちてしまい、心によりどころがない。世界の国々の人が如何に人生を楽しく生きているか、決して階級を表す地位のためでなく、ありあまる物質ではなく、精神的に心豊かに暮らしている多くの人を見て豊かな心は豊かな生活を生み出して人々を幸福にしています。アジアの諸国があきらめの生活から解放され、努力の生活にうつしています。（中略）新中国を訪れた時一番、印象的であったのが、婦人と青年の目がかがやいていた事でした。性別や階級でしばったものが人間の真の価値を見出した世界が、どんなに人間を自由にし、仕事にはげませられるかをみました。封建性は何もしない事なかれ主義が一番出世をします。そうしたアジアの封建性の強い国々は豊かな資源を持ちながら貧乏と仲間げんかの明けくれでした。歴史は私共に真理を教へます。私共は今こそ真の人間性にめざめ、女なるが故にひがんだり卑屈になったりする事をやめて、大らかな太陽のように明るい自然な子供のような純真さにたちかへり、すばらしい日本民族の良さを、世界に進歩のために役立てたいものです。（中略）私共婦人会の道は楽な道ではありません。然し生命のある本当の道を皆様と共に歩みましょう。社会教育の仕事は生命の道です。世界の旅をして民族の興亡の歴史を目のあたりに見て、真実の道を歩む幸福を悟りました。

（『婦人さかい』1960年（昭和35年）9月号「世界の旅を終えて」堺市婦人団体連絡協議会委員長　辻本八重）

辻本八重の世界観は、自らの「婦人会」活動は社会教育の道であると位置づけ、それは生命の道であり、その道を世界の進歩に役立てたいとしている。そしてその道が決して楽なものではないが、「女なるが故にひがんだり卑屈になる事をやめて」と、女性たちに自立と自尊心と誇り持つことをすすめている。また、「常に皆様と共に明るく健康な人生を築いていくことにより、家庭や近隣の地域から小さい事の実りを積み重ねて行きたい」と、わかりやすい言葉で呼びかけている。

このような辻元八重のリーダーシップについて分析すると、極めて重要なのはリーダシップに関してフェミニスト的な視座、すなわち「リーダーシップは社会変革の手段であると認識し、協力的なスタイルをとるリーダーシップは公平な社会を実現するために不可欠であると信じる」との視座が強まっていることである（O'Neal,Plank & Domingo:6 ）と我喜屋が論じる通り、辻元八重は当団体の活動を社会変革の「道」つまり手段であると認識しており、かつ極めて民主的、協力的なスタイルをとっていたリーダ―であったといえる。辻元八重は「公平な社会を実現するために不可欠」なリーダーシップを有していたのである。

5-2　第4代委員長　山口彩子

山口彩子が第4代委員長に就任したのは、1976年（昭和51年）、第3代委員長の山吉寿子が堺市議会に当選した後のことである。山吉が委員長当時は、副委員長であった。当時の運営委員の中では山口彩子は最年少であった。しかし、単位女性団体の東浅香山女性団体協議会には1961年（昭和36年）から入会し、東浅香山婦人団体協議会の会長を経て本部の保健衛生部長等を歴任し、書記から副委員長に就任している。大きな組織である当団体の本部役員である運営委員に就任するためには、本人の相応の能力と団体内における政治力が発揮されなければならなかった。どの世界でも同じであるが、いくら能力があってもそれだけでは、一定の地位を確保することはできない。優れたリーダーシップには、組織内の者に共感され、支援されるというフォロワーシップを獲得することが必須条件である。これを筆者は「組織内の政治力」と考える。また実際のところ、当時は運営委員になりたいという野心や希望をもつ女性リーダーたちが多かった。それは初代委員長であった辻元八重に対する羨望や憧憬から始まる、「社会教育の道」を歩むことで、市長や教育長らのような社会的権力を有する男たちとも対等に話し合える立場に位置することができることも、大きな要因であったと考えられる。また直接話題に上ることはなかったが、初代辻本八重、二代松若春子、三代山吉寿子、そして山口彩子を見ると、家庭の経済性、夫の社会的地位が必ずしも無関係でなかったことがわかる。かつて自治会等でもそれぞれの村の「名士」と言われる男たちが代表になり、村の人々の面倒をみたのと類似する点であろう。

山口彩子は 1935 年（昭和 10 年）に香川県綾歌郡（現丸亀市）栗熊で生まれた。琴平さんのふもとである。家からは一面の麦畑の先に美しい讃岐富士が佇んでおり、近くには満濃池がある。

僧空海がうまれた讃岐のくにというのは、茅渟の海をへだてて畿内に接している。野がひろく、山がとびきりひくい。野のあちこちに物でも撒いたように円錐形の丘が散在しており、野がひろいせいか、海明かりのする空がひどく開豁に見え、瀬戸内に湧く雲が様々に変化して、人の夢想をそだてるにはかっこうの自然と言えるかもしれない。

池の情景に触れた。ついでに別の池を連想して、その話をつづける。空海が、讃岐の真野の地で荒れていた古池を築きなおして満濃池という、ほとんど湖ともいうべき当時の日本で最大の池をつくる工事の監督をしたことは諸記録でうたがいを容れにくい。その満濃池がいまも野をうるおしている。（『空海の風景』1975：中央公論社）

司馬遼太郎がこのように描いた土地で、山口彩子は生まれ育っている。

また山口彩子の母　津村ミユキは、四国の十河一族である。死後、旧姓に戻り十河ミユキとして祀られている。山口彩子が堺の婦人会館建設運動の第一人者として、建設を実現した堺市立婦人会館（現男女共同参画センター）は堺市堺区宿院町東にあるが、その婦人会館の隣に成就山顕本寺がある。この寺はかつて南宗寺であり、鎌倉時代には堺幕府が設置されたところである。現在の顕本寺には、650 年前の三好長慶の墓がある。三好長慶の実弟が十河一存であった。事実上堺幕府を統括していた人物である。山口彩子の母、十河ミユキはこの十河一存の末裔である。そのことが分かったのは、山口彩子らが婦人会館を建設後、山口彩子の母が突然トイレを貸してください、と婦人会館に入ってきたからだという。十河一族は毎年観光バス数台で、堺をはじめとする関西一円にある十河一族の先祖の墓参りをしていた。それで堺の顕本寺に来て、隣の婦人会館にトイレを借りに来たのである。その時初めて、山口彩子は自分の先祖との因縁を知ったという。

第 4 代委員長山口彩子のリーダーシップがどういうものであったか知るための記録は膨大であるが、その中でも山口彩子にとって最後の周年事業となった団体創立 50 周年記念誌に寄せたあいさつ文がある。

平和を引きとめるもの

家族が懸命に築き上げた愛も財産も、「戦争」という国策で一瞬にして吹っ飛ばされることを目のあたりに体験した「女たち」が、敗戦のあの日から 50 年を迎えた。

それが「堺市女性団体協議会」である。

息子や夫を戦場に徴られ、親や子どもたちを戦禍で失い、呆然とたたずんだあの暑い 8 月 15 日。「神風」などどこにも吹かなかった。

「運命だ、過去のこと、仕方がない」と大勢の人は諦め、いまわしい戦争をかなぐり捨てるかのように、日本は経済成長へと突っ走った。

それでよかったのだろうか。

あれから 50 年、今、不況と地球環境汚染にあえいでいる。GHQ（連合軍最高司令部）の指令により、戦争放棄、男女平等憲法が発布された。

焼け焦げた廃墟の町を鍬とスコップで片づけるために結成されたような組織だった女性団体。初代委員長（愛称：ラッパのお八重さん）と当時の役員さんのインテリジェンスとバイタリティーが今日の女性団体の礎をなしている。

とは云え、私たち女性団体活動には何ひとつガイドブックがなかった。

急に「平和憲法」を冠しても、発言権も相続権、選挙権も持たなかった女性たちは、運動のノウハウがさっぱりわからない。そのアクションには無駄や空廻りが多く、それに家族、地域の無理解がさらに拍車をかけ、内外ともに圧迫感をはねのけながらの活動であった。

だからこそ、どんな活動であっても、それは新鮮で快い緊張感があった。活動の拠点が無くて、間借り（銀行や公民館等）して歩き回った 30 年間。「幻の会館」といわれた「女性センター」を基金活動で建設した歓びは昨日のように思える。

世界的に「戦争前夜」の臭いのする昨今、平和をひきとどめる拠点となることをすすめることが急がれる。この50年の活動を凝縮した記念誌が、次世代への指針になれば幸いである。

最後に、物故者となられた先輩諸姉、そして創立50周年の実行委員、会長、役員、会員の皆様に心から感謝を申し上げる。

（『堺市女性団体協議会創立50周年記念誌』1998年　堺市女性団体協議会委員長山口彩子）

この山口彩子の団体創立50周年記念誌に寄せたあいさつ文の背景にある山口彩子の人生を顧みる。

戦争によって、山口彩子は父親を失っている。しかし香川県では、それほど食べ物に困ることもない環境の中で育ったという。小学校の頃は、引っ込み思案な性格で、登校拒否もしていた。綾歌郡の飯山高校を卒業し、大学の医学部をめざして大阪へ出てきたものの挫折し、公衆衛生学院に通って管理栄養士の国家資格を取り、堺市の浅香山病院に勤務した。病院ではウクレレ部に所属し、そこで医師である山口良典と出会い、結婚し3人の子をもうけている。山口良典は、9人兄弟の長男で、台湾からの引揚者であった。良典の父親は当時、国の税官吏として台湾に赴任し、メイドが何人もいるような暮らしの中で、良典の母トミは、9人の子を産んでいる。良典は台北一中に通い、兄弟のうち3人は戦病死している。敗戦の折、台湾にいた日本人は全財産を没収され、引き揚げた。引き揚げの直前に良典の父、一王は盲腸炎によって死亡している。良典らは、トミの故郷の岡山県に引き揚げたが、一家で大阪に出た。トミは良典が医師になる事を望んでいた。良典は、妹弟の父親代わりの立場にならざるを得ず、自らも医師の道を希望し、大阪市立医科大学（現大阪市立大学医学部）において1961年（昭和36年）に「慢性精神分裂症に対するレオンハルト」の研究で医学博士の学位を取得している。

良典との結婚生活は大変だった。新婚家庭に良典は、自分の妹3人と弟を引き取り、父親代わりを務めた。良典の弟は台湾でポリオを発症し、高熱が引いた後、両足に小児まひの後遺症があり、松葉づえの生活となった。彩子は、自らの子ども3人と夫の妹弟4人の世話をした。とくに弟が養護学校に通う際、毎日子ども

3人と共に阪和線の浅香駅から百舌鳥駅まで送り迎えをしていた。今とは違って養護学校の送迎バスも、自家用車もなかった時代である。トミは、大阪市内で琴の師匠として、弟子を教えて生計を立てていたが、毎月１日になると堺に来て、良典からの生活費を取りに来ていた。彩子から言わせれば、良典は「昭和最後の長男」であった。毎月親に生活費を渡し、妹弟を大学まで卒業させ、結婚させた。「稼げど稼げど金がない」と良典は日記に記している。「わが子３人に近くの養鶏場でもらった卵１個を水に溶いて飲ませた」という記述もある。その生活ぶりを見に来た彩子の祖母タケは、「お姫育ちの彩子に、こんな子らの世話までさせてけしからん。彩子を四国へ連れて帰る」と怒ったという。良典が当時高給取りの医師であっても、大勢の親兄弟の面倒を見るには、家計は大変だった。しかし良典も「戦争」の被害者であったことに間違いはない、と彩子は言っていた。また彩子が良典の妹弟の世話をしても、誰にも感謝されるどころか、それは当たり前のこととされ、文句ばかり言われていた。夫である良典も、自らのしんどさや、やり場のないストレスを彩子にぶつけていた。しかし、晩年に彩子は、「夫は私にしか面倒が見れない、夫の親や妹弟の面倒見るのは憲法に書いてある。長男の妻の役割だ」と言っていた。それはおそらく自らの子どもたちに、親に敬意を表すことや年老いた親の面倒をみるとはどういうことであるか、身をもって示していたと考えられる。良典は引き取っていた妹３人が結婚して出て行った頃、開業している。ようやく経済的に楽になってきたものの、一切の贅沢はせず、車道楽、ゴルフ道楽等もせず、少々備前焼などの骨とう品などを楽しむ程度の人生であった。頑固な医師ではあったが、お金のない患者からは薬代も取らず、それでも夜中の往診に向かう医師であった。地域の町医者として、多くの患者たちからの信頼を得ていた。

山口彩子は、このような生活の中で、一切愚痴はこぼさなかったが、やはり「ヨメ」という立場の女性に対する家族や社会の有り様に強い疑問を抱いていた。自宅の前に小学校があり、そこで開催される婦人学級や、婦人会の集まりで学びはじめ、「婦人会」にのめり込んでいったという。リーダーシップの視点から見ると、学生時代から学級委員をするなど、一定のリーダーシップを持ち合わせていたようである。そのリーダーシップは、地域の東浅香山女性団体協議会ですでに発揮され、ママさんバレーにも参加し、もともと快活で明るい性格の山口彩子の周りにはいつも女性たちの笑顔があふれていた。

山口彩子は、近隣の女性たちとの交流や会話の中で、「ヨメ」である女性たちの生活や思いが、論理的にうまく説明は出来なくても、自分と同じ疑問や不満をいだいていることに気づいていく。あるいは「シュウトメ」の立場にある先輩女性たちが、「ヨメ」に対する不満を漏らしているのも聞かされていた。婦人会の研修や学習で、その漠然とした「女の思い」が頭の中で整理されていったのだという。例えば、「ヨメとシュウトメ」がなぜうまく人間関係が築けず、いがみ合うことが多いのかという疑問には、かつてからの家父長制によって、女が分断されてきたことが原因であるということを知ったのである。女が分断される国策であったと学んだ。一見、「ヨメとシュウトメ」の相互の個人的な問題に集約されがちであるが、それよりも家父長制の維持のためには、「ヨメとシュウトメ」が仲良く結託して家の中で権力を持つこと、つまり女たちが力をもつことは、国家が「家」単位で国民を管理することに支障が出るという考え方があり、だから、女は一軒の家の中においてさえ、物事に口を出さず、何の決定権も財産も持たされず、ただ従属を強いられていたのである。しかしこの理屈が理解できたとしても、その理屈が夫や社会にすぐさま通用することはない。社会全体が変わらなければ、「いくら民主憲法を冠しても、女性たちに発言権も決定権もない」という現実を冷静に見ていたのである。

そのような山口彩子の真価が発揮されたのは、団体の委員長として堺市の「婦人会館」の建設運動と建設後の女性の教育権の復活とジェンダー平等教育の推進、そして堺市議会議員としての女性政策の立案、形成と実現である。

堺の婦人会館（現男女共同参画センター）の建設運動については、先述のように、第3代委員長の山吉寿子が「婦人会館」建設実現のために市議会へ送り出された後、山口彩子が第4代委員長に就任して、山口は、山吉と共に「婦人会館」建設に王手をかけた。一口千円募金や署名活動の規模は、団体内にとどまらず、募金者の名前を見ると、当時の堺市の元助役や様々な企業、団体などが連なっている。堺市への「婦人会館」の建設は、当団体の女性たちだけではなく多くの市民の悲願となり、最終的に現在から40年前に7千7百万円もの募金が集められたのである。日本において同時期に地域婦人団体等による公的な婦人会館建設の動きはいくつかあったが、ほとんどは要望にとどまり、実際にこれほど大規模な募金活動や署名運動をしているものは見当たらない。堺市における「婦人会館」建設運動は、堺市女性団体協議会の女性たちの魂がこめられた運動であった。最初は権力の有る立場の市長や議員である男たちに依頼していた「建設の約束」が何度も裏切られた結果の女たちの行動であった。その旗振り役が山口彩子であった。その頃の山口は「山口わやこ」などと揶揄されながら、あるいは「山口彩子」のような女になるな、などと男社会にまた、女たちの分断を図られながらも、意に介さず仲間たちとやり遂げたのである。

この頃、堺市では山吉に代わって山口彩子の立候補が予見されていた。山吉の議会での動きを超えて山口彩子らの運動を誰もが目の当たりにしていた。そうなると 1977 年（昭和 52 年）堺市議会において「婦人会館」の調査研究費が予算化された。山口彩子らはその予算で全国の既存の婦人会館等を視察し報告書をまとめて堺市に提出した。この調査で分かったことは、他都市の婦人会館はすべて行政主導型の施設で、中に入っても市民の姿がほとんど見られず、いくつかの講座が催事事業として設けられているだけで、継続的な学習や市民の利用がなされているものではなかった。その結果、山口彩子と運営委員は、「ハコモノだけではだめだ。学習のソフトを打ち込む必要がある」として、婦人会館開館後の運営についてもしっかりと企画案を堺市に提案している。もともとは、堺市女性団体協議会の女性たちの活動と学習の拠点としての必要性をもとめて始められたが、山口彩子と堺市女性団体協議会は公的施設としての「婦人会館」の役割はもう一つ、「広く市民の学習と主体的な活動の場」という社会教育の視点と役割をきちんと備えていたのである。

ジェンダー平等社会実現のためには、広く市民が「女性の人権」や「ジェンダー平等」を学習することによって理解する必要性を確信していた。そこで山口彩子らは社会教育を包摂する生涯学習プログラムを考案した。それが「サカイ・レディス・アカデミー」であった。

山口彩子は、この生涯学習プログラムのために当会館に「託児室」の設置を提案した。自らが 3 人の子どもを育ててきている経験からである。この時点でも山口の子どもは、3 人とも高校生、中学生である。この「託児室」の設置には当時の役員らから反対の声が上がっている。「私たちは子育てが終わってから、やっと自分の趣味や学習ができるようになった」、「自分の好きなことをする女性たちの子供の面倒を見るのはおかしいのではないか」等、当時はまだ堺市に、ほとんど「保育所」がなかった時代である。感覚的に女性が子どもを預けて仕事に行くこと、ましてや「自分の好きなこと」をするために子どもを預けることへの理解が、堺市女性団体協議会の運営委員である女性たちにすらなかった時代であるといえる。しかし山口彩子は、「子育て中の女性たちが学ぶことこそが必要である。そのことは孤独に子育てをしている女性への支援につながり、またその子どもの教育のためにも母親が学び、生きがいを見いだせることは大切である」と説得したという。「私自身が、子育てをしながら婦人学級に出会わなければ、ヨメに来て、知人もいない土地で、シュウトメやコジュウトらにいじめられながら、夫の理解もないままに、きっと自分はつぶれていたと思う。人生に希望が持てなかったかもしれない。」とも切実に語ったという。「あなた方の世代は、シュウトメや夫に仕えるのが当たり前の時代であった。しかし、いま私たちは、女性がもっとのびのびと、人間らしく生きる社会をつくるためにこの婦人会館を建設したのではなかったか。過去の家父長制を踏襲することや、自分たちの世代の辛さを次世代の女性たちや子どもたちに押し付けるのはもうやめよう。私たちが変わらなければ、時代や社会は変えられない」と何度も説得をしたという。その後日本は、全国的に働く女性が増加し、堺市も工業化に伴う人口増加で、小学校や保育所の建設ラッシュが始まったのである。また山口彩子は、夫の弟が両足麻痺という障がいをもっていたため、障がい者の子どもを育てるという経験をしている。その経験から、3 階建ての建物にはエレベーターの設置は原則認められない時代であったが、山口は、3 階建ての「婦人会館」にエレベーターの設置を求めていた。それは障がい者やケガをしている人々などが利用しやすいようにするためである。さらに当初は 4 階に「女の駆け込み寺」、今でいう「シェルター」を設置し、DV の被害者や虐待の被害者である子どもをも一時的にでも保護できる場所を設置する要望を出していた。この件については先述のとおり、縦割り行政のひずみにより叶わなかった。当時の堺市女性団体協議会は 40 年前にすでに、暴力を受けた女性たちの救済活動を行っていたのである。

「サカイ・レディス・アカデミー」の企画運営内容については、当初は教養講座という講師を招聘しての講演会講座が 6 講座でスタートしている。しかし小難しいテーマの勉強会だけではなかなか市民が集まりにくい。学びと生きがいも大切だと文化や技術習得のコース別講座を同時受講できる仕組みを作り、その中で一般の大学と同様年間に教養講座を 15 回以上受講することを必修とした。年々講座数は増加し、最終的には年間 3000 人の市民の登録受講となり、教養講座は無登録でも参加できることから年間 10 万人を超える利用者数となっている。英語やフランス語、編み物や書道や華道、パソコン、コーラス、日本舞踊、社交ダンス、日本画、洋画、水彩画、和裁、洋裁などのコース別講座などが当初は無料で受講できた。それは、女性が長い間教育権を剥奪されてきたからという理由であった。しかし途中から受益者負担の観点から、有料となっている。それでも受講者数は減少していない。

教養講座の内容は、ジェンダー平等を主軸に人権問題や平和問題など最前線のテーマと講師が国内外から招聘されている。このような仕組みの生涯学習プログラムの中で、山口彩子と堺市女性団体協議会が実施したのは、コース別講座の講師を対象とする「講師人権学習会」であった。山口彩子は、講師に対して「当アカデミーは、単なるお稽古事や趣味の講座ではありません。ここは税金で運営されている社会教育の場であり、生涯学習のプログラムです。先生方の個人的な教室ではありません。それぞれの講座の技術を指導していただくことはもちろん大事でありますが、それよりも、先生方も含めてここは「人権教育」の場でありますので、先生方にはしっかりと人権や男女平等の意味、まさに当プログラムの目的と趣旨をまずご理解いただきたく存じます。この国において、私の世代以上の方々に「人権」を学ぶ機会はなかったはずです。戦後、私たち堺市女性団体協議会がこの婦人会館を建設した理由、また当プログラムを開講した理由と目的は、男女平等社会の実現から、二度と戦争を起こさない平和な地球社会を構築するためです。はっきり申し上げて、巷にはお稽古ごとの先生方は星の数ほどいらっしゃいます。私共が先生方にお越しいただいたのは、当プログラムの目的達成を共に学びつつ行っていただけると信じ、期待申し上げているからです。また当アカデミーは教養講座を主体としております。受講生の方々には教養講座を年間 15 回以上受講していただきますので、ぜひ先生方も共に教養講座を受講していただくことを御願い申し上げておきます。」とあいさつの中で述べている。そのあとに堺市教育委員会などの講師が基本的な人権問題についての研修を行っている。

堺市女性団体協議会が「サカイ・レディス・アカデミー」の委託を受託していたのは2003年（平成15年）までである。その後は「堺女性大学」、そして現在の「堺自由の泉大学」にと変遷し、それらの運営主体者は委譲されている。しかし、堺市女性団体協議会の当初の目的や「講師人権研修会」等は受け継がれている。最近では男性の参加者も増加し、当初1階にしかなかった男性用トイレには、冬になると男性の行列ができたので、各階に男性用トイレが設置されている。「これほどの生涯学習プログラムは、男性の参加者が多いことも含めて、受講者数、講座数、内容の質と量ともに日本でも世界でも他に例はない。」と現学長の樋口恵子は太鼓判を押している。

第4代委員長山口彩子の時代、自らが、日本舞踊花柳流の名取で「花柳雄泉加」という芸名を持ち、堺市女性団体協議会における民踊や「婦人のつどい」（現女性フォーラム）、またそこから発展させた「芸能百華」を推進した。それは文化的事業の企画と実施にとどまらず、山口自身が文化の表現者としての技量と思想を持ち合わせていたリーダーであったということである。だからこそ文化や芸術がいかに人間生活や、団体活動にとって必要かつ重要な要素であるか、またそれがいかに女性のエンパワーメントを実現していたのかを理解し、推進していたのである。

山口彩子が堺市女性団体協議会の仲間たちと共に多くの市民の協力を得て、「婦人会館」の建設を実現するプロセスに、リーダーとしてのゆるぎない信念と責任感が見て取れる。堺市が度重なる団体交渉や署名を経ても「おなごの会館を建設する金がない」というなら、「私たちがお金を作りましょう」と行動を起こしたのである。前人未到の手法でやり遂げたのである。現実に「白亜の殿堂」として建った「婦人会館」を前に堺市女性団体協議会の役員や会員、また多くの市民、とくに女性たちは「女でもやれる」とどれほどの自信と達成感を持ち得たことであろうか。

このあたりの山口彩子のリーダーシップは、Turner and Maschi がいうところの、「フェミニスト理論の中心的な信念とは、女性にゆだねられる社会的な地位が低いのは、社会の不平等によるものであること、女性の個人的な地位が政治、経済、社会的な力関係により形成されていること、そして女性はあらゆる形態の権力に近付く機会が平等に与えられなければならないということである」（Turner and Maschi, 2014：152）という信念を明確に持っていたといえる。

山口彩子は、「堺市立婦人会館」（現男女共同参画センター）が建設される前年の 1979 年（昭和 54 年）に堺市議会議員として政治の道を歩み始める。堺市女性団体協議会の活動は、婦人会館建設運動だけではなく、団体の定例事業や消費者団体としての活動を行っていた。それぞれの専門部会活動が活発に行われている中から、市政に関する要望や、改善しなければならない施策が指摘される。そのような声から、行政の担当者らと相談し、話し合い政策を立案していく。政策形成は女性たちや市民との対話によって丁寧に行っていく。「役所は法律や条例に基づいてしか動けない」ので、時には条例や法律の改正を求めなければならないことも多々あるのである。山口彩子らは熱心に学習し、調査にも余念がなかった。山口は対話の中で、女性たちによく言っていた。「大根 1 本の値段も、教科書も教育も、すべては政治が決める」「だから私たち女はもっと政治的に物事を考える必要がある」「しかし政治を変えるのもまた私たちである。」と。

山口彩子の政策実現の実績は、市議会における発言の議事録や新聞に掲載された数々の記事と共に「彩子の政治」にまとめられている。それは堺市女性団体協議会が、社会のすべての領域をジェンダーの視点で見なおしてきた活動のとおり、いかに広い領域における男性社会と女性の力関係の変革を行ってきたかがわかる。そして山口彩子のリーダーシップは、堺市女性団体協議会がエンパワーメントされる段階と同様により広く高いレベルにブラッシュアップされている。個人的なエンパワーメントと集団としてのエンパワーメントによって、山口彩子のリーダーシップは、政治的エンパワーメントを複合的に体現しているものである。

5-3　第 5 代委員長　山口典子

山口典子が堺市女性団体協議会に入会したのは、1985 年（昭和 60 年）であった。当時は大手製薬会社の会社員であったが、母である山口彩子の選挙を手伝っていた時に、山口彩子が事故により大けがをしたのがきっかけであった。

医師である父を持つ影響で、家庭の雰囲気で医者になることを期待されていたが、三国丘高校の受験に失敗し、私立の女子高であるプール学院に入学した。ちょうど高校受験を控えた中学 3 年生の時、母山口彩子が初めて市会議員に出馬する選挙戦真っ只中であった。3 月半ばの三国丘高校の合格発表の日、自宅に戻ると、母は、髪を結っている最中で、三面鏡に映る娘の姿から不合格を察知し、涙を流し、そばに置いていた雑巾で顔を拭っていた。「お母さんが悪いお母さんやったからな、すまんな」と泣く母を見て、母が婦人会館建設の追い込みのための立候補をしていることなど知らなかったが、この気丈な母を泣かせてしまったことを大いに後悔した。母なりに自らがいわゆる理想的な母親でなかったと思っていたことは意外であった。その後、大学の医学部を受験するも 2 浪し、それに精神科医である父が精神的に耐えられず、どこでもいいから行けと言われ、仕方なく短大の 4 次試験を受けて合格した。しかし短大にはほとんど通わず、アルバイトに精を出し、鬱々とした気分で青春を謳歌し、しかしテストだけは成績優秀で卒業した。それでも医学関係の就職を希望し、製薬会社に勤めた。母のけがをきっかけに、母が自分の仕事を手伝わないかといった。その時点で、母が自分を後継者にという考えはなかった。堺市女性団体協議会の仕事はボランティアであるし、議員の歳費もたいしたことはない。当時の自分は、とにかく家を出て独立したかったので、母の誘いには悩んだ。しかし、足のケガで松葉づえ状態の母には、付き人が必要だった。母の送迎から次第に母の仕事を手伝うようになった。高校時代から、母の議員としての仕事は、少し見ていた。予算書や決算書を見て、疑問点を探す仕事である。その後堺市女性団体協議会に正式入会した。当団体の運営委員や事務局の人々はイキイキとして活動しており、婦人会館には、毎日大勢の市民があふれんばかりであった。当団体の人々の会合やイベント、また「サカイ・レディス・アカデミー」の受講生の人々である。

入会後は堺市女性団体協議会の福祉部に配属され、団体の専門部会の中でも一番ボランティア精神の高い先輩たちに鍛えられた。当時から堺市女性団体協議会は、行政の公的サービス（フォーマルサービス）が対応できない市民サービスをボランティア活動で、その隙間を埋めていた。いわゆるインフォーマルサービスである。地域の一人暮らしの高齢者の見守り、介護活動も行っていた。介護保険制度がなかった時代である。一人暮らしの寝たきり高齢者の家を訪問してドアを開けると、糞尿の悪臭が鼻を衝く。1日、2日おむつの交換がされていないと布団までしみ込んでいる。その人々のおむつ交換、排せつ物の処理と清拭を行った。まだ若かった自分には、強烈な経験であった。また堺市肢体不自由児者父母の会や堺市盲人協会（現堺市視覚障害者協会）等の障害者団体への支援ボランティア。総会や新年会、みかん狩りなど事業の介助、会場設営、ガイドヘルパー、点訳、国や大阪府への陳情活動の介助、堺市身障者スポーツ大会の介助支援など、あるいは作業所の資金繰りのためのアートフラワーや昆布詰めなど、障害者団体の人々との交流から学ぶことは、堺市女性団体協議会活動の真髄の一つだったといえる。

山口彩子は、1 歩外に出たら、団体のトップであり、市会議員である。「母」ではあり得ない。当然一新入事務局員として、ビジネスライクに働いた。ボランティアだというのに、企業に勤めているときよりもはるかに質、量の高いレベルの仕事であった。当初は、当団体の組織、人、「サカイ・レディス・アカデミー」の役員、講師、講座等、そして堺市役所の関係行政の担当部局名や職員の人々の名前と顔、ポジションを覚えるだけでも一苦労であった。さらにその人々との関係性、組織としての対応等を理解するのに3年はかかった。しかし女性団体活動の事業や運動の企画や課題解決の実践のプロセス、また生涯学習の企画や実践での学びにいつしか引き込まれていった。民間会社では味わったことのない達成感が次から次へとやってくる。離婚やDV相談を受けることもあり、議員としての委員長や弁護士につなぐことも日常の仕事である。まだまだアナログの時代の事務仕事は、膨大な名簿整理すら、書いたり消したりの手書きであり、やっとワープロが登場した頃であった。どの仕事も出来栄えは別として、教育的、文化的要素が強く、新鮮だった。よくこれほどの仕事を堺市女性団体協議会の運営委員や専門部会の部長たちがボランティアでこなしていると日々驚いていた。

山口彩子は、山口典子を団体外にも積極的に学びに行かせた。国立婦人教育会館での催事などにも参加させ、全米女性学会や国際環境女性学際会議、国連世界女性会議、国連平和軍縮会議など、国内外の会議等に参加させた。山口典子は、「サカイ・レディス・アカデミー」の講師を探すこともかねて、積極的に女性学の教授をはじめとする学識者らと交流を深めた。また、国内外の女性団体やグループ、国連機関の人々とも活動を共にした。とくに男女混合出席簿の導入やミス・

コンテスト反対運動などで注目を集めた堺市女性団体協議会は、国内の女性団体や学識者等から、一定の評価と信頼を獲得していたので、山口典子は仕事がしやすかった。堺市女性団体協議会の先輩諸姉や山口彩子をはじめとするリーダーたちには厚い信頼が寄せられていた。

国連婦人の10年以降、日本の女性運動の波は高まり、男女雇用機会均等法をスタートに男女共同参画基本法等の法整備も進められてきたが、バブルの崩壊によって、停滞した。それでも堺市では元気な女たちが、活躍していることに他の女性団体や多くの女性たちは勇気づけられたという。他都市の女性団体や自治体の職員が、堺市立婦人会館に頻繁に視察訪問があり、堺市女性団体協議会との交流を深めた。その交流の輪は、都道府県レベルで開催される日本女性会議や国立婦人教育会館での催事等における相互協力や参加の促進につながった。また、「堺女性大学」の生涯学習については、吹田市や広島市などが堺を視察後、吹田市女性大学、広島女性大学とネーミングまで合わせて、各自治体がプログラムを企画するという影響を与えている。

第4代山口彩子は、5期20年堺市議会議員を務め、最終年の堺市制110周年の年に堺市議会初の女性副議長に就任した。無所属の女性議員が副議長に就任するのは、地方政治の中でいかに稀有なことであったかがわかる。その後山口彩子は議会を勇退した。実はその際には次の市長選に擁立される話があった。

その際山口彩子は、自分の後継指名をしなかった。後継者の推薦や指名をしないことを広く公言していた。山口彩子の周りの人々や、堺女性政治連盟、後援会の人々は、当然、後継者は山口典子を頼むと山口彩子が指名するだろうと予測していたであろう。その時期、すでに山口典子は堺市女性団体協議会の事務局長として厳しい山口彩子の元で、修練を積み13年の歳月が経っていた。

山口彩子は、堺女性政治連盟の総会を開き、自分自身の勇退を宣言した。そして、この後、皆さんに議員が必要であれば、ルール通りの方法で選出するよう促した。会場からどよめきが起こった。

この時のことを振り返ると、山口彩子という人物は、やはり相当聡明な人間であった。リーダーとしても、母親としても、である。わが娘を後継指名するなどという、俗なことはしなかった。どんなに仕事上、親子の袂を分かっていても他人様から見れば、親子である。中には若いくせに小生意気な娘を決して快く思っていない人々がいることもよく認識していたにちがいない。だから、一からの選出となったのである。「彩子議員の後継者は、典子さんしかいない」という声が上がり、結果満場一致で山口典子の市議選擁立が決定されたのである。

山口典子にしてみれば、少しもありがたい話ではなく、困惑していた。山口彩子のような議会人、政治家になることなど夢にも考えていなかったからである。山口彩子は、人心の掌握については天才的であった。他人の 1 ミリの瞳の動きや一瞬のしぐさから、その人の本心をくみ取る才能である。わが娘の不出来など百も承知であっただろう。

当時の山口典子は、常に山口彩子の背中を見てきたので、議員という仕事の価値、やりがいは理解していた。しかし自分が議員になるということについては、最初は腰が引けていた。「医者のなりそこない、短大しか出ていない」そんなコンプレックスをわざわざ人目に晒すのは、当時の自分にとっては苦痛であった。

しかし擁立されていよいよ選挙運動が開始されて数日後、山口彩子に呼び出された。「あなたはいつ選挙資金を持ってくるのか」と問われた。「え、擁立されてお金がいるのですか」「あたりまえだろう。男の社会であれば、票田を譲り受けるのに一人 1 万円が相場だ」「え、そうするといくらですか」と問うと山口彩子は 5 本の指を広げた。「50 万じゃないぞ」と低い声ではっきりと言った。あの時の彼女の顔は今でも忘れられない。「5 本にまけといたるんやからな。」翌日それを持っていくと、「こんなもんで足りるものではないからね」と言われた。

結果は上位当選であった。今思えば、選挙費用がいかにかかるか、それはすべて必要経費であり、フォローしてくださる方々は完全な手弁当である。女性が政党の支援を受けず、政治参画をするのは経済的にも精神的にも大変なことであると身をもって知らされた。

山口典子の当選後 2 年目に山口彩子はがんを発症し、「厳しい 2 回目の選挙に立ち会ってやれなくて申し訳ない。皆さんに感謝して、頭を下げてがんばりなさい」と言い残して他界した。遺言は、先述のとおり、がんなどの高度治療が受けられる堺の病院をつくること、そして山口彩子の墓を堺市立女性センターの隣の顕本寺さんに建立してほしいということであった。「私は死んでからも女性センターを見守るから」と。2001 年（平成 13 年）2 月、山口彩子の他界後、4 年目に山口彩子の墓に1000人以上の方々の呼びかけにより聖観世音菩薩像が建立され、墓石には「自由、平等、発展」のガラス彫刻が載せられ、山口彩子の故郷、香川県の名産の庵治石にステンドグラスの装飾がある美しい墓が女性センターの隣に完成した。観世音菩薩の入魂式には高野山から高僧と共に僧侶約50人が集まり、盛大な式典が桜満開の中で挙行された。その後、毎年4月に山口彩子を偲ぶ「彩桜忌」が開催され、献茶と山口彩子が愛した舞や短歌などの舞台が披露される。

39歳で当選を果たした山口典子は、すでに13年間の堺市女性団体協議会の活動の中で、堺市の審議会等に参画し、平素から堺市役所の職員との協働もあったために、市民からの相談事があっても、どの部署に連絡をするかはよくわかっていた。また議会事務局の職員とも面識があり、議員活動はスムーズにスタートした。

議員に当選したとたん、市役所に匿名の市民から電話があり、50 万円貸してくれなければ、今いる病院の屋上から飛び降りる、というような嫌がらせの洗礼も受けた。ただ山口彩子は、自らの女性議員としての体験をいくつも山口典子に伝えていた。「女の議員というだけで、つまらないいたずらや脅迫じみたことをされる。」、「議会に入って、他の政党会派などでは、女性議員は、「おい」とか「おまえ」とかと呼ばれる。いっておくがその時はきっぱりと、私は山口ですと言いなさい。ましてやお茶くみなど一切する必要はない。」

山口彩子が他界したとき、山口典子はこれで堺市女性団体協議会は終わるだろうと考えていた。偉大なリーダーを失った組織の未来を考えることはできなかったのである。そして、母であり偉大なリーダーであった山口彩子の死を受け止められずにいた。思えば堺市女性団体協議会や山口彩子という大きな傘に守られてこそ自分の存在があったからである。しかし約1か月半後の4月に、堺市女性団体協議会の新年度定例協議会において、第 5 代委員長に堺市女性団体協議会の運営協議会において満場一致で選出された。正直なところ山口典子にとっては重責すぎる役職であったが、引き受けざるを得なかった。「あなたのお母さんである山口彩子さんに私たちは大変お世話になったのです。山口彩子さんと共に私たちの人生が変わり、社会も変えてきたという誇りがあります。その誇りをどうか、これからも支えてください。これからは山口彩子さんへのご恩返しを典子さんにさせてください。」という先輩諸姉や他団体の代表の方々からも言われ、山口典子はあらためて、先代の偉大さを認識した。それと同時に母や祖母たちの世代の名もなき女性たちが、戦後から「二度と戦争を起こさせない」という強い決意のもと、平和な社会の構築のために、女性の地位向上や女性の社会参画の推進、ジェンダー平等社会の実現をめざしてきた活動を振り返っても、それはこの日本においても世界においても価値のある誇り高き活動であることを再認識した。そして若い世代の自分が、先輩諸姉が築いてきてくれたこの活動の成果をもっと前進、進化させていく必要があるのではないかと考えたのである。

堺市女性団体協議会のそれまでの活動が、堺市や日本社会を変えてきたことは事実として積み上げられているが、それでも世界全体からすれば、ジェンダー・ギャップ指数の結果に見る通り、日本の女性の地位は先進国最低、世界でも低位にとどまっている。しかし、1975年(昭和50年)の国連メキシコ世界会議以降、国際社会は、「女性」が抱える課題解決の重要性を認識した。

山口典子は、第5代堺市女性団体協議会の委員長として、また堺市議会議員としての自身のリーダーとしての立場を有効に活用して、堺市女性団体協議会の女性たちをはじめとする市民や様々な立場の女性たちの声を傾聴し、対話し、協議しながら、政策立案、政策形成を実践することを心に決めた。

堺市女性団体協議会は、ここで41歳のリーダーを迎え、新たな時代の開拓へと向かう。おそらく山口典子は全国の地域女性団体協議会の最年少リーダーであったと推察できる。

堺市女性団体協議会が、男女混合出席簿やミス・コンテスト反対運動によって全国的な女性運動の高まりを牽引していた1990年代当初、山口典子は当団体の事務局長であった。団体長の山口彩子が旗を振り、団体内の事務的な連絡や資料の準備等は山口典子が実質的に担当していた。マスコミ対応や取材も引き受けていた。また『ミス・コンテストNON！～3872市町村の実態調査から～』を編集、出版した。

その後1993年（平成5年）、文部省から「国立婦人教育会館女性学講座企画委員」に任命され、3年間委員を務めた。最初の会議が文部省で開催されたとき、大学教員である女性委員から「今年から当会議に運動団体出身者が委員に構成されているために、当会議のレベルが下がるという懸念の声が聞こえている」という発言があり驚いたが、その発言に対して当時の国立婦人教育会館の前田瑞枝館長が、「女性学における理論はすべて、戦後の地域婦人団体等の運動の歴史や成果を最近になって分析し、理論構築されたものであると考えている。今回、当会議の委員にご就任いただいた堺市女性団体協議会は、まさにその地域婦人団体活動を現在も活発に行い、わが国の女性運動を牽引し、それが女性政策に結びついている代表格であると認識している」と回答された。また委員の中には日本経済新聞社の編集委員であった鹿島敬がおり、「日本の女性学は、まだまだ未開で、机上の空論が多い。もっと実践者たちを研究対象として理論構築すべきである。そうすれば、女性学理論が女性運動より上位であるとか優位であるとかという、誤った発想や認識はあり得ないはずだ」と発言した。それで山口典子は、堺市女性団体協議会の活動による幅広い人的ネットワークや「若い」感覚を活かして、国立婦人教育会館における女性学企画講座をより多くの女性グループが参加できるよう企画し呼びかけ、ジェンダー課題の枠を広げた。さらに参加した多くの女性たちが「楽しく」学び、交流できるプログラム、例えばディスコタイムや文化や音楽のジャンルの女性たちのプログラムも用意して、参加者が一堂に楽しめる講座を実現した。3 年間の委員が終了するとき、当初「当会議のレベルが下がる」と言った女性教授は、山口典子に「山口さんの企画は素晴らしかったです。とても勉強になりました。今度ぜひ堺市に呼んでください」と言った。鹿島敬は、「山口さん、早く国政に出てきてください」と言った。おそらくこの女性教授は、単発の堺市女性団体協議会の単発の運動で報道された情報によって「女性運動団体」を判断していたのだろう。日々、堺市で多くの女性たちが学び、活動していることや生涯学習の企画や実践をしていることについては知る由もなかったのであろう。

堺市議会における政策立案について、山口典子は先代の山口彩子の遺言である、がんの高度医療が行える三次救命救急センター併設の病院については、歴代の市長との紆余曲折を経て、17 年後に実現した。この時に痛感したのは、自治体の首長の判断が遅れたり、誤った場合には巨額の税金の無駄遣いになるということである。しかし、子ども医療センターや当病院の医療従事者、とくに女性の医師や看護師の持続可能な勤務を確保するために、医療従事者の住宅や保育所まで併設した。また山口典子の弟の妻が幼い息子二人を残して42歳の若さで乳がんにより死亡した経験から、堺市の乳がん検診にマンモグラフィーを導入すること、さらにその乳がん検診を市民検診に移行し、市民が安価に検診を受診できるものとした。学校給食の食器も熱や洗剤に強く、また軽いペン食器に入れ替えた。これらの政策は、ジェンダー平等には直接関係がないように見えるが、すべては、女性の健康、女性の仕事の継続についての課題解決の政策である。

公的空間における女性への暴力・性暴力の撤廃を目的とする堺セーフシティ・プログラムは日本初のUN Womenのプログラムであり、ジェンダー平等を死活的最重要課題として宣言されたSDGs未来都市・堺への取り組みも、まだ堺市の職員がSDGsの存在すら知らない時点から、山口典子が進めた政策であった。

山口典子は、「議会」という政治の世界は、「男性社会」であり、自らの政策実現のために議会の中で議員との交渉や市長あるいは市長部局との交渉の中で、気づいたことがある。「男性社会」は意見の対立が生まれたときに、対立の解消のために話し合うことはほとんどしない。例えばAとBが対立した場合、AとBは、C以降の人間に自分の味方になるかどうかを選択させる。勢力拡大に動き始めるのである。「勢力」の大小、つまり力づくで事の結着をつけようとする。女性議員である山口典子が、なんとか事を解決しようと伝令と調整役に回り、協議の場を設けたりすると「男性社会」にとっては迷惑千万のようであった。その理由は明白である。「対立」の背景には「利害」があるからである。しかし実際には、その女性の方法によって、AかBかではなく、AプラスBもしくは、D、というような折衷案や、まったく新しい案が生まれてきたのである。このように政治を男性に任せてきたから、戦争が起こるのだということを山口典子は痛感していた。その認識から日本の政治における派閥争いや政党間競争を見ても、世界の国家元首らの自国の国益優先のやり方を見ても「男性社会」は常に「勢力争い」に始終している。そこでは肝心の「国民の幸福」は取り残されていくのである。

2009年（平成21年）に、山口典子はUNIFEM日本事務所を堺市立女性センターに誘致した。それは国連の力を借りてでも、日本の女性の地位を向上させ、ジェンダー課題を一つでも解決したいためであった。UNIFEM 本部は、堺市に日本事務所を設置する理由を次のように述べている。
「堺市は、日本初の男女共同参画宣言都市であり、ここにはあの第二次大戦後から今日まで、日本の復興に貢献しながら、平和とジェンダー平等社会の実現をめざして活発に活動している堺市女性団体協議会が私たち UNIFEM のパートナーとして存在しているからである」（イネス・アルベルディ UNIFEM 事務局長）。

また 2011 年（平成 23 年）には、日本女子相撲連盟の顧問に就任し、オリンピックに相撲を正式種目にするための論客としての責務を負っている。オリンピックの競技種目は、大前提として男女共同参画の種目であることが求められている。以来、堺市の大浜相撲競技場では、毎年国際女子相撲選手権・堺大会が開催されている。同年、国民生活産業・消費者団体連絡会（通称：生団連）に、ライフ・コーポレーションの CEO 清水信次から直接指名され、副会長に就任した。堺市女性団体協議会は、その消費者運動を発展させ、堺市への堺市立消費生活センターの設立と堺市消費生活協議会を創立して消費者団体としても活動をしてきたからである。生団連には製造、流通産業界の 550 社が加盟し、日本の GDP の約 8 割をはじき出している経済団体であるが、清水信次の発案により、企業と消費者団体が共に日本の新しい消費社会、産業社会を創り、国民の生活と生命を守ることを目的としている。清水が 2011 年（平成 23 年）の東日本大震災の際、産業界がなんの役にも立てなかったという反省から生まれた団体である。2020 年（令和 2 年）、山口典子の発議において生団連に「ジェンダー主流化委員会」が正式に設置され、日本の大企業をはじめとする産業界と消費者団体の女性たちが、共にジェンダーを学び、実践し、ジェンダー平等社会の実現に向かうこととなっている。

山口典子は、堺市女性団体協議会における対話や協議の方法について、近年は、「ワールド・カフェ」方式を採用し、誰ひとり取り残さない方法で、発言を引き出し、協議をしている。またこの方法を堺市議会や堺市の職員らの市民意見聴取や協議の方法として取り入れることを推進している。それは、日常生活の中で、発言の機会や場を持ち合わせていない女性や市民の声を、できる限り直接聞き出すことに力を入れているからである。その姿勢は性暴力被害者に向けても、「助けて」という SOS すら発信できない人々に「あなたは悪くない」というメッセージカードで、行政や第三者の救済や寄り添いにアクセスできるような取り組みを実現している。2018 年（平成 30 年）、山口典子は堺市議会議長として、UN Women が主催するセーフシティーズ・グローバル・ミーティングに招聘され、そこで堺市や堺市議会、そして堺市女性団体協議会の取り組みを報告し、世界中の都市の行政が、性暴力の撤廃のための取り組みを行うことの意義を世界中の参加者の前で述べた。このことは、堺市が行っている「公的空間における女性や女児への暴力のない安全安心なまちづくり」、堺セーフシティ・プログラムの取り組みが、堺モデルとして世界モデルに発展していくという、その瞬間であった。

以上、堺市女性団体協議会における 3 人の女性リーダーについて、できるだけ詳細に記した。それはこの 3 人に対して個人的な称賛を行うためではなく、堺市女性団体協議会が戦後 73 年間にわたり、これほどの女性のエンパワーメントを推進してきた要因の一つにリーダーシップが存在していることを示すためである。また、山口彩子、山口典子についてはそのバックグランドについても触れているが、それは本研究の女性のエンパワーメントやリーダーシップについての世界中の文献や研究資料を見ても、キーパーソンとなる女性たちの詳細なバックグラウンドまでは記載されていない。現在までのジェンダー課題に関わり、課題解決の役割を果たしてきた女性たち自身が置かれていた状況や時代の中での生き様等は、必ずしも特別恵まれた環境に生き、あるいは最初から特別なリーダーシップを有していた女性たちではなかったことを説明する一つの事例として記録したものである。

5-4　堺市女性団体協議会のリーダーシップの分析

本論 4-4 において堺市女性団体協議会の 3 人の女性リーダーについて特徴的な具体例から考え方や果たしてきた役割を示した。3 人は異なる時代に生きているが、共通している点をリーダーシップの視点から分析する。

5-4-1　チェンジ・エージェントと変革型リーダーシップ

Eagly (2013) によれば、女性リーダーは、男性リーダーに比べてより人間関係に注意し、とくによりポジティブでお互いが報われるようなアプローチを取る傾向が強い。また、Folkman（2011）は、変化やイノベーションに前向きであるという点でも、女性は男性より高く評価されている。残念なことに、政治的な参加に関しては、女性は引き続き壁に直面している。女性の政治参加に関する 2011 年の国連総会決議が指摘する通り「全世界の女性は引き続き政治分野でほとんど取り残されている。これは差別的な法律や、慣行、姿勢のほか、ジェンダーに関する固定観念、教育水準の低さ、医療を受ける機会の不足、貧困が女性に与える不均衡な影響の結果によるものである」（UN Women.d, para1）。全米民主国際研究所（NDI National Democratic Institute）は、女性はシビル・ソサエティと政治の舞台における重要なチェンジ・エージェントであると述べている。チェンジ・エージェントとは、「牽引役」、「促進役」、「挑発者」を意味する[16]。

堺市女性団体協議会の 3 人のリーダーたちは、まさに市民社会および政治の舞台におけるジェンダー平等社会の実現のためのチェンジ・エージェントとしての役割を果たして来ているといえる。

また、変革型リーダーシップについて、Tichy and Ulrich（1984）は、変革型リーダーが政治、文化の制度に変化をもたらすとし、変革型リーダーシップは「リーダーとフォロワーが互いのモチベーションやモラルをより高い段階まで高め合うような方法で他の人間と関わるときに発生する」（Burns, 1978: 20）。21 世紀の経済、社会的な課題に直面するなか、政治的・職位的リーダーシップと政策決定で依然、女性の発言力や代表権が除外されていることから、変革型リーダーシップを通じてわれわれの現在の政治的、文化的な文脈を理解する必要がますます高まっている[17]。これらの世界的な女性のリーダーシップの必要性とリーダーシップの分析から、堺市女性団体協議会の 3 人のリーダーは、変革型リーダーであり、変革型リーダーシップを団体の仲間たちと醸成してきたといえる。

著名なインド人の学者であり活動家であるスリラタ・バトリワラはフェミニスト・リーダーシップについて次のような定義を創出している。

「フェミニスト的視点と社会的正義のビジョンを持つ女性であり、すべての人の平等と人権の実現をめざし、社会、文化、経済、政治的な変革をめぐる共通の議題を踏まえて被抑圧的かつ包摂的な構造とプロセスにおいて、個人及び集団と

[16] 我喜屋（2016）29 頁による。
[17] 我喜屋（2016）24 頁による。

して他者（特に他の女性）を動かすため自分の力、資源、技術を利用できるよう自身を変革する者」（Batliwara, 2010: 14）。

堺市女性団体協議会の女性たちが育んできたリーダーシップは、3人の女性リーダーに代表され、Batoliwaraがいう変革型リーダーの資質を育み、ジェンダー平等社会の実現を図るプロセスにおいて、フェミニスト・リーダーとしての役割を果たしていることが明らかになった。

5-4-2　平和社会構築の女性の役割として

我喜屋（2016）は、和平プロセスにおける女性の役割とリーダーシップについて検討しており、爽籟の世界平和と安全への女性の参画を強化する政策介入の立案を支援するため、ヨルダンの研究イニシアチブを取り上げている。2011年から2015年にかけてジュネーブ国際・開発研究大学院（Graduate Institute of Geneva）が実施した研究（冷戦終結後の40件の和平プロセスの詳細な分析）では、女性グループが交渉プロセスに対し強い影響力を及ぼすことができた場合、女性グループの影響力が弱いか存在しない場合よりも、合意に至る確率が非常に高くなったことを示している（O' Reilly, Suilleabhain & Paffenhols, 2015: 11-13）。

事実、女性が参加し強い影響力を持つ場合、ほぼすべてのケースで合意に達している。さらに交渉プロセスにおける女性の影響力の強さは、合意が実行される可能性の高さと正の相関関係があることもわかった。

またHunt（2011）が詳細に論じているように、安全保障（security）の議論の際、女性は通常は無視されてしまう食品の安全性や、浄水、ジェンダーに基づく暴力からの保護などの社会、経済問題をふくめる。女性の方が安全保障の定義の範囲が広い。さらに、Meralander（2005）は、1977年から96年までの世界のほとんどのデータセットと多重回帰分析を踏まえて、議会の女性比率が高いほど国家が政治犯罪の拘禁、拷問死、失踪などの人権侵害を行う可能性が低下することを証明している。女性の政治参加が人権侵害の可能性を低下させるのである。また国連では、ここ数十年の間に多くの女性が主たる調停役を演じてきており、14の紛争の調停サポートチームに12の女性の専門家が含まれ4つが合意に至ったとしている。女性は調停官又は調停チームのメンバーとして機能していることが証明されている。

このような我喜屋の分析及び研究からも、堺市女性団体協議会のリーダーたちのスタンスと行動が73年前から確立されていることがエンパワーメント視点とリーダーシップ視点からの分析によって確認された。それは団体創立の意志が「二度と戦争を起こさない」という決意であり、平和社会の構築のためにジェンダー平等社会を実現するという目的を明確に位置づけてきていることからも、このような「地域女性団体」が、戦後の日本に存在し、その活動が今もなお継続されていることをここに明らかにした。

終章

第4章、第5章において、堺市女性団体協議会の戦後73年間の活動をエンパワーメントのプロセスと5つの側面とリーダーシップの分析視点で詳細に分析した。分析の結果、堺市女性団体協議会の活動には、これまでの「女性のエンパワーメント」の様々な分析に加えて、「ジェンダー平等社会実現のため」という道筋がはっきりと見えてくる。太田は、エンパワーメントのプロセスを3段階としていたが、本研究においては、堺市女性団体協議会の社会的エンパワーメントをはじめとする5つのエンパワーメントの側面の分析の結果、太田の3段階のプロセスを、当団体の活動範囲、行動範囲、ステージやレベルを勘案して5段階とした。さらにエンパワーメントの側面には文化的エンパワーメントがあることを発見した。それらを踏まえて、終章において本論文のまとめを行う。

6-1　まとめ―本論文の概観

本論文は序章から終章までの全7章で構成されている。各章の概要を以下に示す。

序章では、本論文の目的を以下の通り示した。本論文の研究対象である堺市女性団体協議会は、堺市を全国初の男女共同参画宣言都市に導き、当時の市町村レベルでは（政令指定都市を除く）婦人会館の建設を自ら実現し、後にその婦人会館に国連女性開発基金UNIFEM 日本事務所を誘致するなど、その活動は先駆的であり、他に例が見当たらない。そこで本論文では、日本における女性の地位向上、女性のあらゆる意思決定の場への参画、そしてジェンダー課題の解決をめざした実践を戦後73年間行って来た堺市女性団体協議会の活動を研究対象に、73年間のあゆみと取り組みを「エンパワーメント」と「リーダーシップ」「政策形成プロセス」等の視点から分析し、ジェンダー平等社会の実現に当団体が果たして来ている役割と社会的貢献を明らかにすることを大きな目的とする。研究の背景には、ジェンダー平等社会実現のために、ジェンダーに関する課題解決を世界共通の重大課題と位置づけられたのは、1975年にメキシコで開催された国際婦人年世界会議においてである。その後「国連婦人の10年」の取り組み、1979年の女性差別撤廃条約の採択、1985年には第3回世界女性会議がケニア、ナイロビで開催され「婦人の地位向上のためのナイロビ将来戦略」が採択され、1995年の「北京行動綱領」、2000年のミレニアム開発目標、そして2015年から現在の持続可能な開発目標、SDGsは、未だに「ジェンダー平等」における女性や女児の課題解決が人類の死活的最重要課題であると位置づけられている。この間、研究対象である堺市女性団体協議会の活動があったにもかかわらず、日本において「地域婦人（女性）」団体等の活動は、社会教育、婦人教育、女性運動史、女性史等の分野では、研究の視野の外に置かれてきた。また日本のジェンダー・ギャップ指数は相変わらず世界の低位であることからも、その原因となる課題解決のために、当団体が果たしてきた役割を可視化するものである。また、本論文を客観的かつ中立的に研究するために「エンパワーメント」と「リーダーシップ」の視点から分析を行う。そして研究の方法は堺市女性団体協議会が発行、出版してきた機関紙、周年記念誌、指導者研修資料等の膨大な記録やかつての役員等のインタビュー、また堺市議会の議事録等を用いて、政策形成、政策実現のプロセスも含めての分析を行う。

第1章においては、ジェンダー、ジェンダー平等、女性のエンパワーメント、リーダーシップという用語の定義と概念を明らかにしたうえで、エンパワーメントとリーダーシップ、またジェンダー平等教育についての先行研究を行い、ジェンダー課題の変遷を整理した上で、日本の婦人（女性）団体の形成、戦後の地域婦人（女性）団体とジェンダー課題、ジェンダー平等教育、政治参画についての先行研究を行った。

第2章では、堺市女性団体協議会の組織と運営の概要をまとめた。第3章においては堺市女性団体協議会におけるジェンダー平等社会実現の取り組みの概要をまとめた。堺市女性団体協議会が1948年に堺主婦連として結成されてから今日までの73年間を10期に分割し、その活動の経緯を追う。また当団体がジェンダー平等社会の実現のために重点を置いていた３つの活動、ジェンダー平等教育の実践、女性に対する性暴力撤廃への取り組み、女性の過少代表の取り組みについて簡潔に示した。

第4章では、第2章、第3章において示した堺市女性団体協議会のジェンダー平等社会実現に向けた取り組みの分析とその考察を行った。分析については太田まさこ、千葉たか子らのエンパワーメント論を参考にエンパワーメントの視点で分析した。世界的なエンパワーメントの視点分析は、そのほとんどが開発途上国の女性たちを研究対象としており、先進国である日本の堺市女性団体協議会のような団体を対象としているものはほとんどなく、ここで筆者は女性のエンパワーメントの側面として、心理的、身体的、社会的、経済的、政治的エンパワーメントの5つの側面の他に「文化的エンパワーメント」があることを発見した。その上で、エンパワーメントのプロセスについては、気づき、能力獲得、行動（実践）の3段階が一般的であるが、筆者の本論文の分析から、エンパワーメントが発展する段階が5段階あることを発見した。それらを統合して、「ジェンダー平等社会実現のための発展的プロセスモデル」とした。

第5章においては、第4章に引き続き、堺市女性団体協議会のジェンダー平等社会実現に向けた取り組みをリーダーシップ我喜屋（2016）の世界最前線のリーダーシップ研究における分析視点をベースに、堺市女性団体協議会の 3 人のリーダー初代委員長辻元八重、第4代委員長山口彩子、第5代委員長山口典子らが果たしてきた役割をもとに当団体のリーダーシップを分析した。結果、堺市女性団体協議会のリーダーシップは、チェンジ・エージェントとしての社会変革の牽引者としての役割を果たす、変革型リーダーシップであることを明らかにした。

終章において、本論文のまとめ、得られた知見において、理論的貢献4点と実践的含意3点を示し、本論文の限界と今後の課題について述べる。本論文の執筆中も 2 年前からの新型コロナウィルスの世界的パンデミックにより、人類社会の価値観がより人間的なものを重視する価値観に変わるといわれている。また人工知能AIに関しては、ジェンダーの視点から見れば、かつての課題や固定観念等が拡大再生産されることが懸念されている。またAIによるLAWSという殺人兵器も開発され、世界にはそれを取り締まるルールがないという。堺市女性団体協議会が戦後73年間とどまることなく「二度と戦争を起こさない」という決意から、ジェンダー平等社会実現のために積み上げてきたものが崩壊してしまわないよう、あらためてこれからの活動については技術革新の落とし穴を注視して、乗り越えていくことが求められる。その際に本研究の堺市女性団体協議会の人々の人間的なつながり、気づきと共感、そして共鳴することによる個人としての、また集団としてのエンパワーメント、チェンジ・エージェントとしての変革型リーダーシップをどのように活かせるのか、深く考察を続けていく必要がある。

6-2　本論文において得られた知見

6-2-1　理論的貢献

本論文の理論的貢献を4点述べる。

第一の貢献は、戦後日本の「地域婦人（女性）団体」の一つである堺市女性団体協議会を研究対象としたことにより、これまで日本の社会教育、婦人教育、女性運動史、女性史等の研究の視野の外に置かれていた「地域婦人（女性）団体」が、いかに戦後日本の民主化に貢献してきたか、同時に当時の日本の女性たちが、自らエンパワーメントされてきたかについて、詳細な分析を行うことができた。

第二の貢献は、太田まさこの理論をベースに設定したエンパワーメントの概念と分析視点を用いて、実際に堺市女性団体協議会の73年間の活動を分析したところ、あらためてエンパワーメントのプロセスのステージが5段階、エンパワーメント・アプローチの側面が、心理的、身体的、社会的、経済的政治的エンパワーメントの他に「文化的エンパワーメント」を発見した。最近の女性のエンパワーメントの側面については、経済的エンパワーメントが主流化されているために、主に開発途上国の女性たちを研究対象としているエンパワーメント論においては、文化的エンパワーメント、たとえば女性たちの手作りの作品などを販売するということが経済的エンパワーメントとされる。しかし本論文においては、戦後日本においてモノがなかった時代に、女性たちがささやかながらも美しい手芸作品を創作すること、また手芸展などを開催し自らの作品を展示して他者の評価を得ることによるエンパワーメント、日々の練習をした舞踊や合唱などを舞台上で披露し、多くの人々から拍手喝采を得ることは、明らかに女性のエンパワーメントであり、これを「文化的エンパワーメント」としたことである。

第三の貢献は、我喜屋まり子の理論をベースに設定した女性のリーダーシップの視点による堺市女性団体協議会の3人のリーダーの分析を行ったところ、我喜屋の精密で周到な世界の女性のリーダーシップの研究に照らすと、堺市女性団体協議会のリーダーシップがチェンジ・エージェントとしての役割を果たす変革型リーダーシップであることが明らかとなった。このリーダーシップはこれからの時代に最も必要とされるリーダーシップであり、平和な地球社会の構築の可能性と関連づけることができたことである。

第四の貢献は、堺市女性団体協議会は、社会を変えるための行動を起こすために事前の調査・研究（市民研究）を綿密に行っている。その上での「女性運動」

は、後の女性学やジェンダー研究の理論を構築するためのデータベースとしての役割を果たしている。

6-2-2 実践的含意

本論文の実践的意義を 3 点述べる。

1 点目は、ジェンダー平等社会実現のためのジェンダー課題を解決する際に、女性団体やグループ、市民、行政が取り組むべきジェンダー課題が本論文に提示されていることから、どのような立場にある人々にとっても、気づきをもたらし、課題解決の実践のテキストとなる。

2 点目は、ジェンダー平等社会の実現のために、女性のエンパワーメントが必要であるが、本論分において、そのエンパワーメントのプロセスモデルを提示した。「ジェンダー平等社会実現のための発展的プロセスモデル」である。
当モデルを参考に、これからの女性をはじめとする社会的脆弱な立場にある人々のエンパワーメントの取り組みやジェンダー平等教育の具体的カリキュラムの作成のモデルとなることが可能である。

3 点目は、これからの時代には、平和とジェンダー平等社会の構築のために、チェンジ・エージェントの役割を果たす、変革型リーダーシップが求められる。本論文における堺市女性団体協議会が主体的に育んできた変革型リーダーの養成に参考となる。

6-3 本論文の限界と今後の課題

本論文の限界を述べておきたい。本論文の研究対象は「堺市女性団体協議会」という戦後日本の「地域（婦人）団体」の一つである。戦後、当団体以外にも全国津々浦々に「地域婦人（女性）団体」は結成されている。それぞれの団体が、戦後の日本の民主化と女性の地位向上に、沸き立って学習し、行動してきたことは推察されるが、残念ながら、それらの研究記録が少ししか見当たらない。その理由は、社会教育や婦人教育、女性運動史や女性史において「地域婦人（女性）団体」が研究の視野の外に置かれていたことと同時に、記録自体が、それぞれの地域に電子化されないまま残されているのが現状であると考える。本来ならば全国の「地域婦人（女性）団体」の記録をつぶさに調査し、比較研究することが望ましいが、すでに「地域婦人（女性）団体」が形骸化、消滅しているところも多々あることから現時点での「地域婦人（女性）団体」の研究の限界である。今回、堺市女性団体協議会を研究対象として、戦後から今日まで継続的に活動を行っていることによって、その活動記録が膨大であり、その中で他の「地域婦人（女性）団体」の活動も垣間見えた。当団体の研究はあくまで一つの「地域婦人（女性）団体」の活動の研究である。

今後の課題については、本研究の継続と共に、堺市女性団体協議会をはじめとする、新しい時代の女性のエンパワーメントやリーダーシップについての実践と研究を行うことである。そのためにも、これまでの全国の地域「地域婦人（女性団体）」の活動記録を可能な限り電子化することの必要性を痛感する。国立女性教育会館においては、部分的にその作業も進められているが、実際に堺市女性団体協議会自身がこの電子化の作業を行うには大きな予算が必要である。日本の「地域婦人（女性）団体」には、そのような技術や予算はほとんどないのではないかと考える。そのため全国的な「地域婦人（女性）団体」の調査や記録の電子化については各自治体が行えるよう国家予算の措置も必要であると考える。基本的に国が、戦後日本における「地域婦人（女性）団体」が、日本の民主化と女性の地位向上にどれほどの貢献を果たして来たかを認識し、その役割を詳細に振り返る姿勢が必要である。そのことが、今、世界が共通目標としているSDGsの実現を加速化するものと確信している。

またジェンダーという用語や概念については、社会的文化的男女の性差とされているが、この用語が包摂する概念も性的マイノリティーの人々が生きやすい社会になるために変容していくであろう。

まだまだ日本の女性や世界の女性、またLGBTQ+の人々をはじめとする社会的脆弱な人々の課題は解決していない。それでもあきらめずに研究と実践をあわせてしっかりと変革の担い手としての女性のエンパワーメントやリーダーシップの醸成を推進して、ジェンダー平等社会の実現から平和社会の構築に貢献していきたいと願っている。

引用・参考文献

相内眞子、2008、『誰が女性政治家を支持するのか—女性政治家に対する有権者の態度—』、人間福祉研究、11 号、1-12。

愛国婦人会、1936、『愛国婦人会発展の概況』、13。

愛国女学館、1935、『生徒募集』、秋田教育、2 月号、 34-35。

青野篤子、2012、『ジェンダーフリー保育』、多賀出版。

赤川学、2017、「家父長制とフェミニズム」、友枝敏雄・浜日出夫・山田真茂留編、『社会学の力—再重要概念・命題集』、有斐閣、148-155。

赤松良子編、1977、『日本婦人問題資料集』、ドメス出版。

赤尾勝巳・山本慶裕編、1998、『学びのデザイン』、玉川大学出版部、75。

秋田県教育委員会、1931、「更生の光にのびる愛国女学館」、『秋田教育』1931 年 9 月号、60。

秋田県教育委員会、1983、『秋田県教育史 3 』、155。

秋田県教育委員会、1972、『秋田県教育のあゆみ』、51。

飽津良子、1934、『女中さん学校を訪ふ』、婦選、11 月号、28-32。

アジア女性基金（財）『レイプ二次被害を防ぐために』、2004。

天野正子、1982、『転換期の女性と職業—共生社会への展望』、学文社。

奄美大島婦人会連絡協議会、1972 年、『奄美地婦連 20 周年記念誌』、奄美大島婦人会連絡協議会。

奄美大島女性団体連絡協議会、2002、『奄美女団連結成 50 周年記念誌』、奄美大島女性団体連絡協議会。

奄美大島婦人会連絡協議会、1961、『奄婦連だより』、14。

奄美大島婦人会連絡協議会、1962、『奄婦連だより』、16。

奄美大島婦人会連絡協議会、1991、『平成２年度・奄地婦連だより』、48。

荒井邦昭、千野陽一、1980、「現代日本婦人教育史の研究（1)(2)(3)」、『紀要』vol.1、東京農工大学一般教育部、6-18。

有賀善左衛門、1943、『日本家族制度と小作制度』、河出書房。

有賀善左衛門、1966、『有賀善左衛門著作集I・II』、未来社。

E-woman、『佐々木かをり win-win』, interview155 （http://www.ewoman.jp/winwin/past01/ 2020.10.5 閲覧）

生田久美子、2005、『ジェンダーと教育: 理念・歴史の検討から政策の実現に向けて』東北大学出版。
池木清、2000、「公立学校教員における都道府県別男女共同参画度」、『女子教育研究』、
石原多賀子、1998、「地域社会におけるボランタリー・アソシエーションの形成と機能—地域婦人団体の事例研究を中心に—』、『紀要』12、北陸大学、205-228。
市川房枝、1999、『市川房枝—私の履歴書ほか （人間の記録）』、日本図書センター。
市川房枝研究会、2008、『市川房枝の言説と活動年表で検証する公職追放 1937-1950』、財団法人市川房枝記念会出版部。
市川房江記念会（財）、1995、『女性参政資料集　1995 年版　全地方議会女性議員の現状』
市川房江記念会（財）、1999、『女性参政資料集　1999 年版　全地方議会女性議員の現状』
伊藤セツ、2003、「ジェンダー統計・ジェンダー統計研究の動向」、『学術の動向』、財団法人日本学術協力財団。
伊藤康子、2005、『草の根の女性解放史』、吉川弘文館。
伊藤康子・進藤久美子・菅原和子、2005、『女性は政治とどう向き合ってきたか—検証・婦人参政権運動—』、財団法人市川房枝記念会出版部。
井上恵子、1987、『婦人教育のゆくえ』、教育學雑誌、（https://www.jstage.jst.go.jp/article/nihondaigakukyouikugakkai/21/0/21_KJ00009752764/_article/-char/ja/　2020.5.17 閲覧）
井上多賀子、2001、「地域婦人会における地縁団体と学習団体との交点」、『社会学研究』15、同志社、24-41。
乾順子、2014、『既婚男性からみた夫婦の家事分担：家父長制・資本制概念と計量研究の接合』、『紀要』40、大阪大学大学院人間科学研究科、93-110。
いばらき女性史編さん事業委員会編、1995、茨城県、『いばらき女性のあゆみ』、181。
一般社団法人日本フォレンジック看護学会、2021、『日本フォレンジック看護学会誌』、第 7 巻、2 号。
茨城県地域婦人団体連絡会、1979、『水海道市地婦連 30 周年記念誌 鬼怒の女たち』。
岩尾光代、1999、『新しき明日の来るを信ず—はじめての女性代議士たち—』、日本放送出版協会。

岩本美砂子、1997、「女のいない政治過程―日本の55年体制政策決定を中心に―」、『女性学』5、日本女性学会。

岩間暁子、2008、『女性の就業と家族のゆくえ―格差社会のなかの変容』、東京大学出版会。

殷志強、2018、『女性解放と戦争協力の間―市川房枝にとっての日中戦争』、環日本海研究年報、No.23。

上谷香陽、2009、「性別概念と社会学的記述―江原由美子『ジェンダー秩序』を読む」、『文教大学国際学部紀要』第20巻1号、1-14。

上田美穂、1992、『東京主婦物語』、芸文社。

上野千鶴子、1982、「解説　主婦の戦後史」、上野千鶴子編、『主婦論争を読むⅠ全記録』、勁草書房、221-241。

上野千鶴子、1982、「解説　主婦論争を解読する」、上野千鶴子編、『主婦論争を読むⅡ全記録』、勁草書房、246-274。

上野千鶴子、1982、『主婦論争を読む・全資料』Ⅰ・Ⅱ、勁草書房。

上野千鶴子、1988、『女縁が世の中を変える』、日本経済新聞社。

上野千鶴子、1990、『家父長制と資本制 マルクス主義フェミニズムの地平』、岩波書店。

上野千鶴子、1994、『近代家族の成立と終焉』、岩波書店、283。

上野千鶴子、1995、「差異の政治学」、上野千鶴子他編、『ジェンダーの社会学』、岩波書店、1-26。

上野千鶴子、1996、『女は世界を救えるか』、勁草書房。

上野千鶴子、2002、「＜書評＞江原由美子著『ジェンダー秩序』」、『ジェンダー研究』第5号、147-149。

上野千鶴子、2010、『女ぎらいニッポンのミソジニー』、紀伊國屋書店。

上村千賀子、1988、「昭和20年代の婦人教育」、『婦人教育情報』第18号。

上村千賀子、1992、「占領期における婦人教育政策」、『紀要』No.28、日本社会教育学会。

上村千賀子、1986、「終戦直後における婦人教育」、『婦人教育情報』第14 号、国立婦人教育会館。

上村千賀子、1988、「昭和20年代の婦人教育―占領前期における占領政策と婦人団体大―」、『婦人教育情報』第18号、国立婦人教育会館。

上村千賀子、1992、「日本における占領政策と女性解放」、『女性学研究』第2号、24。

上村千賀子、2013、「縫田曄子の複合キャリア形成過程」、『女性のキャリア形成に関する実証的・実践的研究複合―キャリア形成過程とキャリア学習　報告書』、独立行政法人国立女性教育館、31-42。

鵜沢由美子、2004、「日本の研究者《場》における研究業績の男女差を生むメカニズム」、『国際ジェンダー学会誌』vol. 2、129-151。

氏家陽子、1996、『中学校における男女平等と性差別の錯綜―二つの『隠れたカリキュラム』のレベルから』、東洋館出版社。

NPO女性の健康と安全のための支援教育センター編、2006、『ＳＡＮＥ性暴力被害者支援』看護職養成講座テキスト。

江原由美子、1995、「ジェンダーと社会理論」、『ジェンダーの社会学』、井上俊・上野千鶴子他編、岩波書店、4、29-60。

江原由美子、1997、「視座としてのフェミニズム」、江原由美子・金井叔子編、『フェミニズム』、新曜社、1-14。

江原由美子、2001、『ジェンダー秩序』、勁草書房。

江原由美子、2002、『自己決定権とジェンダー』、岩波書店。

江原由美子、2013、「フェミニズムと家族」、『社会学評論』64（4）、553-571。

大阪府警察HP 、『女性専用車両導入路線一覧』、（https://www.police.pref.osaka.jp/07sodan/madoguchi/chikan_sodan/senyo_list_1.html 2020 .5 .18 閲覧）

大阪府立大学大学院人間社会学研究科人間科学専攻現代人間社会分野、女性専用車両の学際的研究（https://www.scribd.com/doc/5118496　2021.8.30 閲覧）

大沢真理、2006、「男女共同参画が日本の未来を開く」、『学術の動向』、財団法人日本学術協力財団。

太田まさこ、2011、「問題解決型エンパワーメント・アプローチ効果と課題―インド、アンドラ・プラデシュ州、マヒラー・サマーキアーの事例を基に―」、『アジア女性研究』20、1-19。

大野清恵、2006、「自由研究 「男女共同参画施設」 における行政評価シートの分析と提案」、『日本生涯教育学会年報』。

大海篤子、2005、『ジェンダーと政治参加』、世織書房。

小田亮、2000、『レヴィ＝ストロース入門』、ちくま書房。

落合恵美子、2004、『21 世紀家族へ　第 3 版』、有斐閣。

オリビエーロ・トスカーニ、岡本麻理恵訳、1997、『広告は私たちに微笑みかける死体』、紀伊國屋書店。

女たちの現在を問う会編、1980-82、『銃後史ノート復刊 1～4 巻』、JCA 出版。

戒能民江、2006、「日本における女性の人権政策課題」、『F-GENS ジャーナル』5、お茶の水女子大学 21 世紀 COE プログラムジェンダー研究のフロンティア、81-85。

外務省国際協力局、2014、『ポスト 2015 年開発アジェンダと人間の安全保障』、（2020.10.5 閲覧）

我喜屋まり子、エイミー・チウ・ウー、タラ・アル＝ローザン、2016、『平和構築に向けた女性のリーダーシップとエンパワーメント』、笹川平和財団。

春日雅司・竹安栄子、2001、『地域社会とジェンダー　―特に「地域社会」をめぐる女性議員と男性議員―』、文部省科学研究費報告書。

加藤実紀代、1995、『女たちの<銃後>増補新版』、インパクト出版会、127-129。

金井叔子、1999、『ジェンダーと生涯学習―人権の視点からの女性のエンパワーメント課題―』、国立婦人教育会館研究紀要（https://ci.nii.ac.jp/naid/110000076211/ 2021.8.30 閲覧）

金子省子，青野篤子、2004、「保育所・幼稚園におけるジェンダーをめぐる課題』、『紀要　第 I 部　教育科学』、愛媛大学教育学部。

環境と開発に関する世界委員会、1987 年、『我らの共有の未来 Our Common Future』

北澤裕・西坂仰訳、1995、「日常活動の基盤―当たり前を見る」、『日常性の解剖学』、マルジュ社、31-92。

木村育恵、2012、『男女平等教育・男女共同参画をめぐる教員研修に関する現状分析』、『紀要、教育科学編』、北海道教育大学。

木村涼子、1994、「ジェンダーと学校文化」、井上輝子、上野千鶴子、江原由美子編、『権力と労働』、岩波書店、134-160。

木村涼子、1999、『学校文化とジェンダー』、勁草書房。

木村涼子、2010、『（主婦）の誕生』、吉川弘文館。

木村涼子・伊田久美子・熊安喜美江編、2013、『よくわかるジェンダー・スタディーズ』、ミネルヴァ書房。

キャサリン・マッキノン、1995、『ポルノグラフィ』、明石書房。

キャスリン・バリー、1997、『性の植民地』、時事通信社。

キャロライン・クリアド＝ペレス、神崎朗子訳、2020, 『存在しない女たち―男性優位の世界にひそむ　見せかけのファクトを暴く』、河出書房新社。

清原桂子、1985、「『国連婦人の 10 年』が問うたもの―その思想的意味と婦人教育」、『月刊社会教育』第 338 号、17。

久木田純、1998、「エンパワーメントとは何か」、久木田純・渡辺文夫編、『エンパワーメント―人間尊重社会の新しいパラダイム』、10-34。

国信潤子、1993、「性別役割分業の打破と新しい生涯学習（男女共同参画型社会を考える＜ 特集＞）」、『社会教育』。

久場嬉子、1994、「新しい生産と再生産システムの形成へ向けて−21 世紀へのパラダイム−」、竹中恵美子・久場嬉子編、『労働力の女性化　21 世紀へのパラダイム』、有斐閣選書、291-321。

久布白落実、1932、「指導精神の提供」、『婦人新報』1932 年 6 月号，6-7。

熊谷晋一郎、2019 年、「当事者から見える社会」NHK アーカイブス（視点・論点）

警察庁、2015 年度中における人身取引事犯の検挙状況について：警察庁保安課広報資料。（https://www.npa.go.jp/publications/statistics/safetylife/jousei.html　2016.2.18 閲覧）

径書房編集部、1990、『ちびくろサンボ絶版を考える』、径書房。

元禄ハル子、2011、「田中たつ先生講演要旨」、田中たつ・女性史の会編、『初めての女性代議士田中たつ関係資料集「婦人問題に身命賭す」』、264-265、268。

糊谷美規子、1985、『戦争を生きた女たち―証言：国防婦人会―』、ミネルヴァ書房。

厚生労働省（http://www.mhlw.go.jp/kokoro/know/disease_ptsd.html　2020.8.22 閲覧）

行動する女たちの会教育分科会、1990、『さようならボーイファスト』。

国連広報局・国際女性の地位協会、1996、『国際連合と女性の地位向上 1945−1996』―国連ミレニアムキャンペーン事務所ウェブサイト（http://www.endpoverty2015.org　2020.10.5 閲覧）

国連ウィメン日本協会（http://www.afpbb.com/articles/-/3000738　2020.11.21 閲覧）

国立女性教育会館、「婦人団体数および会員数の推移（1950～1990）」、データベース“L 118430”（http://winet.nwec.jp/toukei/save/xls/L 118430.xls　2021.1.9 閲覧）

国立女性教育会館、2005、『キャリア形成に生涯学習をいかした女性たち』、国立印刷局。

国立教育研究所編、1974、『日本近代教育百年史 第 8』、国立教育研究所、1079。

国際婦人年日本大会の決議を実現するための連絡会編、1989、『連帯と行動—国際婦人年連絡会の記録』、財団法人市川房江記念会出版部。

国際女性の地位協会編、1998、『女性関連法データブック』、有斐閣。

国際連合広報センター、『国連ミレニアム開発目標報告 2013（日本語版）』、www.inic.or.jp/files/MDG_Report_2013_JP.pdf（2020.10.5 閲覧）

国土交通省 HP、『女性専用車両 路線拡大モデル調査」報告書の概要について』（http://www.mlit.go.jp/kisha/kisha03/15/151209_.html　2020.5.15 閲覧)

古関彰一、五十嵐雅子訳、『マッカーサーの日本国憲法』、桐原書店、401、596-601。

後藤敏夫、1990、「戦時下の女性労働の一断面」、『紀要』、城西大学女子短期大学部（https://ci.nii.ac.jp/naid/110000522318　2021.8.9 閲覧）

近藤弘、2009、『男女共同参画社会とはどのような社会か「男女共同参画社会基本法」制定 10 年を迎えて』（https://rikkyo.repo.nii.ac.jp/?action=pages_view_main&active_action=repository_view_main_item_detail&item_id=5727&item_no=1&page_id=13&block_id=49　2021.8.9 閲覧）

金野美奈子、2016、『ロールズと自由な社会のジェンダー　—共生への対話』、勁草書房。

堺女性政治連盟、1991、『堺市議会議員山口彩子の政治』、日本女性政治研究センター。

堺市女性団体連絡協議会、1988、『創立 40 周年記念誌』

堺市女性団体協議会編、1989、『ミス・コンテスト NON！＝全国 3382 市町村ミス・コンテスト実態調査資料＝すべての女性は美しい』、堺市女性団体協議会。

堺市女性団体連絡協議会、1993、『えがりて　活動記録　創立４５周年記念』

堺市女性団体協議会、2004、『えがりて　活動記録　創立 55 周年記念誌堺市女性団体協議会　国連 UNIFEM 堺地域委員会』

堺市女性団体協議会　創立 50 周年記念誌編集委員会、1998、『創立 50 周年記念誌　堺市女性団体協議会　UFO'S 女性団体』

堺市女性団体協議会　創立 60 周年記念誌編集委員会、2009、『創立 60 周年記念誌　堺市女性団体協議会　UFO'S 女性団体　祝　日本女性会議 2009 さかい開催』

堺市女性団体協議会　創立 65 周年記念誌編集委員会、2014、『堺市女性団体協議会　創立 65 周年記念誌』

堺市女性団体協議会　UFO'S 女性団体、2020、『2020 年度堺市女性団体リーダー研修資料』
堺市女性団体協議会　山口彩子前委員長追悼実行委員会、2005、『彩子　聖観世音菩薩像建立記念　開眼法要会』。
堺市婦人団体連絡協議会、1969、『婦人のしおり―市婦協 20 周年記念―』
堺市婦人団体連絡協議会、1979、『市婦協創立 30 周年記念　婦人さかい　縮刷版』
堺市婦人団体連絡協議会、1974、『25 周年記念誌　堺の婦人』
堺市婦人団体連絡協議会、1977、『第九回全国都市問題婦人団体会議』
堺市婦人団体連絡協議会、1978、『創立 30 周年記念誌』
堺市婦人団体連絡協議会、1980、『炎の慟哭―戦争体験記録"女の叫び"』、大阪府堺市婦人団体連絡協議会　戦争体験記実行編集委員会。
堺市婦人団体連絡協議会、1983、『創立 35 周年記念誌―社会の繁栄と女の栄光をめざす―』
堺市婦人団体連絡協議会、1983、『女として、人として』
堺市婦人団体連絡協議会　戦争体験記実行編集委員会、1980.7、『炎の慟哭　戦争体験記"女の叫び"』。
堺市、1989.6.15 堺市議会文教委員会議事録、堺市議会。
堺市、2006～2013、堺市防犯灯電気料金補助金申請灯数、堺市市民協働課。
堺市、2013～2014、大阪府下及び堺市の性犯罪等の犯罪統計、堺市市民協働課。
堺市、2015、『堺セーフシティ・プログラムスコーピング・スタディ・レポート』、堺市市民人権局市民協働課・男女共同参画推進課。
堺市、2016、『堺セーフシティ・プログラムプログラムデザインレポート』、堺市市民人権局市民協働課・男女共同参画推進課。
堺市立女性センター、2011～2013、相談件数、堺市立女性センター。
佐久間橿、1975、「住民組織の問題」、『自治研究』第 33 巻 7 号、29。
佐久間橿、1975、『婦人教育 15 年のあゆみ―文部省行改事務の上からみて―』、4。
佐久間橿、1975、『社会教育 10 年のあゆみ』、105。
佐藤寛、2005、「第 1 章　援助におけるエンパワーメント概念の含意」、佐藤寛編、『＜経済協力シリーズ代 207 号＞援助とエンパワーメント―能力開発と社会環境変化の組み合わせ』アジア経済研究所、3-24。
佐藤博樹・武石恵美子、2011、『ワークライフバランスと働き方改革』、勁草書房。

佐藤弘子、2002、「男女共同参画社会の政策・方針決定参加に向けた女子高等教育推進を要望する—京都大学女性教官の処遇と研究環境」、『学術年報』、日本女性科学者の会。

佐藤真江、1996、『地方都市における女性活動ネットワークの展開—富山県高岡市の事例をもとに—』、国際開発研究フォーラム（http://www.gsid.nagoyau.ac.jp/bpub/research/public/forum/06/19.pdf　2021.8.18 閲覧）

佐藤慶幸、天野正子、那須壽、1995、『女性たちの生活者運動—生活クラブを支える人々』、マルュ社。

佐藤年明、2006、「思春期の性教育における男女別学習と男女合同学習の意味: 日本とスウェーデンの実践事例にもとづいて」、『教育科学』 67、133。

佐藤和賀子、2002、「占領期における婦人教育政策の地域的展開—宮城県地域婦人団体の形成　過程を事例に—」、『歴史』第 98 輯、東北史学会、1-26。

佐藤和賀子、2005、『占領期における婦人教育政策と地域婦人団体—東北地方の地域的展開を中心に—』（https://ci.nii.ac.jp/naid/500000327943/　2021.8.31 閲覧）

佐藤慶幸編、1988、『女性たちの生活ネットワーク—生活クラブに集う人びと』、文眞堂、408。

サドカー. M.・サドカー. D. 河合あさ子訳、1996、『「女の子」は学校でつくられる』、時事通信社。

佐野浩、2017 年「戦後日本の勤労青年教育と婦人教育の課題」

佐野浩、2017、『戦後日本の勤労青年教育と婦人教育の課題—地域青年団・婦人会の成り立ちと学習運動に着目して—』、『研究年報』、東北大学大学院教育学研究科。

JR 東日本 HP 『女性専用車のご利用について』（https://www.jreast.co.jp'women 2021.9.10 閲覧）

志柿禎子、2000、「女性問題のグローバル化とフェミニズム—日本におけるドメスティック・バイオレンスへの取り組み—」、『紀要』、岩手県立大学社会福祉学部。

志熊敦子、1997、『エンパワーメントと女性の教育・学習国の婦人教育施策の系譜からみる』、『国立婦人教育会館研究紀要』創刊号、国立婦人教育会館（https://scholar.google.co.jp/scholar cluster=8566310367892584611&hl=ja&as_sdt=0,5 2021.8.20 閲覧）

静岡県婦人団体連絡会、1965、『静岡県婦人団体連絡会　二十年のあゆみ』、43、165。

柴崎恭秀、2008、「子どものためのアクティビティプログラム調査研究—男女共同参画による子育て支援のためのアクティビティプログラム開発と空間提案」、『研究年報』、会津大学短期大学部。

持続可能な開発会議（リオ+20）、2012年、『我らが望む未来』（成果文書）

渋谷敦司、1990、「「女性政策」としての「地域政策」の展開」、飯田哲、遠藤晃編『家族政と地域政策』、40-64。

澁谷知美、2019、「ここが信用できない日本の男性学　—平山亮『介護する息子たち』の問題提起を受けて」、『国際ジェンダー学会誌』vol. 17、29-47。

島田とみ子、1975、「占領は女に何をもたらしたか」、田中寿美子編、『女性解放の思想と行動 戦後編』、時事通信社、11。

島直子、2010、「妻の常雇就労が夫の性別役割分業意識に及ぼす影響—夫の経済力による交互作用」、『国際ジェンダー学会誌』vol. 8、99-112。

清水美知子、2001、「愛国婦人会の〈女中〉をめぐる社会事業—両大戦間期を中心に—』、『研究紀要』第2号、関西国際大学。

清水美知子、2000、「〈女中〉イメージの変遷」、『近代日本文化論』第8巻，岩波書店。

ジャコーバス，M.、F. F. ケラー，S. シャトルワース編、田間泰子・美馬達哉・山本祥子監訳、2003、『ボディー・ポリティクス』、世界思想社。

周燕飛、2019、『貧困専業主婦』、新潮選書。

ジョン・フリードマン、1995、斎藤千宏・雨森孝悦監訳、『市民・政府・NGO　—「力の剥奪」からエンパワーメントへ』、新評論。

進藤久美子、2004、『ジェンダーで読む日本政治　—歴史と政策—』、有斐閣。

進藤久美子、2014、『市川房枝と「大東亜戦争」—フェミニストは戦争をどう生きたか—』、法政大学出版局、534。

菅原和子、2002、『市川房枝と婦人参政権獲得運動—模索と葛藤の政治史—』、世織書房。

杉本貴代栄、2004、『フェミニスト福祉政策原論』、ミネルヴァ書房。

鈴木昭典、1995、『日本国憲法を生んだ密室の九日間』、柏書房、205 。

鈴木裕子、1986、『フェミニズムと戦争』、マルジュ社。

鈴木裕子編、1995、『日本女性運動 資料集成 第十巻 戦争』、不二出版、432-454。

鈴木裕子編、足立女性史研究会著、1989.3、『足立・女の歴史―草笛のうた』、ドメス出版。

性暴力を許さない女の会 HP　(https://no-seiboryoku.jimdo.com/　2020.5.10 閲覧)

世界人口白書、2013（http://www.unwomen-nc.jp/2837　2020.7.16 閲覧）

瀬川清子、1988、『女の民俗誌そのけがれと神秘』、東京書籍株式会社。

全国地婦連のあゆみ（http://www.chifuren.gr.jp/ayumi/tanjou.htm　2020.10.5 閲覧）

全国地域婦人団体連絡協議会、1973、『全地婦連 20 年史』

全国地域婦人団体連絡協議会、1986、『全地婦連 30 年のあゆみ』、全国地域婦人団体連絡協議会、14-18。

総務省 HP、「障がいを有する男性や男性介助者も『女性専用車両』が利用できることをもっとよく知らせてほしい(概要)―行政苦情救済推進会議の意見を踏まえたあっせん―」（http://www.soumu.go.jp/main_content/000400630.pdf　2020.5.12 閲覧)

高木重治、2013、「戦後農村における地域婦人会活動の軌跡」、『戦後地域女性史再考』18、現代史料出版、143-176。

多賀太、2019、『男性学・男性性研究の視点と方法―ジェンダーポリティクスと理論的射程の拡張―』、『国際ジェンダー学会誌』vol.17、8-27。

高橋均、2004、「戦略としてのヴォイスとその可能性―父親の育児参加をめぐって―」、天童睦子編著、『育児戦略の社会学―育児雑誌の変容と再生産』、世界思想社、176-200。

高橋桂子、2011、「子どものいる正社員夫婦にみる夫の家事分担：職場風土の観点から」、『生活社会科学研究』vol.17、23-39。

竹安栄子、1992、「ある婦人会活動家の軌跡　―根雨地区婦人会活動を中心に―」、『紀要』26 号、219-239。

竹安栄子、1996、『「全国女性議員調追手門学院大学文学部査」にみる女性議員像（1）―その社会的背景―』、追手門学院大学人間学部紀要、3 号、159-174。

竹安栄子・春日雅司、2001、「女性地方議員の介護の実態と意識―全国地方議員調査より―」、山中永之介・竹安栄子・曽我ひろみ・白石玲子編、『シリーズ比較家族第II期　介護と家族』、早稲田大学出版部。

竹安栄子、2002、『女性地方議員が地方政治で果たした役割』、科学研究費補助金（C）（1）研究成果報告書。

竹安栄子、2004、『地方議員のジェンダー差異―「2002 年全国地方議員調査」結果の分析より―』（http://repo.kyoto-wu.ac.jp/dspace/handle/11173/359　2021.8.31 閲覧）

竹安栄子、2014、『女性の政治参加活動の展開とその限界―戦後期の鳥取県地域婦人会活動を中心に―」、京都女子大学大学院現代社会研究科論集、第 8 号、35-54

竹安栄子、2015、『女性地方議員は変わったか？ ―自治体再編後の質的変化に着目して―』（http://repo.kyoto-wu.ac.jp/dspace/bitstream/11173/2282/1/0130_018_004.pdf 2021.8.31 閲覧）

竹安栄子、2019、『戦後期鳥取県における女性議員の誕生：初の女性代議士田中たつ』（http://repo.kyoto-wu.ac.jp/dspace/bitstream/11173/2849/1/0140_013_005.pdf　2021.8.31 閲覧）

多々納道子、若林真由美、2006、「小学生のジェンダー形成」、『研究』、大学生涯学習教育研究センター。

舘かおる、2002、「『高等教育機関における女性学・ジェンダー論関連科目に関する調査』（第 10 回）の概要と課題（国立女性教育会館調査研究事業）」、『研究紀要』、国立女性教育会館。

田辺信、1972、「戦後婦人政策の展開」、田中寿美子・日高六郎編、『現代婦人問題講座 1 婦人政策・婦人運動』、亜紀書房。

田中洋美、2019、「ジェンダーとメディア研究の再構築に向けて」、『国際ジェンダー学会誌』vol.16、34-46。

田中法善、1935、『女中読本』家庭勤労婦人共済会、9-10。

田中たつ、1991、『助産史と倫理』、『助産婦職能設立 10 周年記念誌「助産婦のあゆみ」』、社団法人鳥取県看護協会。

田中たつ・女性史の会編、2017、『初めての女性代議士田中たつ関係資料集』第 2 集。

男女共同参画会議計画策定専門調査会、2015.7、第 4 次男女共同参画基本計画策定に当たっての基本的な考え方（素案）（https://www.gender.go.jp/kaigi/senmon/keikaku_sakutei/yojikeikaku/masterplan.html 2021.8.31 閲覧）

男女平等教育をすすめる会編、1997、『どうしていつも男が先なの？―男女混合名簿の試み』、新評論。

地域社会研究所編、1964、『コミュニティ―地域社会と婦人』、国勢社。

地域社会研究所編、1968、『コミュニティ―家庭婦人の学習』、国勢社、17。

千野陽一、1970、「戦後婦人教育の展開」、『現代婦人問題講座　第5』、亜紀書房、185-195。

千野陽一、1979、『近代日本婦人教育史―体制内婦人団体の形成過程を中心に―』、ドメス出版。

千野陽一編、1996、『現代日本女性の主体形成 第1巻』、ドメス出版、23-99。

千野陽一編、1996、『現代日本女性の主体形成 第2巻』、ドメス出版、21-22。

千野陽一編、1996、「婦人団体に就いて―ウヰード中尉に訊く」、『教育と社会』。

千野陽一編、1946、『現代日本・女性の主体形成 第1巻』、ドメス出版、328-332。

千葉たか子、2007、「エンパワーメント指標考察―ジェンダーと開発の領域において」、『雑誌』第8巻第1号、青森県立保健大学。

千葉たか子、2008、「オンクル・カラとエンパワーメントーインドの女性のための自立支援民間団体の活動―」、『アジア女性研究』第17号。

辻智子、2010、『1950年代日本の社会的文化的状況と生活記録運動―生活記録運動の系譜に関する考察（2）―』、『心理・教育研究論集』29、神奈川大学、5-19。

辻村みよ子、1997、『女性と人権』、日本評論社。

辻村みよ子、2005、『日本の男女共同参画政策: 国と地方公共団体の現状と課題』、東北大学出版会。

辻村みよ子、2008、『ジェンダーと人権』、日本評論社。

辻村みよ子、2010、『ジェンダーと法　第2版』、不磨書房。

辻村みよ子、大沢真理、2010、「グローバル時代の男女共同参画と多文化共生」、『ジェンダー平等と多文化共生―複合差別を超えて』東北大学出版会。

辻村輝雄、1978、『戦後信州女性史』、家庭教育社。

天童睦子・高橋均、2016、「序章　育児言説の社会理論」、天童睦子編著・高橋均・加藤美帆著、『育児言説の社会学　家族・ジェンダー・再生産』、世界思想社、2-19。

東京メトロ、HP『女性専用車両』（http://www.tokyometro.jp/safety/attention/women/ 2020.5.18閲覧）

東武鉄道、HP『女性専用車輛』（http://railway.tobu.co.jp/women/　2020.5.17閲覧）

特定非営利活動法人東京都地域婦人団体連盟、2018、『―世代を超えて地域の力―東京地婦連70年のあゆみ』（4月21日発行）。

特定非営利活動法人ヒューマン・ライツ・ナウ編訳 雪田樹里・清末愛砂・福嶋由里子・林陽子・生駒亜紀子訳、2011、『女性に対する暴力に関する立法ハンドブック』、信山社。
友田明美、2017、『子どもの脳を傷つける親たち』、NHK 出版。
利谷信義、1998、「日本における女性政策の発展」、『ジェンダー研究』18、お茶の水女子大学ジェンダー研究センター、67-80。
鳥取県連合婦人会、1973、『県連婦 20 年のあゆみ』鳥取県婦人連合会。
とっとりの女性史編集委員会、2006、『とっとり 120 現代社会研究科論集の女性史―戦後からの歩み―』。
とっとりの女性史編集委員会、2008、『とっとりの女性史　聞き書き集　上』。
内閣府男女共同参画局、1995、「第 4 回世界女性会議　北京宣言」、第 4 回世界女性会議採択（https://www.gender.go.jp/international/int_standard/int_4th_beijing/fwcw.html. 2020.10.5 閲覧）
内閣府男女共同参画局、2008、『女子差別撤廃条約実施状況　第 6 回報告』（https://www.gender.go.jp/international/int_kaigi/int_teppai/pdf/report_j.pdf　2020.10.5 閲覧）
内閣府男女共同参画局、2011、『北欧諸国における立法過程や予算策定過程等への男女共同参画視点の導入状況等に関する調査報告書』（https://www.gender.go.jp/research/kenkyu/sekkyoku/pdf/nordic_resarch_report.pdf 2020.10.5 閲覧）
内閣府男女共同参画局、2015、男女間における暴力に関する調査報告書、https://www.gender.go.jp/policy/no_violence/e-vaw/chousa/pdf/h26danjokan-gaiyo.pdf.（2020.10.5 閲覧）
内閣府男女共同参画局、2016、『第 7 次・第 8 次日本定期報告に関する総括所見』、アジア女性資料センター暫定訳（https://www.mofa.go.jp/mofaj/files/000051247.pdf 2021.3.20 閲覧）
内閣府男女共同参画局、2021、『ジェンダー・ギャップ指数 2021』を公表、内閣府男女共同参画局総務課、202105.pdf（gender.go.jp）（2021.5.25 閲覧）
内閣府男女共同参画局、婦人地位向上のためのナイロビ将来戦略（https://www.gender.go.jp/research/kenkyu/sankakujokyo/2000/5-6.html　2020.10.5 閲覧）

直井道子、 村松泰子、2009、『学校教育の中のジェンダー：子どもと教師の調査から』日本評論社。
ナオミ・ウルフ曽田和子訳、1994、『美の陰謀女たちの見えない敵』、ティービーエス・ブリタニカ。
長澤成次、1999、「社会教育と生涯学習の概念をあらためて問う」、『現代思想』5月号特集「大学改革」、青土社。
中村彰、2005、「男女共同参画からみた男性問題：エンパワーメントのための生涯学習の実践事例」、『研究紀要』、国立女性教育会館。
中村桃子、2007、『〈性〉と日本語―ことばがつくる女と男』、NHKブックス。
中西央、小野瀬裕子、草野篤子、1998、「日本国憲法第3章人権条項の生成過程（第1報ベアテ・シロタ・ゴードンによる起草条項を中心として）」、『日本家政学誌』（https://www.jstage.jst.go.jp/article/jhej1987/49/11/49_11_1185/_article 2021.8.31閲覧）
梨子千代美、2000、「生涯学習の点に立った男女共同参画学習―子育てにおける父親の意識と行動に関する研究」、『紀要』、教育研究所（https://bunkyo.repo.nii.ac.jp/?action=repository_uri&item_id=2670&file_id=37&file_no=1 2021.8.31閲覧）
梛野綾子、日景弥生、2008、「男女混合名簿採用校と未採用校における学校生活に対する児童と保護者のジェンダー平等意識」、『紀要』、弘前大学教育学部、117-124。
二井関成、1978、『選挙制度の沿革』現代地方自治全集第9 巻、ぎょうせい。
西清子、1985、『占領下の日本婦人政策』、ドメス出版、90-99。
西村汎子、2004、『戦の中の女たち　戦争・暴力と女性』、吉川弘文館。
日本キリスト教婦人矯風会秋田支部、1975、『火の柱一秋田婦人ホーム40年のあゆみ』文天閣、32-33。
野坂祐子、2004、『高校生の性暴力被害実態調査』（http://www.awf.or.jp/pdf/0161.pdf 2021.8.31閲覧）
パウロ・フレイレ、小沢有作他訳、1979、『被抑圧者の教育学』
橋本健二、2007、「格差拡大とジェンダー」、『女性労働研究』第51号。
橋本紀子、2006、『フィンランドのジェンダー・セクシャリティと教育』、明石書店。
長谷川昭彦、1993、『農村の家族と地域社会―その論理と課題―』、お茶の水書房。
原輝恵、1988、「占領下の民主化教育と婦人団体」、原輝恵，野々村恵子編、『学びつつ生きる女性』、国土社、10-20。

原田清子、1975、「婦人運動，労働運動の高まりと反動」、田中寿美子編、『女性解放の思想と行動 戦後編』、時事通信社、47-48。

林部一二、1980、「社会教育関係団体の類型とその活動」、『社会教育』第35巻第10号。

日向雅美、2015、『増補　母性愛神話の罠』、日本評論社。

姫岡とし子、2004、『ジェンダー化する社会―労働とアイデンティティの日独比較史』、岩波書店。

平山亮、2017、『介護する息子たち　男性性の死角とケアのジェンダー分析』、勁草書房。

広岡守穂、2013、「男女共同参画時代の課題解決型学習」、『NWEC 実践研究3』、42-57（http://id.nii.ac.jp/1234/00016733/　2021.8.31閲覧）

福嶋由里子、2009、『ジェンダーで考える教育の現在（いま）（第28回）男女共同参画社会の担い手の育成に向けて―若い女性のためのリーダーシップ・トレーニング』、ヒューマンライツ。

藤井忠俊、1985、『国防婦人会』、岩波新書、34。

藤田知子・藤村逸子、2002、「文献案内　ジェンダーと言語研究」、『フランス語学研究』36、53-67。

藤原千賀、2004、『婦人学級・自主グループと女性の主体形成に関する一考察』、『紀要』別冊、早稲田大学大学院教育学研究科紀要（https://core.ac.uk/download/pdf/286927404.pdf　2021.8.31閲覧）

婦選獲得同盟、1938年、『女性展望』第12巻第1号。

舩橋惠子、2000、「幸福な家庭志向の陥穽―変容する父親像と母親規範」、目黒依子・矢澤澄子編、『少子化時代のジェンダーと母親意識』、新曜社、47-67。

舩橋惠子、2006、『育児のジェンダー・ポリティクス』、勁草書房。

ベアテ・シロタ・ゴードン 、1995、『1945年のクリスマス―日本国憲法に「男女平等」を書いた女性の自伝-』、柏書房。

ベアテ・シロタ・ゴードン、平岡磨紀子訳、2016、『1945年のクリスマス』、朝日新聞出版。

ベティ・フリーダム、1994、『新しい女性の想像』、大和書房。

法務省、平成27年度版犯罪白書（http://hakusyo1.moj.go.jp/jp/62/nfm/n62_2_6_2_1_6.html　2021.3.21閲覧）

堀井光俊、2009、『女性専用車両の社会学』、秀明出版会。
堀内かおる、2001、『教科と教師のジェンダー文化―家庭科を学ぶ・教える女と男の現在』、ドメス出版。
堀口知明、1965、『地域婦人団体の成立と展開(1)(2)』、『論集』vol.16、福島大学学芸部、17。
前田健太郎、2019、『女性のいない民主主義』、岩波書店、6-7。
益川浩一、2014、『戦後岐阜県における婦人組織の再編・発展と活動の模索―敗戦から1950年代の動向を中心に―』、日本学習社会学会年報
（https://www.jstage.jst.go.jp/article/gakusyusyakai/10/0/10_108/_article/-char/ja/ 2021.8.31閲覧）
松本学、2000、『当事者による当事者研究の意義』、教育方法の探求5：94。
松本学、2001、「受容とは何か　当事者である研究者の視点から」、『看護学雑誌』6、医学書院、65。
松本学、2002、「当事者による当事者研究の意義」、『教育方法学講座』、京都大学大学院教育学研究
（https://repository.kulib.kyotou.ac.jp/dspace/bitstream/2433/190256/1/hte_005_093.pdf 2021.8.31閲覧）
松田澄子、2015、「山形県における女性団体の成立過程について ―母の会・母姉会から婦人会・処女会へ―」、『山形県立米沢女子短期大学附属生活文化研究所報告』、421-15。http://id.nii.ac.jp/1425/00000196/（2021.9.10閲覧）
眞鍋知子、2005、「市町村合併と地域婦人会～鹿児島県の事例から～」、『金沢法学』1、金沢大学法部、48。
眞鍋知子、2009、「地域社会の再編と地域婦人会の変容」、松野弘・土岐寛・徳田賢二編『現代域問題の研究―対立的位相から協働的位相へ―』、ミネルヴァ書房。
三成美保、『【解説】ジェンダー・ギャップ指数』Gender Historyホームページ
（https://ch-gender.jp/wp/?page_id=7085　2014.9.21閲覧）
みやぎの女性史研究会、1999、『みやぎの女性史』、河北新報社。
ミランダ・デービス編、1998、『世界の女性と暴力』、明石書店。
ミレニアム開発目標-外務省（https://www.mofa.go,jp/mofaj/gaiko/oda/doukou/mdgs.html 2020.10.5閲覧）

向谷地生良、2012年、『当事者研究とは―当事者研究の理念と構成』当事者研究ネットワーク。
村井重樹、2017、「ハビトゥスと文化的再生産」、友枝敏雄・浜日出夫・山田真茂留編、『社会学の力―最重要概念・命題集』、有斐閣、214-217。
村川一郎、初谷良彦、1994、『日本国憲法制定秘史-GHQ秘密作業「エラマン・ノート開封」』、第一法規。
村松安子 、2005 、『「ジェンダーと開発」論の形成と展開―経済学のジェンダー化への試み』、未来社。
村松泰子、ヒラリア・ゴスマン編、1998、『メディアがつくるジェンダー日独の男女・家族像を読みとく』、新曜社。
村松安子、2005、『日本の性差別賃金―同一価値労働同一賃金原則の可能性』、有斐閣。
村松安子・村松泰子編、1995、『エンパワーメントの女性学』No.62、有斐閣選書。
元百合子、2007、『マイノリティ女性に対する複合差別と国際人権保障システム』、「法と民主主義」、423号。
森繁男、1989、『性役割の学習としつけ行為』、世界思想社。
守田幸子・雨宮昭一、1998、『占領期における地域の女性の「主体」形成―茨城県の婦人会結成を中心に』、『年報』、茨城大学地域総合研究所（http://ir.lib.ibaraki.ac.jp/bitstream/10109/10594/1/CSI2010_2209.pdf　2021.8.31閲覧）
盛山和夫、1995、『制度論の構図』、創文社。
諸橋泰樹、2009、『メディアリテラシーとジェンダー』、現代書館。
文部省、1959、『社会教育10年の歩み―社会教育法施行10周年記念』。
文部科学省『学校教育法』、法律第26号（最終改正：2014.6.27　法律第88号）（https://www.mext.go.jp/b_menu/hakusho/html/others/detail/1317990.htm　2021.2.15閲覧）
文部科学省、2008、『小学校学習指導要領解説 体育編』、教育図書（https://www.mext.go.jp/component/a_menu/education/micro_detail/__icsFiles/afieldfile/2011/01/19/1234931_010.pdf.　2021.2.15閲覧）
文部科学省、2008、『小学校学習指導要領解説 特別活動編』、教育図書（https://www.mext.go.jp/component/a_menu/education/micro_detail/__icsFiles/afieldfile/2009/06/16/1234931_014.pdf　2021.2.15閲覧）

文部科学省、2008、『中学校学習指導要領解説 技術・家庭編』、教育図書（https://www.mext.go.jp/component/a_menu/education/micro_detail/__icsFiles/afieldfile/2011/01/05/1234912_011_1.pdf　2021.2.15 閲覧）

文部科学省、2008、『中学校学習指導要領解説 道徳編』、教育図書（https://www.mext.go.jp/a_menu/shotou/new-cs/youryou/chu/dou.htm.　2021.2.15 閲覧）

文部科学省、2014、『平成 26 年度 人権担当指導主事連絡協議会　説明資料』（https://www.mext.go.jp/b_menu/shingi/chousa/shotou/024/gijiroku/1331248.htm.　2021.2.15 閲覧）

文部科学省、『人権教育の指導方法等の在り方について』、2008、第三次とりまとめ-人権教育の指導方法等に関する調査研究会議（https://www.mext.go.jp/b_menu/shingi/chousa/shotou/024/report/08041404.htm　2021.2.15 閲覧）

文部省社会教育局、1961、『婦人教育 15 年のあゆみ—文部省行改事務の上からみて—』（https://www.gender.go.jp/about_danjo/whitepaper/r01/zentai/html/honpen/b1_s00_01.html　2021.2.15 閲覧）

文部省令第 11 号、1947.5.23、『学校教育法施行規則』－（最終改正：2007.3.30 文部科学省令第 5 号）（https://hourei.ndl.go.jp/simple/detail?lawId=0000039050¤t=-1　2021.2.15 閲覧）

八木博子、2011、『市川房枝研究会聞き取り調査より　24　赤松良子さんに聞く　国連で審議中から女子差別撤廃条約に着目』、女性展望、10 月号：17-8。

安川康介、野村恭子、2014、『日本の医学界におけるジェンダー平等について』、医学教育（https://www.jstage.jst.go.jp/article/mededjapan/45/4/45_275/_pdf/-char/ja　2021.8.31 閲覧）

山内俊雄、2000、『性の境界 からだの性とこころの性』、岩波科学ライブラリー 、107-108。

山口一男、2009、『ワークライフバランス—実証と政策提言』、日本経済新聞出版社。

山口智美・斉藤正美・荻上チキ、2012、『社会運動の戸惑い　フェミニズムの「失われた時代」と草の根保守運動』、勁草書房。

山口典子、2016、「性暴力とはなにか。その根絶に向けて」、日本大学大学院総合社会情報研究科紀要 17、231-242。

山口みつ子、2009、「基本法制定の推進者　野中広務元官房長官に聞く」、『女性展望』6 月号、4-5。

山崎紫子、1986、「占領初期（1946 年～1947 年）婦人政策にみる女性の役割　その 1.2」、『婦人展望』、7-8。

山下明子、2002、『ボランティア活動と公共性：フェミニズムの視点から（＜特集＞ ボランティア活動と「公共性」）』、 ボランティア学研究。

山下泰子、2002、「女性政策をめぐる動き―国連・国・自治体―」、大沢真理編集代表、『21 世紀の女性政策と男女共同参画社会基本法　改訂版』、ぎょうせい、27-61。

山高しげり、1952、『婦人団体シリーズ 1 ：地域婦人団体のあゆみ』、全日本社会教育連合会。

大和村地域婦人連絡協議会編、『平成 5・6 年度・あゆみ』、大和村地域婦人連絡協議会。

大和礼子、1995、「性別役割分業意識の二つの次元―「性による役割振り分け」と「愛による再生産役割」―」、『ソシオロジ』第 40 巻 1 号、社会学研究会、109-127。

山根純佳、2006、『ハビトゥスと性別分業―江原由美子「ジェンダー秩序」をめぐって―』、『ソシオロゴス』、No.30、17-33。

山根純佳、2010、『なぜ女性はケア労働をするのか　性別分業の再生産を超えて』、勁草書房。

横山道史、2010、『戦後日本の女性運動における「主体」問題とエイジェンシー・アプローチ」、』、横浜国立大学大学院 環境情報学府博士課程後期、51。

吉田陸美、1995、「女性の社会活動とジェンダー」、金井淑子編、『ジェンダーと女性政策』12、かなわ女性ジャーナル、64-66。

米田佐代子、1999、「女性問題の新しい課題― ＜ジェンダーの視点＞をめぐって」、『社会教育』、国土社、520。

有斐閣、2012、「市川房江研究会聞き取り調査より 27　縫田曄子さんに聞く 先生と私―たくさんの大きなものを頂いた」、『女性展望』3 月号、17-18。

リクルートワークス研究所、2013、『提案　女性リーダーをめぐる日本企業の宿題』（https://recruit-holdings.co.jp/news_date/release/pdf/20131127_02.pdf　2019.12.8 閲覧）

季慶芝、2013、「地域婦人会の歴史と現状　―奄美大島大和村地域婦人会の事例を中心に―」、『プロジェクト研究報告集』第 8 号、39-48。

李慶芝、2014、「地域婦人会とジェンダー—奄美大島大和村大棚を事例として—」、『島嶼研究』（https://www.jstage.jst.go.jp/article/jis/2014/15/2014_71/_pdf/-char/ja.15:71-93　2021.8.31 閲覧）

李慶芝、2014、『戦後地域婦人会の変遷と現状　—奄美大島大和村の事例を中心に—』（https://core.ac.uk/download/pdf/144566752.pdf　2021.8.31 閲覧）

李慶芝、2015、『島嶼における地域婦人会の変遷と現状 —奄美大島大和村の事例を中心に—』（https://core.ac.uk/download/pdf/144566752.pdf　2021.8.31 閲覧）

李慶芝、2015、「地域婦人会による生活改善運動に関する一考察」、『島嶼研究』、修士論文資料一覧①　（https://www.jstage.jst.go.jp/article/jis/2015/16/2015_47/_pdf/-char/ja.16:47-60　2021.8.31 閲覧）

れいのずる・秋葉かつえ、1996、「言語改革と社会改革—アメリカの場合」、上野千鶴子・メディアの中の性差別を考える会編、『きっと変えられる性差別語—私たちのガイドライン』、三省堂、161-191。

若桑みどり、1995、『戦争がつくる女性像』、筑摩書房。

渡辺和子編、1998、『女性・暴力・人権』、学陽書房。

渡邊洋子、1999、「『ジェンダーの視点』からみた社会教育実践の現状と課題」、『女性教養』日本女子社会教育会、563。

Ahrne, Göran and Roman Christine, 1997, *Hemmet,barnen och makten : förhandlingar omarbete och pengar i familjen : rapport till Utredningen om fördelningen av ekonomisk makt och ekonomiska resurser mellan kvinnor och män*, Stockholm: Fritze.（日本・スウェーデン家族比較研究会、ハンソン友子訳、『家族に潜む権力　—スウェーデン平等社会の理想と現実』、青木書店、2001 年）

Barrett, Michele, 1980, *Women's oppression today: problems in Marxist feminist analysis*, London : Verso.

Baulieu Etienne-Emile & Haour France, 1978, *Qu'est-ce qu'une femme?* Libraire Artheme Fayard.（西川祐子他訳、「生理学上の性差、病理学上の性差」、『女性とは何か・上』、人文書院、1983 年、161-187）

Beauvoir, Simone, de., 1949, *Le Deuxieme Sexe I*, Edition Gallimard.（井上たか子・木村信子監訳、『決定版　第二の性』、新潮社。1997 年）

Beck, Ulrich, 1986, *Risikogesellschaft: Auf dem Weg in eine andere Moderne. Frankfurt am Main:Suhrkamp*『リスク社会－新しい近代への道』、法政大学出版局。

Beechey, Veronica. 1987. *Unequal Work.* London: Verso.（高島道枝・安川悦子訳、『現代フェミニズムと労働―女性労働と差別』、中央大学出版部、1993 年）

Bernstein, Basil, 1990, *The Structuring of Pedagogic Discorse*, Class, Codes and Control, vol . IV: Routledge.

Bourdieu, Pierre, 1987, *Choses dites,* Editions de Minuit.（石崎春己訳、『構造と実践―ブルデュー自身によるブルデュー』）、藤原書店、1991 年）

Bourdieu, Pierre, 1980, *Le sens pratique,* Edition de Minuit.（今村仁司・港道隆訳、『実践感覚 1』、みすず書房、1988 年）

Burns, J.M., 1978, *Leadership*, New York. Harper & Row.

Burton, Clare, 1987, "Merit and gender: organisations and the mobilization of masculinebias," *Austoralian Jornal of Social Issues*, 22:424-435.

Butler, Judith, 1990, *Gender Trouble: Feminism and the Subversion of Identitiy,* New York : Routledge.（竹村和子訳『ジェンダー・トラブル―フェミニズムとアイデンティティの攪乱』、青土社、1999 年）

Butler, Judith, 1997, *Excitable Speech: A Politics of the Performance,* London : Routledge.（竹村和子訳、『触発する言葉―言語・権力・行為体』、岩波書店、2004 年）

Chodorow, N., 1978, *The reproduction of mothering,* Berkeley: The University of California Press.（大塚光子・大内菅子訳、『母親業の再生産』、新曜社、1981 年）

Connell, R. W., 1987, *Gender and Power : Society, the Person and Sexual Politics,* Policy Press.（森重雄・菊池栄治・加藤隆雄・越知康詞訳、『ジェンダーと権力―セクシュアリティの政治学』、三交社、1993 年）

Connell, Raewyn. 2002.　*Gender* (1 st Edition). Polity Press.（多賀太監訳、『ジェンダー学の最前線』、世界思想社、2008 年）

Deborah, Stienstra, 1994, *Women's Movements and International Organizations*, Macmillan Press LTD, Great Britain,

Delphy, Christine, 1984, *Close to Home, A Materialist analysis of Women's Oppression,* Translated by Diana Leonard, University of Massachusetts Press.（井上たか子・加藤康子・杉藤雅子訳、『何が女性の主要な敵なのか―ラディカル・唯物論的分析』、勁草書房、1996 年）

Durkheim, Émile, 1895, *Les regles de la methode sociologique,* Alcan.（宮島喬訳、『社会学的方法の規準』、岩波書店、1978 年）

Eagly, A. H. & steffen, V. J., 1984, “Gender stereotypes stem from the distribution of women and men into social roles,” J*ournal of Personality and Social roles, Journal of Personality and Social Psychology*, 46 (4) , 735-754.

Eagly, A. H. & Carli, L. L., 2007, *Through the labyrinth : The truth about how women become leaders*, Cambridge, MA : Harvard Business School Press.

Eagly, A.H. & johnson , B. T., 1990, “Gender and leadership style : A meta-analysis,” *Psychological Bulletin*, 108 , 233-256 . doi : 10 .1037/ 0033-2909 . 108.2.233.

Eagly, A.H., Diekman, A. B., Johannesen-Schmidt, M. C., and Koenig, A. M., 2004, “Gender gaps in sociopolitical attitudes: A sociak psychological analysis,” *Jornal of Personality and Social Psychology*, 87, 796-816. doi:10.1037/0022-3514.87.6.796.

Eagly, A. H., Johannesen - Schmidt, M. C., and van. Engen, M., 2003, “Transformatioal, transactional, and laissez-faire leadership styles: A meta-analysis comparing women and men,” *Psychological Bulletin*,129,569-591. doi:10.1037/0033-2909.129.4.569.

Early, A. H. and Karau, S. J., 1991, “Gender and the emergence of leaders: A meta-analysis,” *Journal of Personality and Social Psychology*, 60 (5), 685-710.

Foucault, Michel, 1978, *The History of Sexuality. Volume I,* translated by Robert Hurley, New York: Vintage.（渡辺守章訳、『性の歴史 I 知への意志』、新潮社、1986 年）

Foucault, Mitchel, 1975, *Discipline and Punish : The Birth of the Prison,* translated by A. Sheridan. New York: Pantheon.（田村俶訳、『監獄の誕生―監視と処罰』、新潮社、1997）

Garfinkel, H., 1964, “Studies of the routine grounds of everyday activity,” *Social Problems*, 11(3): 225-250.

Giddens, Anthony, 1979, *Central Problems in Social Theory,* University of California Press.（友枝敏雄・今田高俊・森重雄訳、『社会理論の最前線』、ハーベスト社、1990 年）

Giddens, Anthony, 1984, *The Constitution of Society: Outline of the Theory of Structuration,* Berkeley and Los Angeles : University of California Press.

Giddens, Anthony, 1992, *The Transformation of Intimacy: Sexuality, Love and Eroticism*, Stanford University Press.（松尾精文・松井昭子訳、1995, 『親密性の変容』、而立書房）

Gill, Rosalind, 2007, “Postfeminist Media Culture: Elements of a Sensibility,” *Europian Journal of Cultural Studies,* 10(2): 147-166.

Hartman, Heidi, 1979, *The Unhappy Marriage of Marxism and Feminism : Towards a more Progressive Union.* In Women & Revolution edited by Lydia Sergent : 1-42, London : Pluto press.

Holter, Øystein Gullvåg, 1997, *Gender, Patriarchy and Capitalism: A Social Forms Analysis,* Oslo: University of Oslo.

Hunt, Swanee, 2011, *WOMEN WAGING WAR AND PEACE International Perspectives of Women's Roles in Conflict and Post-Conflict Reconstructtion*, Newgen Imaging Systems Pvt Ltd.

Inoue, K., 1991, *MacArthur's Japanese Constitution: A Linguistic and Cultural Study of Its Making*, The University of Chicago Press, Chicago（キョウコ・イノウエ (1994) 、『マッカーサーの日本国憲法』）、（古関彰一, 五十嵐雅子訳）、桐原書店、 東京、401,596-601。

Kabeer, N., 1999, "Resources, Agency, Achievements: Reflectionson on the Measutrement of Women's Empowerment," *Development and change Development & change*,30(3), 435-464.

Langness, L. and Frank, G., 1981, *Lives: an anthropological approach to biography*, Chandler & Sharp（米山俊直・小林多寿子訳、1993、ライフヒストリー研究入門　ミネルヴァ書房）

Lewis, Jane, 1985, "The Debate on Sex and Class," *New Left review* 149: 108-120.

Lewis, Jane, 1986, "The Working-class wife and mother and state invention, 1870-1918" in *Labour and Love: Women's Experience of Home and Family, 1870-1918*, edited by Jane Lewis. Oxford: Basil Blackwell.

Lukes, Steven, 1974, *Power: A Radical View,* London: Macmilan.（中島吉弘訳、『現代権力論批判』、未来社、1995 年）

Mcdonough, Roisin and Harrison Rachel, 1978, "Patriarchy and relations of production," In *Feminism and Materialism (RLE Feminist Theory) Women and Modes of Production*, edited by Kuhn, Annette and Wolpe AnnMarie, London: Routledge.（マクダナウ、ロイジン・ハリソン、レイチェル、1986、「家父長制と生産関係」、『マルクス主義フェミニズムの挑戦　第二版』、上野千鶴子・千本暁子・住沢とし子・児玉佳与子・矢本公子・渡辺和子訳、勁草書房、12-54）

Melander, Erik, 2005, "Political Gender Equality and State Human Rights Abuse," *Journal of Peace Research*, Vol.42.

Mies, Maria, 1986, *Patriarchy and Accumulation on a World Schale: Women in the International Division of Labour,* London: Zed Books.（奥田暁子訳、『国際分業と女性—進行する主婦化』、日本経済評論社、1997 年）

Money, John, and Tucker, P., 1975, *Sexual Signatures: on Being a Man or a Women,* Little, Brown.（朝山新一・朝山春江・耿吉訳、『性の署名』、人文書院、1979 年）

Nelson, Barbara J. and Chowdhury, Najama, Eds., 1994, *Women and Politics Worldwide*, Yale University Press, USA.

O'Neil, T., Plank, G. and Domingo, P., 2015, "Support to Women and girls' leadership: A rapid review of the evidence," *Retrieved February*, 25.2016.

O' Reilly, M., Suilleabhain, A. O. and Paffenholz, T., 2015, *Reimaging Peacemaking:Women's Roles in Peace Processes*, New York: International Peace Institute, 11-13.

Perez, Caroline Criado, 2020, *Invisible Women: Exposing Data Bias in a World Designed for Men*（神崎朗子訳『存在しない女たち: 男性優位の世界にひそむ見せかけのファクトを暴く』河出書房新社、2020 年）

Polatnick, Margaret, 1973, "Why Men Don't Rear Children: A Power Analysis," *Berkeley Journal of Sociology*, 18: 45-86.

Project for Public Spaces （http://www.pps.org/blog/un-women-forum/ 2020.7.19.閲覧）

Rich, Adrienne, 1986, *Of Women Born: Motherhood as Experience and Institution,* N.Y: W. W. Norton & Company, Inc.（高橋芽香子訳、『女から生まれる』、晶文社、1990 年）

Richard L. Fox and Jennifer L. Lawless, 2004, "Entering the Arena? Gender and the Decision to Run for Office," *American Journal of Political Science*, Vol. 48, No. 2, 264-280.

Ronald Inglehart and Pippa Norris, 2003, "The True Clash of Civilizations," *Foreign Policy*, No. 135, 62-70。

Sen, A.K., 1999, *Development as Freedom*, Oxford University Press Shaw TM & Heard.

Sokoloff, Natalie, 1980, *Between money and love: the dialectics of women's home and market work*, New York : Praeger Publishers.（江原他訳、『お金と愛情の間—マルクス主義フェミニズムの展開』、勁草書房、1987 年）

Tichy, N. M., and Ulrich, D. O., 1984, "The leadership challenge-a call for the transformational leader," *Sloan Management Review*, 26 (1), 59-68.

UN Women, *Proceedings Report Safe Cities Global Leaders' Forum*, 2015, UN Women.

WHO（http://www.who.int/reproductivehealth/topics/violence/sexual_violence/en/　2020.9.2 閲覧）

図表一覧

図 1-1　女性のエンパワーメントのプロセスと側面
表 1-1　日本のジェンダー・ギャップ指数の推移（2006〜2021）
図 2-1　組織図
表 2-1　専門部会とその主な活動
表 2-2　定例会議
表 2-3　堺市女性団体協議会　年間予定表
表 2-4　堺市女性団体協議会　周年事業
表 3-1　第 1 期の主な活動
表 3-2　第 2 期の主な活動
表 3-3　第 3 期の主な活動
表 3-4　第 4 期の主な活動
表 3-5　第 5 期の主な活動
表 3-6　第 6 期の主な活動
表 3-7　第 7 期の主な活動
表 3-8　第 8 期の主な活動
表 3-9　第 9 期の主な活動
表 3-10　第 10 期の主な活動
表 3-11　堺市立婦人会館（現男女共同参画センター）の建設の経緯
図 4-1　ジェンダー平等社会実現の発展的プロセスモデル

資料

1.堺市女性団体協議会　規約

堺市女性団体協議会規約

規約制定　昭和25年　7月　1日
改　　正　昭和61年　4月　11日
改　　正　平成13年　5月　11日
改　　正　平成16年　5月　14日
改　　正　平
成18年　3月　20日
改　　正　平成16年　5月　14日
改　　正　平成26年　4月　1日

第　1　章　　総　　則

第1条　本会は堺市女性団体協議会という。

第2条　本会は堺市の地域女性団体の自主的活動を推進するために、単位団体相互の緊密な連絡をとり、女性の地位向上と、健康で文化的な生活を確保し、民主的に貢献することを目的とする。

第3条　本会は、前条の目的に賛同する堺市内の地域女性団体をもって組織する。

第4条　本会は、第2条の目的を達成するために、次の事業を行う。

1. 単位女性団体の自主的活動の促進と団体相互の連絡協調並びに文化の交流に関すること。
2. 女性の生活向上に必要な調査研究に関すること。
3. 機関誌その他刊行物の発刊に関すること。
4. その他、本会の目的達成上必要と認められること。

第　2　章　　役　　員

第5条　本会を運営するために、次の役員をおく。

委 員 長　　1名
副委員長　　2名
書　　記　　1名
会　　計　　1名
部　　長　　15名

第6条　役員は推薦または互選、選挙することができる。
選挙の場合
1. 委員長は各単位団体及び運営委員が協議会全会員の中から5名連記で推薦する候補者の中から当該年度及び前年度の会長、運営委員の合同会議において1団体1票と運営委員（部長を含む）1票の無記名投票により選出する。
※ 以下（2. 4. 5. ）は運営委員1票含む
2. 副委員長は、委員長選出後、前記の候補者の中から1団体1票の無記名投票により選出する。
3. 委員長及び副委員長に欠員を生じたときは、協議会の承認を得て補欠を選任する。
4. 書記は、各単位団体及び運営委員の協議会全会員の中から、5名連記で推薦する候補者の中から当該年度及び前年度の会長、運営委員の合同会議において、1団体1票と運営委員（部長含む）無記名投票により選出する。
5. 会計は書記選出後、前記の候補者の中から1団体1票と運営委員（部長含む）無記名投票により選出する。
6. 部長は（組織対策部長、女性問題対策部長、国際平和研究部長、高齢者対策部長、社会政治部長、福祉部長、青少年健全育成部長、幼児教育部長、消費経済部長、事業部長、文化部長、広報部長、保健衛生部長、スポーツレクリエーション部長、料理研究部長）委員長並びに副委員長、書記、会計の合議により、地域の推薦者の中より適任者を選び委嘱する。
7. 会計監査は、第5条の役員選出後、各単位団体長の中より、2名選出する。

第7条　役員の任期は2年とし、再選をさまたげない。
但し、補欠による役員の任期は前任者の残任期間とする。

第8条　役員の任務は次のとおりとする。

1. 委員長は、本会を代表し、会務を総理する。
2. 副委員長は、委員長を補佐し、委員長に事故がある時、又は欠けたときは、その職務を代行する。
3. 書記は、本会の事務を担当し、記録をつかさどる。
4. 会計は、出納に関する一切を明確にするとともに、すべての収入、支出に責任を負い4月の会長会議において、会計報告を行う。
5. 監査委員は本会計、特別会計・機関紙会計の監査にあたる。
6. 部長は、第3章に規定する職務を遂行する。
7. 各役員は、第4章に規定する運営委員会の構成員として常時会務を担当する。

第　3　章　専門部会及び専門委員会

第9条　本会の会務を円滑に推進するため、次の専門部会をおく。

組織対策部
女性問題対策部
国際平和研究部
高齢者対策部
社会政治部
福祉部
青少年健全育成部
幼児教育部
消費経済部
事業部
文化部
広報部
保健衛生部
スポーツレクリエーション部
料理研究部

1. 組織対策部は、女性団体組織の拡充を図り、時代に対応した組織づくりを研究、提言する。
2. 女性問題対策部は、女性の地位向上を図り、あらゆる女性問題について調査・研究をし、実践活動につとめる。
3. 国際平和研究部は、グローバルな視座で女性の人権と平和を守るための調査、研究、啓発活動を展開する。
4. 高齢者対策部は、高齢社会に対応するため、高齢者の生活保障と生き甲斐対策に役立つことを目的とする。
5. 社会政治部は、女性の政治参画を推進し、時事問題、人権問題にも取り組む。
6. 福祉部は、ボランティア活動を通じて地域社会における福祉の増進と建設的な福祉施策を提案していく。
7. 青少年健全育成部は、青少年の健全育成のため、地域の関係団体、機関とも連結協調し、青少年をとりまく社会環境をよくするための活動を行う。
8. 幼児教育部は、21 世紀を担う子供たちが心身共に健やかに成長するために、幼児期の感性や情緒を大切に育むための学習や実践を行う。
9. 消費経済部は、消費者の資質を高め、より健全な消費生活を営むために、消費生活に関する調査、研究、実践活動を行う。
10. 事業部は、会員の福利厚生に役立つ事業を行い、あわせて資金の拡充を図る。
11. 文化部は、生活資質向上のため、広範な文化、芸術、芸能活動を行う。
12. 広報部は、機関誌「女性さかい」の編集にあたり、協議会および単位女性団体の活動を把握し、広く一般社会に啓発活動を行う。
13. 保健衛生部は、環境、保健衛生、健康管理等に関する事業を行う。
14. スポーツレクリエーション部は、体育・レクリエーション活動を通して女性の地位向上につとめる。
15. 料理研究部は、食品の安全性や調理方法を考えて健康的で文化的な食生活を送るための料理メニュー等を研究、実施する。

第10条　本会は、前条各部会の運営を円滑にするため、専門委員会を設けることができる。

2. 専門部会の構成及び運営方法については、別に定める。

第 4 章 会 議

第11条　本会の会議は、協議会及び運営委員会とし、委員長がこれを召集する。運営委員会は、各役員をもって構成し、協議会は、各団体代表者及び役員をもって構成する。

第 12 条　協議会は、毎月1回定期的に開くほか、運営委員会が必要と認めた場合は、臨時に委員長はこれを召集することができる。

第 13 条　運営委員会は、本会の運営に関して計画立案し、協議会は、これを決議執行する。但し、緊急やむを得ない場合は、運営委員会においてこれを処理し、次回協議会において報告しなければならない。

第 5 章 経 費

第14条　本会の経費は、加盟団体より拠出する下記の額の会費と、必要に応じ臨時に徴収する分担金をもってこれにあてるものとする。

（1976 年4月8日　改正）

99 名まで	3,000 円	900〜 999 名	12,000 円
100〜199 名	4,000 円	1,000〜1,099 名	12,500 円
200〜299 名	5,000 円	1,100〜1,199 名	13,000 円
300〜399 名	6,000 円	1,200〜1,299 名	13,500 円
400〜499 名	7,000 円	1,300〜1,399 名	14,000 円
500〜599 名	8,000 円	1,400〜1,499 名	14,500 円
600〜699 名	9,000 円	1,500〜1,599 名	15,000 円
700〜799 名	10,000 円	1,600 名以上	15,500 円
800〜899 名	11,000 円		

第 15 条　本会の会計年度は、毎年4月1日にはじまり、翌年3月 31 日に終る。

第 6 章 顧 問

第 16 条　本会は、必要あるときは、協議会の承認を得て、顧問を委嘱することができる。顧問は本会会務の諮問に応じる。

2. 本会は、活動範囲が国際的に広範であるため、協議会の承認を得て、学術顧問を委嘱することができる。

学術顧問は本会会務の諮問に応じる。

第 7 章 事 務 局

第 17 条　本会は、必要あるときは、協議会の承認を得て事務局をおくことができる。

2. 事務局には、事務局長および事務局員をおくことができる。

3. 事務局長および事務局員は、協議会の承認を得て委員長がこれを任免する。

4. 事務局長は、会務の処理をつかさどる。

第 8 章 付 則

第 18 条　本会の運営に必要な細則は別に定めることができる。

第 19 条　本規約は、必要に応じ、協議会の議決を経て変更することができる。

第 20 条　本規約は、2014 年 4 月 1 日より実施する。

2. 堺市女性団体協議会の 73 年のあゆみおよび国内外の動き

西暦		1948	1949	1950	1951
和暦		23	24	25	26
堺市女性団体協議会関係		第 1 期　黎明期 結成から協議会組織確立までの団体形成期			
	組織国際	自発的集まり 主婦連結成		堺婦人会（12 団体加盟発足）	
	専門部会				
	学習・啓発				
	資格等取得				
	婦人会館・大学				
	活動				国連傷病兵慰問 日比親善促進人形作成寄贈 国際親善母と子の会共催在堺外国人との交歓
	調査				
	運動				
	表彰				
	支援ボランティア			ジェーン台風罹災者のために援護物資を送る	市内 5 施設収容児慰問
国際状況		世界人権宣言採択			
国内状況		文部省、5 女子大学を新制大学として認可 優生保護法公布 主婦連合会結成（会長奥むめお） 教育指導者講習会（ＩＦＥＬ）開始 農林省に生活改善課設置 国連総会「世界人権宣言」採択	文部省「純潔教育基本要項」発表 新制大学発足 社会教育法公布	短期大学が多数発足 平塚らいてう他単独講和反対・日米安全保障条約反対の声明を発表	「婦人教育」の語、『社会教育の現状』（文部省）において行政用語として使用される 文部省、第 1 回全国婦人教育担当者研究協議会開催 日本、ユネスコに加盟
堺市					
キーワード/分析概念					

1952	1953	1954	1955	1956
27	28	29	30	31
第１期　黎明期				
結成から協議会組織確立までの団体形成期				
全国地域婦人団体連絡協議会結成	輪番制の運営委員会発足　10氏決定		辻本八重初代委員長就任	市婦協３役 常任委員と協議会の役員組織確立
選挙啓蒙活動	指導者研修会 強化米と栄養の研究会	指導者研修会 研究会（水爆とビキニの灰、医薬分業、黄変米、家庭教育、結核予防、憲法改正、家族制度復活の問題）	地区別婦人懇談会 第１回婦人教室 研究会（教育行使、売春禁止問題、新医療体系） 指導者研修会 母親大会堺地区報告会	文部科学省委嘱婦人学習開設（→３８年には１８学級 1,134人） 研究会（教育二法時事問題、憲法と憲法改正、食生活改善）
子供会育成	児童福祉旬間子供大会の開催 青空教室への努力	第６回婦人週間婦人のつどい開催	「婦人さかい」発刊 第７回婦人のつどい開催 第１回原水爆禁止世界母親大会堺で開催	第８回婦人のつどい 母親大会 婦人作品展
電気料金値上げ反対運動 浴場料金値上げ反対運動	売春禁止法制定促進運動 巣鴨収容堺市出身戦犯釈放嘆願署名運動	門松虚礼廃止運動 公明選挙運動 年末助け合い運動 戦犯釈放嘆願運動 中国残留邦人引揚促進運動 欠食児童助け合い運動	新生活推進運動 浴場清潔運動 年末助け合い運動 門松自粛運動 売春禁止運動 婦人会館建設運動始まる 沖縄返還運動参加	
広島原爆被災乙女の治療費援助 鳥取大火見舞	北九州、和歌山南山域水害見舞			
全国地域婦人団体連絡協議会決済（理事長　山高しげり） 高良とみ帰朝報告婦人大会 日本父母と先生全国脅威会（ＰＴＡ）結成	日本婦人団体連合会結成（会長　平塚らいてう） 世界婦人大会（コペンハーゲン）「婦人の権利宣言」採択 文部省、婦人教育振興経費を予算化	近江絹糸労組総決起大会 全国婦人教育指導者会議 文部省、指定研究社会学級（稲取実験社会学級）開催	第１次主婦論争起こる 第１回日本母親大会開催（東京） 第１回原水爆禁止世界母親大会	主婦会館設立（代表奥むめお） 売春防止法、地方教育行政法公布 全国婦人会館協議会結成（会長　奥むめお） 文部省、委嘱婦人学級を開始（話し合い学習全国へ普及） 日本、国連に加盟

西暦		1957	1958	1959
和暦		32	33	34
堺市女性団体協議会関係		第２期　成長期 学習する婦人団体へ～婦人学級、研究会、指導者研修の盛況だった時代		
	組織国際		専門部会設立（社会問題部・生活部・青少年問題部・保健衛生部） 辻本委員長社会教育功労者賞	
	専門部会			
	学習・啓発	研究会（食生活、売春禁止法に伴う諸問題、老人福祉、家庭教育、メートル法統一促進、新中国と新生活） 指導者研修会	研究会（青少年問題、教育の動向、核兵器をめぐる世界の動き、老人グループ、衣生活） 指導者研修会	指導者研修会 府婦人問題研究会 堺市婦人講座 多奈川発電所見学・懇談会 家庭教育研究会 婦人学級地区制へ
	資格等取得			
	婦人会館・大学			婦人会館建設運動始まる
	活動	第９回婦人のつどい 堺母親会議青少年を暴力から守る大会 趣味と工夫の生活展共催	婦人のつどい 市民レクリエーション大会参加 趣味とくふうの生活展共催 合併地区親睦懇談会	婦人のつどい 日本体操祭民踊参加 第５回趣味とくふうの生活展共催
	調査			
	運動	年末年始虚礼廃止運動 年末助け合い運動		原水爆禁止世界大会堺大会参加 不良週刊誌追放運動 年末助け合い運動 沖縄返還運動参加
	表彰			
	支援ボランティア			15号台風義援金
国際状況				
国内状況		売春防止法施行 国連婦人の地位委員会委員国に日本当選（委員　谷野せつ） 国連ＮＧＯ国内婦人委員会結成（代表　市川房枝）		社会教育法改正
堺市				
キーワード/分析概念				

1960	1961	1962	1963
35	36	37	38
第２期　成長期			
学習する婦人団体へ～婦人学級、研究会、指導者研修の盛況だった時代			
辻元委員長アメリカ視察（米国国務省の招へいにより全米各地の学校、社会教育の状況視察　５月27日から８月５日） ブロック別研修会開始	辻元委員長　汎太平洋東南アジア　婦人会議に出席 原水爆禁止世界大会に辻元八重委員長参加	全国地域婦人団体連絡協議会の副会長に就任	
ブロック別研修会 指導者研修会２回 研究会（老人福祉の実情と問題点、家庭教育、青少年問題）	ブロック別研修会５回 指導者研修会２回 青少年補導関係機関見学 計量座談会 研究会（公職選挙法改正） 警察、安全協会との座談会 府外研修（神戸市、甲賀市）	ブロック別研修会４回 指導者研修会２回 青少年に良い環境を作るための座談会 府外研修（岡山・広島・山口） 婦人特別講座	市政懇談会 青少年問題懇談会 指導者研修会 夏季の青少年保護者育成についての講演会 人権擁護座談会 府外研修２回（名古屋・富山・金沢・鯖江）
婦人のつどい 第３回市民レクリエーション大会参加 第６回趣味とくふうの生活展	第13回婦人のつどい開催 バザー	婦人のつどい 市民レクリエーション大会参加 交通安全運動協力 住民健診協力	水栓便所普及についての懇談会 婦人のつどい 父の日行事（お父さんとの座談会） 市民レク大会参加
			悪書追放のための書店調査 量目調査
	府婦人会館建設運動	マーケット一日監視	公明選挙運動
チリ津波被災者のための募金運動			
国連婦人デー50周年記念集会各地で開催 中山マサ衆議院議員、初の女性大臣（厚生大臣）に就任 文部省、婦人教育振興費大幅拡充（委嘱婦人学級大幅増、婦人教育指導者海外派遣開始） 女性の高校進学率男性と肩を並べる	文部省社会教育局に婦人教育課設置（婦人教育、家庭教育・純潔教育を所管、初代課長　外村てい） 婦人学級最盛期（全国３万以上）	中学家庭科における男女別修実施 文部省、家庭教育振興費予算化	高校女子家庭科必修化

西暦		1964	1965	1966	1967
和暦		39	40	41	42
堺市女性団体協議会関係		第２期　成長期 学習する婦人団体へ～婦人学級、研究会、指導者研修の盛況だった時代			
	組織 国際				松若委員長就任 辻元八重初代委員長 5.17 逝去
	専門 部会		消費問題部新設	更生保護部事業部	更生保護部事業部
	学習・ 啓発	市政懇談会 婦人団体指導者講習会 府外研修（高松・高知・徳島）	ブロック別研修会 研究会（物価問題。消費問題、老人問題、ゴミと生活）	婦人団体指導者役職別リーダー研修会	婦人団体指導者役職別リーダー研修会 東大阪市婦協との交歓学習会 大分県婦人との交歓会 趣味のつどい（日本女性史研究）
	資格等 取得				
	婦人 会館・ 大学				
	活動	堺東駅前毎週清掃 第１回主婦のくらしの手芸展開催 市役所正面玄関フラワーベース植栽		18 回婦人のつどい 社会を明るくする婦人大会	第４回主婦のくらしの手芸展
	調査			食料品量目調査 衣服調査	
	運動	悪書追放運動	映画の深夜興業反対運動	市民の森運動 クリーニングの合理化運動（値下げ運動）	
	表彰				
	支援 ボラン ティア	新潟地震募金			
国際状況					婦人に対する差別撤廃宣言採択
国内状況		文部省、家庭教育振興費を大幅増額。市町村の家庭教育学級を成人教育の一環として奨励・助成 母子福祉法公布 東京オリンピック開催	国立市公民館、主婦の学習参加保障を目的に保育開始 ユネスコ成人教育推進国際委員会で生涯教育提唱	母子保健法施行 中央教育審議会「期待される人間像」答申（女子に対する教育的配慮の項目で「女子の特性」強調 労働省「婦人の地位に関する国内委員会」（婦人参政 20 周年記念事業）開催	総理府に「婦人関係の諸問題に関する懇談会」設置 国連「女性に対する差別撤廃宣言」採択 女性の雇用者が 1000 万人を超す
堺市					
キーワード/ 分析概念					

1968	1969	1970
43	44	45
第３期　拡大期		
主婦パワーの時代～市民運動初の台頭の中で		
やわらぎ会（旧運営委員）誕生		山吉寿子委員長就任
更生保護部事業部	社会問題部、青少年問題部、消費問題部事業部、文化部、広報部、保健衛生部	社会問題部、青少年問題部、消費問題部、事業部、文化部、広報部、保健衛生部
消費問題リーダー養成講座 趣味のつどい（明治女性史研究） 泉北地区婦人問題研究会 東京都、金沢市婦協との交歓	指導者研修会 各部定例研究会 ブロック別研修会 中央婦人学級開講 合同部会 役職別リーダー講習会 府外研修	指導者研修会 合同部会 役職別リーダー研修会 ブロック別講習会 中央婦人学級 府外研修
第１回不用品交換会 婦人のつどい 第１回文化展 第５回主婦のくらしの手芸店	第１回消費者のつどい 第１回婦人体育祭開催	婦人のつどい 第１回婦人体育祭 主婦のくらし手芸展
	商品テスト こどもの遊び場調査	
	こどもの事故防止運動悪書追放運動	
ボランティア活動(施設への募金)		
家庭生活問題審議会「期待される家庭像」答申 消費者保護基本法公布 新小学校学習指導要領告示	教育課程審議会、高校教育について「男女それぞれの個性を伸ばす教育」を答申 女性の高校進学率が男性を上回る ＧＮＰ世界第２位に	国民生活センター発足。全国婦人新聞社設立 日本で初のウーマンリブ集会

西暦		1971	1972	1973
和暦		46	47	48
堺市女性団体協議会関係		第３期　拡大期 主婦パワーの時代～市民運動初の台頭の中で		
	組織国際			
	専門部会	社会問題部、青少年問題部、消費問題部、事業部、文化部、広報部、保健衛生部	社会問題部、青少年問題部、消費問題部、事業部、文化部、広報部、保健衛生部	社会問題部、青少年問題部、消費問題部、事業部、文化部、広報部、保健衛生部、ボランティア部、編集部、体育レクリエーション部
	学習・啓発	合同部会 役職別リーダー講習会 ブロック別研修会 中央婦人学級 婦人のつどい 続公害講座（食品公害） 古典講座 俳句、俳画、短歌、習字教室	各教室定例	各教室定例 古典講座伊勢物語 均整のとれた体力づくり婦人教室開催
	資格等取得			
	婦人会館・大学			
	活動	主婦のくらしの手芸展 第２回婦人体育祭	青空スーパー開始 文化展 主婦のくらしの手芸展	文化展 主婦とくらしの手芸展
	調査	商品テスト（衣類） テレビ調査	大豆輸入規制による豆腐値上げ反対のための実態調査 量目価格調査	中性洗剤テスト 再灯油価格調査
	運動	再販制度廃止運動 シンナー遊び撲滅運動 過大包装追放運動 交通遺児へ一円募金運動	胃がん検診要望	再販制度廃止運動 過大包装追放運動 買い控え運動 運動の成果として子宮頸がん検診始まる 胃がん検診要望 家庭ゴミ週２回取集を要望・実施される 石油パニックで消費者運動強化 堺市消費生活センター建設
	表彰			
	支援ボランティア	ボランティアスクール開講 各種予防接種介助 病院ボランティア	交通遺児進学祝い金のための１円募金 病院福祉施設ボランティア活動	交通遺児進学祝い金のためのバザー 病院福祉施設ボランティア活動 各種予防接種介助 堺まつり誕生全面協力
国際状況				
国内状況		「優性保護法改正案」国会提出、各方面より反対運動 総理府「婦人に関する諸問題調査会議」発足 勤労婦人福祉法公布・施行 ユネスコ第３回世界成人教育会議（東京）	日本男性のキーセン観光が日韓両国で問題に ＯＥＣＤ報告書「リカレント教育　―　生涯学習のための戦略」	石油ショック
堺市				
キーワード/分析概念				

1974	1975
49	50
第４期　飛躍期	
政治参画への時代〜国際婦人年 平和 平等 発展をめざす「婦人の 10 年」へ突入	
「日中友好の船」山口彩子副委員長参加	女性議員誕生　山吉寿子
社会問題部、青少年問題部、消費問題部、事業部、文化部、広報部、保健衛生部、ボランティア部、体育レクリエーション部	社会問題部、青少年問題部、消費問題部、事業部、文化部、広報部、保健衛生部、ボランティア部、体育レクリエーション部、家庭料理研究グループ
和漢朗詠集講座 手芸講習	中央婦人学級参加 料理講習会
堺市消費生活協議会結成	
食品簡易テスト 洗剤アンケート PCB、AF_2 塩化ビニールの可塑剤性調査 幼児歯科診療のアンケート	青少年の学習・遊びについてのアンケート サッカリン市場調査 ホルマリンによる皮膚障害調査 試売食品テスト
大阪府母子総合医療センター堺市へ誘致要望書提出 公共料金値上げ反対 老人マッサージ無料券を市に要望 AF2 全面禁止運動	不法投棄を監視する運動 運動の成果、胃がん検診始まる 国際婦人年に関する公開質問状提出 市立婦人会館要望 公共料金値上げ４種目（国民健康保険料・下水道料金・水道料金・し尿くみ取り料）反対 児童文庫設置運動
中華人民局展覧会車いす見学者介添え	
	国際婦人年 国際婦人年世界会議 世界行動計画採択
家庭科の男女共修を進める 労働省「働く婦人の家の設置及び運営についての望ましい基準」策定 労働省「国際婦人年国内連絡会議」主催 外務省「国際婦人年に関する関係各省連絡会議」設置 高校進学率 90％を超える	総理府婦人問題担当室設置 国際婦人年をきっかけとして行動を起こす女たちの会結成 国際婦人年世界会議（メキシコシティ）開催。 「世界行動計画」採択 国連婦人の 10 年（７６〜85 年） 総理府に「婦人問題企画推進本部」、「婦人問題企画推進会議」設置 政府が国際婦人年記念日本婦人問題会議開催 国際婦人年日本大会開催。翌月、国際婦人年連絡会結成

西暦		1976	1977
和暦		51	52
堺市女性団体協議会関係		第４期　飛躍期 政治参画への時代～国際婦人年 平和 平等 発展をめざす「婦人の 10 年」へ突入	
	組織 国際	山口彩子委員長就任 第２次堺バークレー親善使節団参加	
	専門 部会	社会問題部、青少年問題部、消費問題部、事業部、文化部、広報部、保健衛生部、ボランティア部、スポーツレクリエーション部、家庭料理研究グループ	社会問題部、青少年問題部、消費問題部、事業部、文化部、広報部、保健衛生部、ボランティア部、体育レクリエーション部、家庭料理研究部
	学習・ 啓発	講習会 ボランティアスクール参加 スポーツ教室 味噌作り研修会	
	資格等 取得		
	婦人 会館・ 大学		婦人会館建設千円募金始まる 全国主要都市文化施設婦人会館調査 堺市婦人会館（仮称）の建設調査報告作成
	活動	第９回全国都市問題婦人団体会議堺市婦協当番団体により開催（13 団体） 国際婦人年をすすめる堺婦人のつどい結成	地域医療を考える懇談会 リフォーム洋服病院
	調査	自動販売機（ポルノ雑誌、避妊具、酒、タバコ）調査	パンの試売調査
	運動	子宮がん胃がん検診要望書 テレビを斬るワースト番組抗議	照射食品、OPP 転嫁柑橘類サッカリンの使用取り消し要望 照射ジャガイモの学校給食使用禁止要望に成果 物価流通革新運動を展開（NKI 運動） たばこノーポイ運動
	表彰		
	支援 ボラン ティア		盲人福祉協議会へ料理ボランティア
国際状況		国連婦人の１０年（1976 年～ 1985 年）	
国内状況		婦人問題企画推進会議、中間意見を発表（固定的役割分担観念を批判） 『昭和 51 年版厚生白書　―　婦人と社会保障』（女性に焦点化した初の白書） 労働省第１回日本婦人問題会議開催 文部省、婦人ボランティア活動促進事業補助	国立婦人教育会館開館 婦人問題企画推進本部「国内行動計画」策定 婦人問題企画推進本部ニュース『えがりて』創刊 国立婦人教育会館が埼玉県嵐山町に開館 婦人問題企画推進本部「国内行動計画前期重点目標」発表
堺市			社会教育課に婦人教育係設置（現　男女共同参画センター内）
キーワード/ 分析概念			

1978	1979
53	54
第 5 期　発展期	
婦人会館竣工 国際婦人の 10 年後半貴	
世界軍縮特別会議山口彩子委員長参加	統一地方選挙市議会議員に女性代表(山口彩子委員長)当選
社会問題部、婦人問題部（開設)、青少年問題部、消費問題部、事業部、文化部、広報部、保健衛生部、ボランティア部、体育レクリエーション部、家庭料理研究部	社会問題部、婦人問題部、青少年問題部、消費問題部、事業部、文化部、広報部、保健衛生部、ボランティア部、体育レクリエーション部、家庭料理研究部
有事立法研修会 女性講座開講	
婦人会館調査報告書提出	婦人会館起工式
ニューヨーク国連軍縮特別会議委員長参加 堺市北方領土返還推進協議会結成に尽力 堺市婦協創立 30 周年記念	婦人体育祭
ふきんの安全調査 柵のない危険箇所 381 件調査	国際新空港についてアンケート調査 青少年を取り巻く環境の実態調査 勤労婦人の就労状況調査 物価調査（毎年） 母性及び家族の健康を守る対策実態調査
過大包装追放デモンストレーション トレーの全廃をスーパーに要望書提出 関西電力・大阪ガスに円高差益還元要求	インフレ、品不足、ものかくし監視を市に要望 物価 110 番苦情ダイヤル開設 わが子への愛を世界のどの子にも母乳を飲ませる運動
	女子差別撤廃条約採択
総理府『婦人の現状と施策　—　国内行動計画第 1 回報告書』発表（初の『婦人白書』) 国連婦人の 10 年推進議員連盟設立 総理府調査、半数が「国内行動計画」を知らない	総理府『婦人の方針決定参加状況調査』結果発表 日本女性学会発足 国立婦人教育会館内に情報図書室開室 第 34 回国連総会「婦人に対するあらゆる形態の差別の撤廃に関する条約（女性差別撤廃条約)」採択

西暦		1980	1981
和暦		55	56
堺市女性団体協議会関係		第5期　発展期	
		婦人会館竣工 国際婦人の10年後半期	
	組織 国際	“国連婦人の10年”世界会議　大阪府代表として山口彩子委員長参加	
	専門 部会	社会問題部、婦人問題部、青少年問題部、消費問題部、事業部、文化部、広報部、保健衛生部、ボランティア部、体育レクリエーション部、家庭料理研究部	社会問題部、婦人問題部、青少年問題部、消費問題部、事業部、文化部、広報部、保健衛生部、ボランティア部、体育レクリエーション部、家庭料理研究部
	学習・ 啓発	物価講演	
	資格等 取得		
	婦人 会館・ 大学	婦人会館竣工 サカイレディスアカデミー開講（堺女性団体連絡協議会　受託）	サカイレディスアカデミー（堺女性団体連絡協議会受託）
	活動	第10回婦人体育祭 女性創作展 幼児の虫歯の相談 女のしめ縄作り（観衆の打破） 「炎の慟哭」出版 労働婦人の条件整備活動	婦人会館建設費寄付に対し紺綬褒章受章 えがりて発刊
	調査	ふきん等の蛍光物質使用有無テスト	婦人の生活意識アンケート調査
	運動	北方領土の日街頭キャンペーン参加 50才以上の単身女性を、市営住へ入居要望・実現 女性管理職の登用要求 乳ガン検診予算計上運動に成功	市政に対する公開質問状提出、回答を得る 行政懇談会（年間5回） 平和のつどい街頭キャンペーン 「女性差別撤廃条約府民会議」に於て国会議員に署名運動 「婦人に対するあらゆる形態の差別の撤廃に関する条約」について堺市長に公開質問状提出
	表彰		
	支援 ボラン ティア	サカイレディースアカデミー託児ボランティア	
国際状況		国連婦人の10年 中間年世界会議 国連婦人の10年後期行動プログラム 採択	
国内状況		女子差別撤廃条約 署名 国連婦人の10年中間年世界会議（コペンハーゲン）。日本、女性差別撤廃条約に署名 国立婦人教育会館で女性学講座（以後毎年開催）、婦人のための教育・訓練・雇用セミナー開催（ユネスコ共催）	国内行動計画後期重点目標決定 中教審答申 国内行動計画後期重点目標 文部省中央教育審議会答申「生涯教育について」 ILO「男女労働者特に家族的責任を有する労働者の機会均等及び均等待遇に関する条約」（156号）採択
堺市		堺市立婦人会館 オープン サカイレディスアカデミー 開講	
キーワード/ 分析概念			

1982	1983
57	58
第５期　発展期	
婦人会館竣工 国際婦人の 10 年後半期	
	統一地方市議会議員に再度女性代表（山口彩子委員長）当選
社会問題政治研究部、婦人問題部、青少年対策部、消費経済部、事業部、文化部、広報部、保健衛生部、ボランティア部、体育レクリエーション部、家庭料理研究部	社会問題政治研究部、婦人問題部、青少年対策部、消費経済部、事業部、文化部、広報部、保健衛生部、ボランティア部、体育レクリエーション部、家庭料理研究部
婦人学級発展的解消　婦人大学開設 親業講座参加 健康食品というまぎらわしい食品研究	
サカイレディスアカデミー（堺女性団体連絡協議会　受託）	サカイレディスアカデミー（堺女性団体連絡協議会受託）
平和集会講演 ファミリーサービスクラブ発足 第 12 回婦人体育祭 第 19 回女性創作展	第 13 回婦人体育祭 第 20 回女性創作展 献血運動 し尿ゴミモニターはがき回答（毎年） 委員長大阪府海外婦人問題セミナーに参加東南アジア視察
結婚の実態アンケート	結婚の実態アンケート集計
行政懇談会 女性差別撤廃条約早期批准をすすめる中央要請行動 「人権擁護宣言都市」の堺市 “ まつりの女王 ”“ ゆかたの女王 ” 行事廃止 ミスコンテスト、女性コンクールは女性や女性や身障者への人権侵害を訴える運動 大阪府立母子保健総合医療センター誘致実現　同センターに小児救急医療設置岸大阪府知事に要望書提出	老人保健法と老人介護行政懇談会 トレー包装を少なくする運動 平和大行進 堺市へラスパイレス日本一のきゅよ改正を求める要望　成果を上げる 女性差別撤廃条約批准に向けて街頭キャンペーン 2 回 平和集会の街頭宣伝活動 街頭宣伝活動・消費経済部・食品添加物使用禁止チラシ配布
女性差別撤廃委員会（CEDAW）設置	
神奈川県「かながわ女性プラン」策定 神奈川県婦人総合センター開館 国連女性差別撤廃委員会（CEDAW）設置 女性大学生就職難（上場企業 8 割が採用ゼロ）	国立婦人教育会館「OECD・CFRI 家庭教育セミナー」開催 全国 84 大学で女性学関連講座 112 開講（国立婦人教育会館「高等教育における女性学関連講座開設状況調査」）
「さかいにおける婦人問題に関する婦人の意識調査」実施	第 1 期堺市婦人問題行動計画 策定 堺市議会に婦人問題に関する特別委員会 設置

西暦		1984	1985
和暦		59	60
堺市女性団体協議会関係		第6期　成熟期 女子差別撤廃条約と女性団体活動 婦人から女性へ	
	組織国際		国連婦人の10年ナイロビ世界会議参加 「女子差別撤廃条約」わが国によって批准される
	専門部会	社会問題政治研究部、婦人問題部、青少年対策部、消費経済部、事業部、文化部、広報部、保健衛生部、ボランティア部、体育レクリエーション部、家庭料理研究部	社会政治部、婦人問題対策部、青少年対策部、消費経済部、事業部、文化部、広報部、保健衛生部、ボランティア部、スポーツレクリエーション部、料理研究部
	学習・啓発	合同部会シンポジウム 婦人会館5周年記念パネルディスカッション 男性料理スクール	
	資格等取得		
	婦人会館・大学	サカイレディスアカデミー（堺女性団体連絡協議会受託） 婦人会館5周年	サカイレディスアカデミー（堺女性団体連絡協議会　受託）
	活動	平和集会 第36回婦人のつどい 前デンマーク大使、高橋展子氏を招いて「国連婦人10年最後年に向けて」講演会開催	物価フォーラム ウイミンズホットライン女性差別110番 婦人週間記念講演 "アフリカへ毛布を送ろう"運動に毛布1,881枚と150万7,640円の募金協力を得て東京に送る
	調査	葬儀のアンケート調査 食パン試売テスト	
	運動	下水道補助金の陳情要望書提出 男女雇用機会均等法について総理大臣法務大臣に要望書提出 環境浄化運動 大阪府立母子保健総合医療センターに第二計画「小児救急医療部門」設置を大阪府知事に要望	国際青少年街頭キャンペーン 消費者被害届出運動 覚せい剤追放のための集会 行政懇談会 NTT懇談会 第36回"婦人のつどい"において「女子差別撤廃条約」完全批准推進のアピールを採択 「堺婦人政策室」設置を要望実現
	表彰		
	支援ボランティア	アフリカへ毛布を送る	つどいあけぼの各種行事介助
国際状況			国連婦人の10年最終年世界会議
国内状況		婦人問題企画推進本部、アジア・太平洋地域婦人問題シンポジウム開催 改正戸籍法・戸籍法成立（父母両系血統主義採用） 労働省「婦人少年局」を「婦人局」へ改組 婦人問題企画推進本部、世界会議に向け全国会議開催 文部省「婦人の職業生活準備事業研究」委嘱	男女雇用機会均等法公布・臨教審答申 女子差別撤廃条約批准 総理府臨時教育審議会「教育改革に関する答申」 男女雇用機会均等法、改正労働法成立 女性差別撤廃条約批准 国連婦人の10年ナイロビ世界会議NGOフォーラム開催 国連婦人の10年世界会議開催。「婦人の地位向上のためのナイロビ戦略」採択 婦人問題企画推進本部「西暦2000年に向けての全国会議　―『国連婦人の10年』最終年」開催 国連婦人の10年日本大会開催（約2000人参加。国際婦人年連絡会） 文部省、婦人問題学習講座を奨励。 ユネスコ第4回世界成人教育会議開催（パリ）「学習権宣言」採択
堺市		「堺の婦人の現状」発行 「堺市婦人問題行動計画推進委員会」設置 「婦人問題に関する男女の意識調査」実施	人権啓発局に「婦人政策室」設置 「婦人政策室だより」創刊 国連婦人の10年最終年世界会議に堺市派遣団6人派遣
キーワード/分析概念			

1986	1987	1988
61	62	63
第 6 期　成熟期		
女子差別撤廃条約と女性団体活動 婦人から女性へ		
堺市婦人団体連絡協議会から堺市女性団体連絡協議会へと名称変更 人権問題懇談会 国連 NGO 世界平和会議（ウィーン）に委員長・事務局長参加		
社会政治部、女性問題対策部、青少年対策部、消費経済部、事業部、文化部、広報部、保健衛生部、ボランティア部、スポーツレクリエーション部、料理研究部	社会政治部、女性問題対策部、青少年対策部、消費経済部、事業部、文化部、広報部、保健衛生部、ボランティア部、スポーツレクリエーション部、料理研究部、コーラス部	組織対策部、社会政治部、寡婦対策部、女性問題対策部、青少年対策部、消費経済部、事業部、文化部、広報部、保健衛生部、ボランティア部、スポーツレクリエーション部、料理研究部、コーラス部
夏休みこども学習会 環境業務施設見学 グループ別勉強会	合同部会 食品添加物学習 活魚の寄生虫の学習	
サカイレディースアカデミー名称変更　新名称「堺女性大学」（堺市女性団体連絡協議会受託）	「堺女性大学」（堺市女性団体連絡協議会受託）	「堺女性大学」（堺市女性団体連絡協議会受託）
ウイミンズホットライン（女性差別発言、女性差別 110 番） 売春防止法制定 30 周年シンポジウム 男女雇用機会均等推進大阪会議参加 交通安全祈願ムジコ（無事故）ちゃん 1 万個作成	国際平和事業 ソ連総領事館見学交流会 女性問題研修海外　韓国	反戦平和フォーラム CEDAW 報告会 第 18 回女性体育祭 第 25 回女性創作展 創立 40 周年記念ソビエト大阪総領事ゴルブノフ氏と平和誓約書調印 日・タイ親善・交流パーティー 第 40 回婦人週間全国大会山口委員長パネラーとして出席（日比谷公会堂）
マンガ雑誌の調査	テレフォンクラブカード収集整理 月刊誌週刊誌の調査	女性差別撤廃条約の具体化啓発活動と調査
大型間接税、マル優制度廃止に反対する要望書総理大臣に提出 老人保健法改悪案に関する要望書、総理大臣、厚生大臣に提出 妻の相続権改正に関する要望書、総理大臣、法務大臣に提出 イトーヨーカドーとの懇談会 円高差益還元要求運動、関西電力、大阪ガス他へ要望 「大阪府立母子保健総合医療センター」小児救急医療施設予算計上		原発反対運動
つどいあけぼのクラブ活動介助	あけぼの・ミササギ共同作業所作業手伝い 心臓病の子供を守る会託児	バングラディッシュ支援バザール
婦人問題企画推進本部拡充 婦人問題企画推進有識者会議開催 婦人問題企画推進本部構成を全省庁に拡大 労働省「第 4 次職業能力開発基本計画」策定（女子の多様な就業ニーズに応じた職業能力開発が必要） 土井たか子社会党委員長就任（初の女性党首）	西暦 2000 年に向けての新国内行動計画策定 婦人問題企画推進本部「西暦 2000 年に向けての新国内行動計画」決定（男女共同参加型社会の形成がテーマ） 文部省教育改革実施本部「教育改革に関する当面の実施方向」策定（生涯学習推進体制の整備） 国立婦人教育会館、開館 10 周年を記念して国際セミナー、論文募集等を実施	文部省生涯学習局設置 文部省、社会教育局を生涯学習局に改組 横浜女性フォーラム開館 国際婦人年連絡会「西暦 2000 年に向けての民間行動計画」発表 国連女子差別撤廃委員会で日本の報告書審議
サカイレディス アカデミーを堺女性大学に改称 婦人会館フェスティバル 開催 女性問題地域講演会開始	「第 1 期堺市女性問題行動計画」改定 「中高年女性の実態調査」実施（「さかい女性の現状」発行） 堺市女性問題行動計画推進委員会に改称 女性推進会議設置	「女性事務職員アンケート調査」実施 女性問題行動計画ダイジェスト版作成 堺市女性問題行動計画（61･62 年度）推進状況作成 「女性問題を考える広報紙」全戸配布

西暦		1989	1990
和暦		H1	2
堺市女性団体協議会関係		第７期　政策期 ナイロビ会議から北京会議を経て 2000 年までの行動計画の実践	
	組織国際	堺市女性団体訪中団（連雲港市）	山口典子事務局長国立教育婦人会館女性学講座企画委員に任命
	専門部会	組織対策部、社会政治部、寡婦対策部、女性問題対策部、青少年対策部、消費経済部、事業部、文化部、広報部、保健衛生部、ボランティア部、スポーツレクリエーション部、料理研究部、コーラス部	組織対策部、社会政治部、寡婦対策部、女性問題対策部、青少年対策部、消費経済部、事業部、文化部、広報部、保健衛生部、ボランティア部、スポーツレクリエーション部、料理研究部、コーラス部
	学習・啓発		
	資格等取得		
	婦人会館・大学	「堺女性大学」（堺市女性団体連絡協議会　受託） 堺女性大学 10 周年記念大会フェスティバル	「堺女性大学」（堺市女性団体連絡協議会　受託）
	活動	ポルノコミックを考えるシンポジウム 女性団体創立 40 周年ウイメンズ・セレブレイション記念映画「人類自由への接吻」制作 童話・絵本研究会発足 堺市制 100 周年記念協賛事業として、大仙公園ダッハランド堺市女性団体の参加 堺市制 100 周年記念協賛事業として、堺大魚夜市出店	ファミリーサービスキューピッド 国際女性デー 80 周年記念特別展　丸木俊氏講演
	調査		セクシュアルハラスメント、アンケート実施 童話絵本研究会まとめ
	運動	ミス・コンテスト NON！全国抗議集会 大阪花博ミス・コンテストＸＰＯページェントに対する抗議文も各関係大臣・団体に送付 ミス・コンテスト廃止運動家アン・サイモントンさんアメリカから来日 ミス・コンテストＮＯＮ本の作成生理中プールの見学減点を指摘	ミスコンテスト廃絶元年 PKO 反対運動「君死にたもうことなかれ」 山口彩子委員長の発言から、堺市男女混合出席簿へ
	表彰		
	支援ボランティア	堺市障害者共同作業所映画作成費募金	
国際状況		子どもの権利に関する条約採択	国連婦人の地位委員会拡大会期
国内状況		学習指導要領改訂（中学・高校における家庭科の男女共修等） 新学習指導要領告示（家庭科男女共修に） 文部省「婦人の生涯学習促進事業（ウィメンズ・ライフロング・カレッジ）を開始（大学等と社会教育の連携図る） 海部内閣成立、初の女性閣僚２名誕生（高原須美子経済企画庁長官、森山真弓環境庁長官） 第 44 回国連総会「子供の権利条約」採択	中央教育審議会答申「生涯学習の基盤整備について」 厚生省、女性が生涯に産む子供の平均数 1.57（史上最低）と発表 生涯学習振興整備法施行 総理府婦人問題企画推進有識者会議意見で「女性」の用語使用を進める。「婦人」から「女性」への変更が広まる 国際識字年
堺市		啓発映画「わが心の朝」制作	堺市女性問題行動計画（63・元年度）推進状況作成 男女混合名簿実施（公立幼・小学校全校） 「男性一般行政職員アンケート調査」実施
キーワード/分析概念			

1991	1992	1993
3	4	5
第７期　政策期		
ナイロビ会議から北京会議を経て2000年までの行動計画の実践		
山口典子事務局長全米女性学会出席	アジア女性会議（国立婦人教育会館：山口典子事務局長、事務局で活躍） 堺市女性団体連絡協議会が国連ユニフェム、日本国内正会員に認定	山口彩子委員長、国連ユニフェム日本国内理事に就任
組織対策部、社会政治部、寡婦対策部、女性問題対策部、青少年対策部、消費経済部、事業部、文化部、広報部、保健衛生部、ボランティア部、スポーツレクリエーション部、料理研究部、コーラス部	組織対策部、社会政治部、寡婦対策部、女性問題対策部、青少年対策部、消費経済部、事業部、文化部、広報部、保健衛生部、ボランティア部、スポーツレクリエーション部、料理研究部、コーラス部	組織対策部、社会政治部、寡婦対策部、女性問題対策部、青少年対策部、消費経済部、事業部、文化部、広報部、保健衛生部、ボランティア部、スポーツレクリエーション部、料理研究部、コーラス部
	晶子歌碑めぐりツアー始まる	
「堺女性大学」（堺市女性団体連絡協議会　受託）	「堺女性大学」（堺市女性団体連絡協議会受託）	「堺女性大学」（堺市女性団体連絡協議会受託）与謝野晶子立像（創立45周年記念）
牛乳パックアルミ缶回収 SAKAI女性環境サミット	堺女性団体協議会主催　アジア女性会議堺集会 私が描く与謝野晶子展 環境バック制作 委員長、市議の発言で堺市は男女混合出席簿になる 委員長、議会でアファーマティブアクションの導入を約束	男女混合出席簿、大阪府教育委員会府下一斉に実施 国際女性デー記念シンポジウム ウエリントン女性市長来館 朝まで生テレビ、テーマ「差別と表現の自由について」　山口典子（現委員長）　出演 与謝野晶子立像のミニチュア制作 創立45周年記念事業として、堺の「いたすけ古墳」から出土した「衝角付冑型埴輪」制作
青少年向けポルノコミック誌等の対策強化を求める署名運動 ポルノコミック等有害図書に関する請願書を国、大阪府に提出。		
緑化基金に寄付 雲仙普賢岳大火砕流の災害に義援金		北海道南西沖地震災害募金運動
		国連世界人権会議（ウィーン）女性に対する暴力の撤廃に関する宣言
新国内行動計画 第一次改定 育児休業法公布 湾岸戦争反対の女性運動盛ん 初の女性市長誕生（北村春江芦屋市長） 婦人問題企画推進有識者会議意見「変革と行動のための５年」発表 新国内行動計画（第１次改定）策定、「男女共同参画型社会の形成」を総合テーマに 育児休業法成立 文部省、来春の小学校の教科書すべてに「日の丸」「君が代」が国旗、国歌であることを明記すると公表 国立婦人教育会館、女性・家族に関するオンライン検索サービスWINETを開始 ソ連崩壊	婦人問題担当大臣設置 文部省生涯学習審議会答申「今後の社会の動向に対応した生涯学習の振興方策について」 ユニフェム日本国内委員会発足 初の婦人問題担当大臣任命（河野洋平官房長官が兼務） 学校週５日制開始	中学校で家庭科が男女必修となる 中学校家庭科の男女共修開始（高校94年から） 土井たか子、初の女性衆議院議長就任 日本弁護士連合会「婦人問題企画推進本部機構（ナショナル・マシーナリー）の在り方についての意見書」発表
婦人政策室を女性政策室に改称 （第２期プラン策定のための）堺市女性問題懇話会設置 堺市女性問題地域フォーラム（年６回）開催	アジア女性会議堺地域会議開催 堺市女性問題懇話会から提言書を市長に提出 「女性問題についての市民意識調査」実施	「女性問題についての市民意識調査」実施（「さかい女性の現状」発行） 第２期女性問題行動計画（さかい女性プラン）策定 堺市女性懇話会・堺市女性問題市民懇話会（現　堺市男女共同参画推進会議）・女性政策推進会議設置 「自治体男女平等度コンテスト」第１位（全国フェミニスト議員連盟）受賞」

西暦	1994	1995
和暦	6	7
	第７期　政策期 ナイロビ会議から北京会議を経て 2000 年までの行動計画の実践	
堺市女性団体協議会関係　組織国際		NGO フォーラム北京 95 堺派遣団山口典子事務局長北京へ 堺市議会選挙に於て山口彩子議員　第 1 位当選
専門部会	組織対策部、社会政治部、寡婦対策部、女性問題対策部、青少年対策部、消費経済部、事業部、文化部、広報部、保健衛生部、ボランティア部、スポーツレクリエーション部、料理研究部、コーラス部	組織対策部、社会政治部、寡婦対策部、女性問題対策部、青少年対策部、消費経済部、事業部、文化部、広報部、保健衛生部、ボランティア部、スポーツレクリエーション部、料理研究部、コーラス部
学習・啓発		与謝野晶子研究の継続
資格等取得		
婦人会館・大学	「堺女性大学」（堺市女性団体連絡協議会　受託）	「堺女性大学」（堺市女性団体連絡協議会　受託）
活動	国際平和フォーラム ９５国連世界女性会議第 1 回プレシンポジウム 第 2 回プレシンポジウム 第 1 回リサイクルファッションバザール ウェリントン市交歓会	第 4 回国連女性会議 NGO フォーラムに参加 中国連雲港市より来館交流会 第 47 回女性団体定期総会女性フォーラム 第 1 回芸能百華 阪神・淡路大震災災害カンパ救援物資・義援金
調査		
運動		与謝野晶子記念館建設運動 高速増殖炉もんじゅ爆発再開阻止へ
表彰		
支援ボランティア		阪神淡路大震災カンパ支援物資 50 万円相当堺市を通じて送る 第 2 弾として義援金 3,470,077 円
国際状況	国際家族年	第 4 回世界女性会議
国内状況	高校で家庭科が男女必修となる 児童の権利に関する条約批准 総理府、男女共同参画室及び男女共同参画審議会設置 男女共同参画推進本部設置 国際人口開発会議エジプト・カイロで開催（リプロダクティブ・ヘルス／ライツが焦点） 文部省、女性政策調整官設置国際家族年	育児休業法改定 阪神・淡路大震災 育児休業法改正（介護休暇の法制化） 第 4 回世界女性会議 NGO フォーラム（北京） 第 4 回世界女性会議（北京)。「北京宣言」「行動綱領」採択 国際婦人年連絡会「NGO 日本女性大会」開催 アジア女性資料センター設立 北京 JAC 発足 国立婦人教育会館「アドバンストコース（ジェンダー・センシティブ研修)」開催
堺市	婦人会館を女性センターに改称 「もっと素敵にフェスティバル'９４　女と男がいきるのや SAKAI」開催（1 月） 「ライフクリエイター養成講座」開始（以降隔年実施）	「もっと素敵にフェスティバル'９５　女と男がいきるのや SAKAI」開催（1 月） 全国初の男女共同参画宣言都市となる 第 4 回世界女性会議女性 NGO フォーラム堺市派遣団（16 人）派遣 堺市審議会等への女性委員登用推進要綱制定 泉州地域男女共同参画行政担当者連絡会議
キーワード/分析概念		

1996	1997	1998
8	9	10
第 7 期　政策期		
ナイロビ会議から北京会議を経て 2000 年までの行動計画の実践		
第 1 回堺ウェリントン市親善使節団団長に山口彩子委員長		国連 UNIFEM 堺設立 （名称変更）婦人団体から女性団体へ 「堺市女性団体協議会」創立 50 周年記念 堺市制 110 年発の女性副議長に山口彩子委員長就任
組織対策部、社会政治部、寡婦対策部、女性問題対策部、青少年対策部、消費経済部、事業部、文化部、広報部、保健衛生部、ボランティア部、スポーツレクリエーション部、料理研究部、コーラス部	組織対策部、社会政治部、寡婦対策部、女性問題対策部、青少年対策部、消費経済部、事業部、文化部、広報部、保健衛生部、ボランティア部、スポーツレクリエーション部、料理研究部、コーラス部	組織対策部、社会政治部、寡婦対策部、女性問題対策部、青少年対策部、消費経済部、事業部、文化部、広報部、保健衛生部、ボランティア部、スポーツレクリエーション部、料理研究部、コーラス部
与謝野晶子研究と歌碑めぐり		ホームヘルパー養成研修事業
		第 1 回ホームヘルパー養成研修事業を実施
堺女性大学（堺女性大学企画運営委員会受託）	堺女性大学（堺女性大学企画運営委員会受託）	堺女性大学（堺女性大学企画運営委員会受託）
	国際平和フォーラム 堺市健康づくり推進市民会シンポジウム 消費講演会 女性団体定期総会女性フォーラム 第 3 回芸能百華 動燃再処理工場爆発で陳情	創立 50 周年記念事業「与謝野晶子誕生 120 年かるた会」 開催 堺まつりパレードフロート参加
ダイオキシン発生の予防活動 国際平和女性フォーラム 第 48 回定期総会女性フォーラム		
メディアウォッチング	スーパー、量販店との懇談会 ごみの分別収集始まる。ごみ減量活動・ペットボトル回収 ピンクチラシ各戸配布禁止条例運動・ブリングアップチャイルド運動	ダイオキシン発生防止要望書提出
テレフォンクラブの規制に関する条例について「ピンクチラシやめさせよう」要望書提出		
女性政策室を女性政策課に改称 さかい男女共同参画週間設置 さかい女性プラン（平成 5•6•7）推進状況作成		
男女共同参画ビジョン 母体保護法（優性保護法改正） 男女共同参画審議会答申「男女共同参画ビジョン　－　21 世紀の新たな価値の創造」 女性政策情報ネットワーク「JJ ネット」第 1 号発信 「男女共同参画 2000 年プラン」策定 男女共同参画推進連携会議（えがりてネットワーク）発足 女子の 4 年制大学進学者が短大進学者数を上回る 病原性 O-157　学校給食から大規模発生	男女雇用機会均等法改定 介護保険法公布 男女共同参画審議会設置法成立 改正男女雇用機会均等法成立 介護保険法公布ユネスコ第 5 回世界成人教育会議開催。「ハンブルグ宣言」採択	労働基準法改定 男女共同参画審議会男女共同参画社会基本法について答申 特例非営利活動促進法（NPO 法）公布
「もっと素敵にフェスティバル '96　女と男がいきるのや SAKAI」開催（1 月）男女共同参画推進会議発足 男女共同参画 2000 年プラン策定 「女性政策室」を「女性政策課」に改称 堺市女性問題懇談会から市長に「さかい女性プラン中間見直しに向けての提言」提出	「第 2 期女性問題行動計画（ さかい女性プラン）」改定 「第 1 回さかい男女共同参画週間」開催（1 月） 堺市女性問題懇談会から市長に「さかい女性プラン中間見直しに向けての提言」提出	女性政策担当部長設置 女性労働調査（市民・事業所）実施

西暦		1999	2000
和暦		11	12
堺市女性団体協議会関係		第８期　国際発信期　ジェンダー主流化期	
	組織国際	山口彩子委員長が、5期20年の議員活動勇退　第14回統一地方選挙に山口典子事務局長擁立、初当選	第5回ニューヨーク国連女性会議に参加 山口彩子委員長、大阪府防犯栄誉銅賞を受賞
	専門部会	組織対策部、社会政治部、寡婦対策部、女性問題対策部、青少年対策部、消費経済部、事業部、文化部、広報部、保健衛生部、ボランティア部、スポーツレクリエーション部、料理研究部、コーラス部	組織対策部、社会政治部、寡婦対策部、女性問題対策部、青少年対策部、消費経済部、事業部、文化部、広報部、保健衛生部、ボランティア部、スポーツレクリエーション部、料理研究部、コーラス部
	学習・啓発		
	資格等取得		第2回ホームヘルパー養成研修事業を実施
	婦人会館・大学	堺女性大学（堺女性大学企画運営委員会　受託）	堺女性大学（堺女性大学企画運営委員会　受託）
	活動		第6回芸能百華　世界民族芸能祭に共催開催 心臓疾患難病の畑俊現へ20万円寄付
	調査		
	運動	大阪府青少年健全育成条例に基づく「有害図書」の取り扱いについて第2次運動 小阪の産業廃棄物焼却炉施設の設置反対署名運動　→営業差し止め	女子差別撤廃条約選択議決書の批准を求める請願書の署名活動
	表彰		
	支援ボランティア	トルコ地震義援金 台湾地震義援金 台風18号義援金	三宅島噴火義援金
国際状況			女性2000年会議 国連ミレニアム開発目標宣言
国内状況		男女共同参画基本法施行 少子化対策推進基本方針決定 児童買春・児童ポルノ処罰法施行 男女共同参画社会基本法公布 WINWIN（女性の政治参加推進のための募金ネットワーク）発足 食料・農業・農村基本法公布 銀行の破綻、損保・企業の統合相次ぐ	男女共同参画基本計画策定 児童虐待防止法・ストーカー規制法施行 労働省、女性と仕事の未来館（樋口恵子館長）開設 初の女性知事誕生（太田房枝大阪府知事） 山梨県都留市と島根県出雲市が男女共同参画に関する条例を初めて施行 国連特別総会「女性2000年会議」 男女共同参画基本計画策定 文部省「0歳からのジェンダー教育推進事業」調査研究
堺市		堺市女性問題懇話会設置 さかい女性プラン（平成8･9･10）推進状況作成 「女性と仕事に関する調査」実施 ビデオ「堺からなくそうセクシュアル・ハラスメント」製作	「女性政策課」を「男女共同参画推進課」に改称 「男女共同参画交流の広場」開設 堺市女性問題懇談会から市長に「第3期さかい男女共同参画プランに対する提言」提出
キーワード/分析概念			

2001	2002	2003
13	14	15
第８期　国際発信期　ジェンダー主流化期		
大阪府警察本部長より山口彩委員長の功績に、感謝状贈呈 女性解放運動のリーダー山口彩子委員長、永眠山口典子委員長就任 故・山口彩子委員長の功績に正六勲五等寶冠賞を授与される 故・山口彩子委員長追悼式	山口典子委員長、社会福祉活動を評価され厚生労働大臣表彰を受賞	山口典子委員長、二期目トップ当選 「女性のためのアジア国民平和基金」と共催し、国際専門家会議開催 国公開フォーラム「戦争と女性」開催
組織対策部、社会政治部、寡婦対策部、女性問題対策部、青少年対策部、消費経済部、事業部、文化部、広報部、保健衛生部、ボランティア部、スポーツレクリエーション部、料理研究部、コーラス部	組織対策部、社会政治部、寡婦対策部、女性問題対策部、青少年対策部、消費経済部、事業部、文化部、広報部、保健衛生部、ボランティア部、スポーツレクリエーション部、料理研究部、コーラス部	組織対策部、社会政治部、寡婦対策部、女性問題対策部、青少年対策部、消費経済部、事業部、文化部、広報部、保健衛生部、ボランティア部、スポーツレクリエーション部、料理研究部、コーラス部
	ホームヘルパー養成研修事業	
CAP スペシリスト	大阪府薬物乱用防止教育講師	
堺女性大学（堺女性大学企画運営委員会受託）	堺女性大学（堺女性大学企画運営委員会受託）	堺女性大学（堺女性大学企画運営委員会受託）
牛乳パック回収事業による緑化基金協力活動に国土交通大臣表彰を受賞 堺市泉北小児夜間救急診療開始 第７回芸能百華開催 第 27 回国際女性平和フォーラム	国際公開フォーラム CAP スペシャリストとして子どもワークショップで活動開始 夫婦別姓も可能な制度導入について署名請願運動を展開、国会へ請願	犯罪被害者の会に賛同し「犯罪被害者のための刑事司法の確立」を求める署名活動開始（第一回目１７６２０名分を提出） 堺市議会において、山口典子委員長の提案により、全国初で地方議会から「犯罪被害者の権利と被害回復制度の確立意を求める意見書」を国に要望。全国地方議会に発展する 北朝鮮拉致被害者帰国を願う署名活動を開始 地村保さんを講師に講演会開催
女子差別撤廃条約選択議決書の批准を求める嘆願書の署名活動を展開 大相撲大阪場所の太田知事の土俵立入について議会で質問、堺市長から要望書を提出 女子差別撤廃条約選択議定書の批准を求め、衆参両委員長請願書提出	小阪の産業廃棄物焼却施設撤去	アサヒビール、キリンビールの広告に対し抗議文送付 森喜朗元首相太田誠一議員の発言に対する抗議声明 小泉純一郎首相、森喜朗元首相太田誠一議員に抗議文送付 太田誠一議員より謝罪文
国土交通大臣表彰（牛乳パック）	環境大臣表彰（ごみの減量化、リサイクル運動）	
アフガニスタン難民支援（衣料品・毛布等）		
人種主義・人種差別・外国人排斥及びそれに関連する世界会議開催		
中央省庁再編に伴い内閣府に男女共同参画局新設（初代局長　坂東眞理子） 国立婦人教育会館、国立女性教育会館に改称 「配偶者からの暴力防止及び被害者の保護に関する法律」（DV 法）成立 国立女性教育会館、独立行政法人に移行 第１回男女共同参画週間 アメリカ同時多発テロ発生	山口県宇部市男女共同参画男女共同参画条例施行（「男女の特性を認めあい」等の文言） 「仕事と子育て両立支援策の方針について」閣議決定 住民基本台帳ネットワークシステム第１次稼働 厚労省「少子化対策プラス１」確定（育休取得率目標女性 80%、男性 10%） 改正児童扶養手当法成立（就労支援などで母子家庭の自立を促す） 東京女性財団解散 性教育や性教育教材に対するバッシングが続く	内閣府、女性のチャレンジ支援策決定 地方自治法改正（公共施設に指定管理者制度導入） 国連女性差別撤廃委員会、日本政府に対し最終コメントを発表（間接差別、女性に対する暴力、マイノリティ女性、婚外子差別などの問題を指摘） 少子化対策基本法成立
「堺市 DV 対策連絡会議」設置 堺市女性問題懇談会から市長に「第３期さかい男女共同参画プランに対する提言」提出 堺市男女共同参画懇談会から「堺市男女平等推進に関する条例の骨子提言」を市長に提出 市議会において「女性差別撤廃条約選択議定書の早期批准を求める意見書」採択	「第３期さかい男女共同参画プラン」策定 「堺市男女平等社会の形成の推進に関する条例」制定 堺市男平等推進審議会設置 苦情相談処理制度開始	

西暦		2004	2005
和暦		16	17
堺市女性団体協議会関係		第８期　国際発信期　ジェンダー主流化期	
	組織国際	「女性のためのアジア国民平和基金」と共催し、国際人身売買シンポジウム開催	山口典子委員長、堺市高石市消防組合議会議長に就任 国連ユニフェム国内委員委員会常任理事に山口典子委員長就任。
	専門部会	組織対策部、社会政治部、寡婦対策部、女性問題対策部、青少年対策部、消費経済部、事業部、文化部、広報部、保健衛生部、ボランティア部、スポーツレクリエーション部、料理研究部、コーラス部	組織対策部、社会政治部、寡婦対策部、女性問題対策部、青少年対策部、消費経済部、事業部、文化部、広報部、保健衛生部、ボランティア部、スポーツレクリエーション部、料理研究部、コーラス部
	学習・啓発		
	資格等取得	２級ホームヘルパー養成研修事業を実施　１８名	２級ホームヘルパー養成研修事業を実施　１４名
	婦人会館・大学	堺女性大学（堺女性大学企画運営委員会　受託）	堺女性大学（堺女性大学企画運営委員会　受託）
	活動	佐世保同級生殺傷事件をきっかけに「心のアンケート実施」幼稚園から高校生まで保護者４４７名回答	国際女性平和フォーラム 山口彩子前委員長追悼記念、聖観世音菩薩建立。 スマトラ沖地震被害経験を語る「IMADR 理事長　ニマルカ・フェルナンドさん」による講演会開催。 「ベアテの贈り物」映画観賞会、監督の藤原監督講演会。
	調査		
	運動	犯罪被害者あすの会へ署名 24,069 名届ける 学校給食の食器 PEN 食器に総入れ替え 鳥インフルエンザによる鶏卵鶏肉の出荷に対して抗議 犯罪被害者基本法成立	堺ナンバー署名活動（４２０１名） 国民皆保険制度を守る署名運動　１１４３３通。
	表彰		
	支援ボランティア	スマトラ沖大地震・大津波への支援 イラン地震への義援金をとして２０万円寄付	世界難民の日募金キャンペーン スマトラ沖大地震・大津波への支援（２回目） パキスタン大地震の被災者支援、毛布２０２枚発送。
国際状況			国連女性の地位委員会開催
国内状況		育児・介護休業法 改正 改正 DV 防止法公布 東京都教育委員会が男女平等教育を推進するうえで「ジェンダー・フリー」という用語を使用しない方針を都立学校に通知したことに対し、女性史研究者らが抗議	男女共同参画基本計画（第２次）策定 女性の再チャレンジ支援プラン策定 第 49 回国連女性の地位委員会閣僚級会合（北京＋１０会議）国連本部で開催 次世代育成支援対策推進法全面施行 内閣府、女性の再チャレンジ支援プラン策定 内閣府「男女共同参画社会に関する世論調査」で、調査開始（79 年）以来初めて「男は外で働き、女は家庭を守るべき」反対が賛成を上回る
堺市			堺市と美原町との合併 堺市特定事業主行動計画策定
キーワード/分析概念			

2006	2007	2008
18	19	20
第８期　国際発信期　ジェンダー主流化期		
国連 UNIFEM30 周年事業、ニューヨークにおいて親善大使ニコール・キッドマン主催ガラディナーに UNIFEM 堺から２８名参加 姉妹都市ウエリントン表敬訪問とニュージーランド視察調査研究 山口典子委員長，防犯功労者表彰を受賞（大阪府警本部）	山口典子委員長南アフリカ共和国女性の日駐日大使公邸でスピーチ 山口典子委員長堺市議会３期目当選（区割り選挙で堺区より擁立） JICA 緒方貞子理事長の要請を受け、内閣府、関係各省共催にて、開発途上国７か国野男女共同参画上級行政官を受入れる（女性団体の活動と歴史について）	南アフリカ共和国駐日特命大使夫妻を招聘し 歓迎晩さん会を開催。総領事館誘致について 堺市，商工会議所等と懇談会。 創立６０周年記念 国連 UNIFEM イネス・アルベルディさん来館
組織対策部、社会政治部、寡婦対策部、女性問題対策部、青少年対策部、消費経済部、事業部、文化部、広報部、保健衛生部、ボランティア部、スポーツレクリエーション部、料理研究部、コーラス部	組織対策部、社会政治部、寡婦対策部、女性問題対策部、青少年対策部、消費経済部、事業部、文化部、広報部、保健衛生部、ボランティア部、スポーツレクリエーション部、料理研究部、コーラス部	組織対策部、社会政治部、寡婦対策部、女性問題対策部、青少年対策部、消費経済部、事業部、文化部、広報部、保健衛生部、ボランティア部、スポーツレクリエーション部、料理研究部、コーラス部
		リーダーズサミット 愛知「ベアテ・シロタ・ゴードンさんと語る会」参加 アフリカ開発会議 TICAD　IV　に参画 G8 北海道洞爺湖サミット　オルタナティブ G ８市民フォーラム参加
堺女性大学（堺女性大学企画運営委員会受託）	堺女性大学（堺女性大学企画運営委員会受託）	堺女性大学（堺女性大学企画運営委員会受託）
少子化シンポジウム開催 第１回男女共同参画フォーラム 第 32 回国際女性平和フォーラム 聖観世音菩薩開眼法要会開催	第 33 回国際女性平和フォーラム 男女共同参画推進セミナー 第１回さかい発！安全・安心うまいもの市 第 59 回女性フォーラム	男女共同参画フォーラム「慰安婦問題を考える」 第 34 回国際女性平和フォーラム 第２回うまいもの市 ベアテさんを囲む会 内閣府男女共同参画局長板東久美子さんが大阪大学の大学院生と「地域教育計画論」のフィールドワークを実施（女性団体活動について研修視察）
柳澤厚生労働大臣発言に抗議		女性と子どもへの暴力に「NO!」と言おう署名運動 ５７１７６名分 三笠フーズ、それを取り締まれなかった農水省に抗議文送付、街頭キャンペーン 堺市子ども青少年の育成に関する条例が制定される。
		視覚ボランティアに対する感謝状表彰
世界難民の日募金キャンペーン	世界難民の日募金キャンペーン	世界難民の日募金キャンペーン
東アジア男女共同参画担当大臣会合開催		世界人権宣言 60 周年
男女雇用機会均等法改正 05 年度の教科書検定結果を文部科学省が公表、ジェンダー・フリーの用語がすべての教科書からなくなる 改正男女雇用機会均等法成立（間接差別禁止、男性へのセクハラ防止も義務化） 国立女性教育会館、毎年実施してきた「女性学・ジェンダー研究フォーラム」に代わり「男女共同参画のための研究と実践の交流推進フォーラム」開催 千葉県市川市で旧条例を改廃する「市男女共同参画社会基本条例」可決 教育基本法改正	女性のためのアジア平和国民基金解散 学校教育法改正 改正パートタイム労働法成立 改正 DV 法成立	女性の参画加速プログラム策定 07 年の地方議員女性比率 10.36％（69 年調査開始以来最高） 国立女性教育会館に女性アーカイブセンター開設） 女性と貧困ネットワーク結成 日比谷公園で年越し派遣村開設 日本のジェンダーギャップ指数 98 位、先進国で最低
堺市男女平等推進会議から「第３期さかい男女共同参画プラン中間見直し及び後期実施計画策定に向けての提言」を市長に提出 政令指定都市に移行 堺市平和と人権を尊重するまちづくり条例施行	第３期さかい男女共同参画プラン改定	自由都市・堺平和貢献賞の創設

西暦		2009	2010
和暦		21	22
堺市女性団体協議会関係		第９期　ジェンダー主流化期	
		人生 100 年生きぬこう	
	組織国際	日本・南アフリカ共和国修好１００周年レセプションに山口典子委員長招待 姉妹都市提携１５周年記念、ニュージーランドウェリントン、ブレンダーガスト市長来館	国連パン・ギムン事務総長日本訪問の会合に山口典子委員長出席。 APEC･WLN 関連イベントを堺で開催。委員長、コーディネーターで参加。 山口典子委員長 UNIFEM 日本事務所特別顧問に就任
	専門部会	組織対策部、社会政治部、寡婦対策部、女性問題対策部、青少年対策部、消費経済部、事業部、文化部、広報部、保健衛生部、ボランティア部、スポーツレクリエーション部、料理研究部、コーラス部	組織対策部、社会政治部、寡婦対策部、女性問題対策部、青少年対策部、消費経済部、事業部、文化部、広報部、保健衛生部、ボランティア部、スポーツレクリエーション部、料理研究部、コーラス部
	学習・啓発	リーダーズサミット	リーダーズサミット デート DV 防止プログラム・ファシリテーター養成講座
	資格等取得		
	婦人会館・大学	堺女性大学（堺女性大学企画運営委員会　受託） UNIFEM 日本事務所開設 センター耐震工事において、柱（定礎版裏側）よりタイムカプセル発見 女性センター建設３０周年記念	堺女性大学（堺女性大学企画運営委員会　受託）
	活動	第 35 回国際女性平和フォーラム 日本女性会議２００９さかい	第 4 回安全・安心うまいもの市 APEC　WLN　関連イベント
	調査		
	運動		SAY NO　街頭キャンペーン署名募金活動
	表彰		犯罪被害者基本法成立活動に感謝状
	支援ボランティア	世界難民の日募金キャンペーン	世界難民の日募金キャンペーン
国際状況			
国内状況		男女共同参画シンボルマーク決定 育児・介護休業法改定 警視庁が、08 年度の DV 被害過去最多と発表 改正育児・介護休業法成立 民主党政権成立 内閣府調査で「結婚しても子どもは持つ必要ない」賛成が過去最高の 42.8％	第３次男女共同参画基本計画策定 仕事と生活の和（ワークライフバランス）の推進のための行動指針改定 子ども・子育てビジョン、閣議決定 男女共同参画会議答申「第三次男女共同参画基本計画策定に当たっての基本的考え方」発表 第 15 回 APEC 女性リーダーズネットワーク会合開催。提言採択、重要成果目標設定。
堺市		UNIFEM（現 UNWomen）日本事務所が女性センター内に設（平成 21 ～ 25 年） 「日本女性会議 2009 さかい」開催	市議会において「慰安婦」問題について政府に誠実な対応を求める意見書　採択 「堺市男女平等に関する市民意識・実態調査」実施 APEC　女性リーダーズネットワーク（WLN）会合関連イベント開催
キーワード/分析概念			

2011	2012	2013
23	24	25
第９期　ジェンダー主流化期		
人生 100 年生きぬこう		
山口典子委員長堺市議会４期目当選 山口典子委員長国連本部訪問ミッチェル・バチェレ事務局長と会談 南アフリカ共和国公共事業省副大臣来日記念レセプション	ミッチェル・バチェレ事務局長と来館 田内千鶴子生誕１００周年事業及び国連孤児の日推進大会（韓国木浦市）山口典子委員長参加	南アフリカ共和国フリーダムデイ（明治記念館） 第１回国際女子相撲相撲選抜堺大会が大浜相撲場で開催される 山口典子委員長、防犯栄誉銅賞受賞（大阪府警），社会教育功労者表彰授賞（文部科学省）第４代山口彩子委員長 2.14 逝去
組織対策部、社会政治部、寡婦対策部、女性問題対策部、青少年対策部、消費経済部、事業部、文化部、広報部、保健衛生部、ボランティア部、スポーツレクリエーション部、料理研究部、コーラス部	組織対策部、社会政治部、寡婦対策部、女性問題対策部、青少年対策部、消費経済部、事業部、文化部、広報部、保健衛生部、ボランティア部、スポーツレクリエーション部、料理研究部、コーラス部	組織対策部、社会政治部、寡婦対策部、女性問題対策部、青少年対策部、消費経済部、事業部、文化部、広報部、保健衛生部、ボランティア部、スポーツレクリエーション部、料理研究部、コーラス部
リーダーズサミット	リーダーズサミット	リーダーズサミット
堺自由の泉大学（株式会社セルボ彩　受託）	堺自由の泉大学（株式会社セルボ彩　受託）	堺自由の泉大学（株式会社セルボ彩　受託）
堺警察署ウーマンパトロール隊「アイリス」発足 第 37 回国際女性平和フォーラム 国際女性デー女と男のフォーラム	第 38 回国際女性平和フォーラム 国際女性デー２０１３ 高齢社会をよくする女性の会全国大会 in 堺 ミッチェル・バチェレ UN Women 事務局長講演会 日本・ニュージーランド国交６０周年事業ウェリントン市での植樹祭に参加。 国連孤児の日制定推進大会２０１２及び韓国孤児の母田内千鶴子生誕１００周年記念式典に木浦市長から招待され参加	第 39 回国際女性平和フォーラム 第７回安全安心うまいもの市 男女共同参画フォーラム in 堺開催（内閣府主催）
	原発から安全なエネルギーへの転換を求める署名活動　10,515 名分を野田総理大臣へ提出	食品偽装問題に消費生活協議会が消費者庁へ抗議文提出
世界難民の日募金キャンペーン	世界難民の日募金キャンペーン	
UNWomen 正式発足	女性に関する ASEAN 閣僚級会合開催	APEC 女性経済フォーラム開催
	女性の活躍促進による経済活性化行動計画策定 子ども子育て関連３法成立	改正ストーカー規制法施行 配偶者からの暴力の防止及び被害者の保護等に関する法律改正
堺女性大学から堺自由の泉大学に名称変更 堺市男女平等推進審議会に「堺市における新たな男女共同参画基本計画の策定に関する基本的な考え方について」諮問 堺市男女平等推進審議会から市長に「堺市における新たな男女共同参画基本計画の策定に関する基本的な考え方について」答申	第４期さかい男女共同参画プラン策定 堺市男女平等推進審議会に「堺市における配偶者からの暴力の防止及び被害者の保護に関する基本計画の策定について諮問」 堺市男女平等推進審議会から市長に「堺市における配偶者からの暴力の防止及び被害者の保護に関する基本計画の策定について」答申	堺市配偶者からの暴力の防止及び被害者の保護に関する基本計画（DV 防止基本計画）策定

西暦		2014	2015
和暦		26	27
堺市女性団体協議会関係		第10期	
	組織国際	堺市消費生活協議会が国民生活産業・消費者団体連合会加盟 山口典子委員長生団連副会長に就任	山口典子委員長堺市議会5期目当選
	専門部会	組織対策部、女性問題対策部、ウーマンリサーチ部、国際平和研究部、高齢者対策部、社会政治部、福祉部、青少年健全育成部、幼児教育部、消費経済部、事業部、文化部、広報部、保健衛生部、スポーツ・レクリエーション部、料理研究部	組織対策部、女性問題対策部、ウーマンリサーチ部、国際平和研究部、高齢者対策部、社会政治部、福祉部、青少年健全育成部、幼児教育部、消費経済部、事業部、文化部、広報部、保健衛生部、スポーツ・レクリエーション部、料理研究部
	学習・啓発	リーダーズサミット ICT講習会	リーダーズサミット
	資格等取得		
	婦人会館・大学	堺自由の泉大学（株式会社セルボ彩　受託）	堺自由の泉大学（株式会社セルボ彩　受託）
	活動	堺セーフシティプログラムキックオフシンポジウム（山口典子委員長シンポジスト） 第40回国際女性平和フォーラム	第67回女性フォーラム
	調査		
	運動	東京都議会での女性差別発言に抗議し、発言者の特定、発言の撤回と謝罪、および発言議員の辞職を求める要望書を東京都議会に提出	堺セーフシティプログラムとしてコンビニエンスストアの成人向け冊子にカバー
	表彰		緑化功労者感謝状
	支援ボランティア	西日本集中豪雨災害義援金、支援物資	世界難民の日募金キャンペーン 牛乳パックアルミ缶寄付（25年）
国際状況			UNWomen日本事務所開設 持続可能な開発のための2030アジェンダ（SDGs）採択
国内状況		女性のチャレンジ応援プラン策定	女性の職業生活における活躍の推進に関する法律公布 女性・平和・安全保障に関する行動計画策定 子ども子育て支援法改正 第4次男女共同参画基本計画策定
堺市		全国初、UN Womenが取り組む「セーフシティーズ・グローバル・イニシアティブ」に正式参加。 自治体首長初、市長が「イクボス宣言」 女性のチャレンジ応援プラン策定 さかい利晶の杜開館（２７.３） Ｏ－１５７学童集団下痢症の碑「永久に」竣工	堺セーフシティ・プログラム取組（平成27年～令和元年） 堺市立総合医療センター竣工 さかい利晶の杜オープン 「堺市男女共同参画に関する市民意識・実態調査」実施
キーワード/分析概念			

2016	2017	2018
28	29	30
	第 10 期	
２０１６年 G7 伊勢志摩サミットにむけた世界人口開発議員会議山口典子委員長参加	「国連世界孤児の日」制定のための国際学術セミナー（韓国木浦市）山口典子委員長講演	山口典子委員長第 83 代堺市議会議長に就任 セーフシティプログラム 2018 年世界リーダーズフォーラム（カナダエドモントン）山口典子市議会議長出席
組織対策部、女性問題対策部、ウーマンリサーチ部、国際平和研究部、高齢者対策部、社会政治部、福祉部、青少年健全育成部、幼児教育部、消費経済部、事業部、文化部、広報部、保健衛生部、スポーツ・レクリエーション部、料理研究部	組織対策部、女性問題対策部、ウーマンリサーチ部、国際平和研究部、高齢者対策部、社会政治部、福祉部、青少年健全育成部、幼児教育部、消費経済部、事業部、文化部、広報部、保健衛生部、スポーツ・レクリエーション部、料理研究部	組織対策部、女性問題対策部、ウーマンリサーチ部、国際平和研究部、高齢者対策部、社会政治部、福祉部、青少年健全育成部、幼児教育部、消費経済部、事業部、文化部、広報部、保健衛生部、スポーツ・レクリエーション部、料理研究部
リーダーズサミット	リーダーズサミット	リーダーズサミット
堺自由の泉大学（株式会社セルボ彩受託）	堺自由の泉大学（株式会社セルボ彩受託）	堺自由の泉大学（株式会社セルボ彩受託）
第 68 回女性フォーラム 堺セーフシティ・プログラムシンポジウム	第 69 回女性フォーラム JK ビジネスの実際について、女子高校生サポーターの仁藤夢乃さんを招聘し講演会開催 生団連小川会長交流会開催 堺市が骨髄移植クラウドファウンディングを設置したこと受け女性団体が寄付	第 44 回女性平和フォーラム 全国犯罪被害者の会顧問岡村勲さんを迎え講演 第 70 回女性フォーラム
	ミニストップをはじめイオングループ 7,000 全店舗で 2018 年 1 月 1 日から成人雑誌販売停止	コンビニにおける成人雑誌販売中止決定
熊本地震被災地熊本市男女共同参画センターにライト付き防災ブザー、歯ブラシ、洗濯用ネット、生理用品など支援物資 熊本地震南阿蘇村にマットレス、傘、レインコート、洗濯ネット、T シャツなど災害支援物資	骨髄移植クラウドファンディングに 100,000 円寄付	
育児・介護休業法及び男女雇用機会均等法改正		政治分野における男女共同参画推進に関する法律施行
堺市男女平等推進審議会に「第 4 期さかい男女共同参画プランの中間見直し及び後期実施計画策定に関する基本的な考え方について」諮問 堺市男女平等推進審議会から市長に「第 4 期さかい男女共同参画プランの中間見直し及び後期実施計画策定に関する基本的な考え方について」答申 堺市男女平等推進審議会に「配偶者からの暴力防止及び被害者の保護のための施策を総合的に推進するための基本的な方向について」諮問 「堺市男女間における暴力に関する市民意識・実態調査」実施	第 4 期さかい男女共同参画プラン改定 性暴力を許さない！カード作成	SDGs 未来都市に選定 女性センターを男女共同参画センターに改称 愛称を公募しコクリコさかいに決定 第 2 次堺市配偶者等からの暴力の防止及び被害者の保護等に関する基本計画（DV 防止基本計画）策定

西暦		2019	2020	2021
和暦		31	R2	3
堺市女性団体協議会関係		第 10 期		
	組織国際	７０周年記念パーティー開催		
	専門部会	組織対策部、女性問題対策部、ウーマンリサーチ部、国際平和研究部、高齢者対策部、社会政治部、福祉部、青少年健全育成部、幼児教育部、消費経済部、事業部、文化部、広報部、保健衛生部、スポーツ・レクリエーション部、料理研究部	組織対策部、女性問題対策部、ウーマンリサーチ部、国際平和研究部、高齢者対策部、社会政治部、福祉部、青少年健全育成部、幼児教育部、消費経済部、事業部、文化部、広報部、保健衛生部、スポーツ・レクリエーション部、料理研究部	組織対策部、女性問題対策部、ウーマンリサーチ部、国際平和研究部、高齢者対策部、社会政治部、福祉部、青少年健全育成部、幼児教育部、消費経済部、事業部、文化部、広報部、保健衛生部、スポーツ・レクリエーション部、料理研究部、SDGs 実践研究推進部、セーフシティさかい推進部
	学習・啓発	リーダーズサミット	リーダーズサミット マッチングアプリ被害研修会	
	資格等取得		被害者支援	防災士
	婦人会館・大学	堺自由の泉大学（株式会社セルボ彩　受託）	堺自由の泉大学（株式会社セルボ彩　受託）	堺自由の泉大学（株式会社セルボ彩　受託）
	活動	第 45 回国際女性平和フォーラム	空色リボン（犯罪被害撲滅）プロジェクトキャンペーンを実施	
	調査			
	運動	堺市消費生活協議会「循環型社会の形成や SDG s の達成に寄与する目的に市民、事業、行政の３者協働でプラスチック削減に取り組むことに関する協定締結 空色リボンプロジェクトキャンペーン		
	表彰			
	支援ボランティア	外国人のお母さんが安心して子どもが産めるような格差のない社会にしたい！プロジェクトクラウドファンディングに 100,000 円寄付		
国際状況				
国内状況				
堺市			新型コロナウイルス感染拡大防止のため講座を中止（2～3月） セーフシティさかい取組開始 緊急事態宣言発出のため休館（4～5月）	新型コロナウイルス感染拡大防止のため講座を中止（1～2月） コクリコさかい 40th 開催
キーワード/分析概念				

3.男女共同参画宣言都市（1995 年 1 月 21 日）に関する資料

女と男がいきるのやSAKAI宣言

やさしさの心がかよう人間尊重都市－SAKAI－

古くから、独自の文化、自由な精神をつちかい、発展してきたわがまち、堺。

この堺を、さらに輝きにあふれた未来へつなぐため、男女共同参画社会の実現をめざし、 ここに、平等・開発・平和を基本理念とし、男女がともにわかちあい創造しあう社会に向け、「女と男がいきるのやSAKAI」を宣言します。

1. わたしたちは、一人ひとりが自立し、自分らしく、生き生きと暮らせるSAKAIをめざします。

1. わたしたちは、仕事・家事・育児・介護を性にとらわれず、男女が共にわかちあうSAKAIをめざします。

1. わたしたちは、一人ひとりが能力と個性を発揮し、あらゆる分野へ男女が参画できるSAKAIをめざします。

1. わたしたちは、平等教育をすすめ、すべての人々の人権を確立するSAKAIをめざします。

1. わたしたちは、互いの性を尊重しあい、対等なパートナーシップを築くSAKAIをめざします。

1. わたしたちは、地球環境を守り、世界平和のための、連帯の輪を広げるSAKAIをめざします。

1995年1月21日

もっと素敵にフェスティバル'95 参加者一同

4.堺市男女平等社会の形成の推進に関する条例

堺市男女平等社会の形成の推進に関する条例

平成14年3月28日条 例 第 8 号

目次

前文
第１章 総則（第１条－第９条）
第２章 基本的施策（第１０条－１３条）
第３章 推進体制等（第１４条－第１７条）
第４章 雑則（第１８条）
附則

我が国は、女性差別撤廃条約を軸とした国際的な潮流の中で、２１世紀の我が国社会を決定する最重要課題として男女平等社会の実現を位置付けた男女共同参画社会基本法を制定した。

堺市は、他市に先駆け、女性問題行動計画を策定し、男女共同参画宣言都市となるなど男女平等社会の実現に向けて積極的に取り組んできているが、性別による役割分担意識やこれに基づく社会慣行等は依然として根強く、全国的にも女性に対する暴力が社会問題化するなど男女平等の達成にはなお多くの課題が残されている。

こうした現状を踏まえ、豊かで安心できる社会を築いていくには、これまでの固定化された男女の役割にとらわれず、その個性と能力を十分に発揮するとともに、あらゆる分野において男女が対等に参画できる男女平等社会の実現が重要である。

ここに私たちは、堺市の主要政策として、男女平等社会の実現を目指すことを決意し、総合的かつ計画的に男女平等社会の形成の推進を図り、２１世紀の「ひとが輝く市民主体の堺」を築くため、この条例を制定する。

第１章 総則

（目的）

第１条　この条例は、本市における男女平等社会の形成に関する基本理念を定め、市、市民、事業者及び教育関係者等の責務を明らかにするとともに、市の施策の基本的事項を定め、これを総合的かつ計画的に推進することにより、男女平等社会を実現することを目的とする。

（定義）

第２条　この条例において、次の各号に掲げる用語の意義は、当該各号に定めるところによる。

(1) 男女平等社会　すべての人が、性別にかかわりなくその個性と能力を十分に発揮する機会が確保されることにより、対等な社会の構成員として自らの意思により職場、学校、地域、家庭その他の社会のあらゆる分野（以下単に「社会のあらゆる分野」という。）における活動に参画し、共に責任を担う社会をいう。

(2) 積極的格差是正措置　社会のあらゆる分野における性別間の格差を是正するため必要な範囲内において、不利な状況にある性に対し、格差是正の機会を積極的に提供することをいう。

(3) 事業者　本市の区域内において、公的であると私的であるとを問わず、及び営利であると非営利であるとを問わず事業を行うものをいう。

（基本理念）

第３条　男女平等社会の形成は、次に掲げる事項を基本理念として推進されなければならない。

(1)　男女が個人としてその尊厳が重んじられ、直接的であると間接的であるとを問わず性別に

よる差別的取扱いを受けることなく、個人として能力を発揮する機会が確保されるべきこと。

(2)　性別による固定的な役割分担等に基づく社会的制度、慣行又は伝統は、あらゆる人の自由な選択に対して影響を及ぼすことのないよう見直されるべきこと。

(3)　市における政策又は民間の団体における方針の立案及び決定に、男女が対等に参画する機会が確保されるべきこと。

(4) 家族を構成する者は、互いに人格を尊重し、相互の協力と社会の支援の下に、子育て、家族の介護その他の家庭生活における活動及び社会生活における活動に均等に責任を分担すること。

(5) 妊娠、出産その他の性と生殖に関しては、自己決定が尊重されること及び生涯を通じた健康な生活を営むことについて配慮されるべきこと。

(6) 男女の性別にとどまらず、性同一性障害を有する人、先天的に身体上の性別が不明瞭である人その他のあらゆる人の人権についても配慮されるべきこと。

(7) 男女平等社会の形成の推進に向けた取組は、国際社会における取組と協調して行うこと。

(市の責務)

第4条 市は、男女平等社会の形成の推進に関する施策(積極的格差是正措置を含む。以下「男女平等推進施策」という。)を総合的に策定し、及び実施する責務を有する。

2 市は、男女平等推進施策を実施するに当たり、国、府、市民及び事業者と相互に連携及び協力を図るよう努めるものとする。

(市民の責務)

第5条 市民は、社会のあらゆる分野において、自ら進んで男女平等社会の形成に寄与するよう努めなければならない。

2 市民は、市が実施する男女平等推進施策に協力するよう努めなければならない。

(事業者の責務)

第6条 事業者は、男女が職場における活動に対等に参画する機会の積極的確保に努めるとともに、職業生活における活動と家庭生活における活動その他の活動とを両立して行うことができる職場環境を整備するよう努めなければならない。

2 事業者は、市が実施する男女平等推進施策に協力するよう努めなければならない。

(教育関係者等の責務)

第７条 家庭教育、職場教育、学校教育、社会教育その他のあらゆる分野の教育に携わる者は、男女平等の理念に配慮した教育を行うよう努めなければならない。
２ 何人も、子どもたちの男女平等教育に関し、自ら積極的に参画するよう努めなければならない。

（性別による権利侵害の禁止）

第８条 何人も、直接的であると間接的であるとを問わず、性別を理由とする権利侵害及び差別的取扱いを行ってはならない。

２　何人も、地域、職場、学校その他のあらゆる場において、セクシュアル・ハラスメント（相手の意に反する性的な言動により相手方に不利益を与えること又は相手方の生活環境を害することをいう。）を行ってはならない。

３　何人も、個人の尊厳を踏みにじるドメスティック・バイオレンス（配偶者等親しい関係の者からの身体的、性的、心理的又は経済的暴力をいう。）及びこれと相関する児童虐待を行ってはならない。

（公衆に表示する情報に関する留意）

第９条　何人も、公衆に表示する情報において、性別による固定的な役割分担及び性的な暴力等を助長し、又は連想させる表現並びに人権を侵害する性的な表現を行わないよう努めなければならない。

第２章 基本的施策

（基本計画）

第１０条 市長は、男女平等推進施策並びに市民及び事業者の取組を総合的かつ計画的に推進するための基本的な計画（以下「基本計画」という。）を策定するものとする。

２　市長は、基本計画の実効性を高めるため、その進行管理に係る適切な手法を導入するものとする。

３　市長は、基本計画を策定するに当たっては、第１５条第１項に定める男女平等推進審議会の意見を聴取するとともに、市民の意見を反映することができるよう、適切な措置を講ずるものとする。

４　市長は、基本計画を策定したときは、遅滞なくこれを公表しなければならない。

５　前２項の規定は、基本計画の変更について準用する。

（年次報告）

第１１条 市長は、男女平等推進施策の実施状況等について、年次報告を作成し、これを公表するものとする。

（市民及び事業者の理解を深めるための措置）

第１２条 市は、男女平等社会の形成の推進について、市民及び事業者の理解を深めるため、広報活動等適切な措置を講ずるものとする。

（審議会等の委員の構成）

第１３条 市長その他市の執行機関は、地方自治法（昭和２２年法律第６７号）第１３８条の４第３項に規定する附属機関の委員を任命し、又は委嘱するときは、男女いずれか一方の委員の数が、委員の総数の１０分の４未満とならないよう努めなければならない。

第３章 推進体制等

（施策の推進体制の整備）

第１４条 市は、男女平等推進施策を円滑かつ総合的に企画し、調整し、及び実施するため、必要な体制の整備に努めるものとする。

２　市は、あらゆる施策の策定及び実施に当たっては、男女平等社会の形成の視点をもって取り組むものとする。

３　市は、男女平等社会の形成の推進のため、必要な拠点機能の整備に努めるものとする。

４　市は、基本計画に基づく施策を実施するため、必要な財政上の措置その他の措置を講ずるよう努めるものとする。

（男女平等推進審議会）

第１５条 基本計画その他男女平等社会の形成の推進に関する重要事項を調査審議し、及び意見を述べるため、堺市男女平等推進審議会（以下「審議会」という。）を置く。

２　審議会は、市長が任命し、又は委嘱する委員１５人以内をもって組織する。

３　市長は、男女いずれか一方の性が委員総数の１０分の４未満とならないよう委員を選出しなければならない。

4　委員の任期は、２年とし、再任を妨げない。ただし、委員が欠けた場合における補欠の委員の任期は、前任者の残任期間とする。

5　審議会の組織及び運営について必要な事項は、規則で定める。

（苦情等の処理）

第１６条 本市の区域内に住所を有する者又は本市の区域内に所在する学校、事業所等に通学し、又は通勤する者（次条において「市民等」という。）は、市が実施する男女平等推進施策又は男女平等社会の形成の推進に影響を及ぼすと認められる施策に関し苦情その他の意見がある場合は、市長に申し出ることができる。

2　市長は、前項の規定による申出を受けたときは、調査の上次条第２項に定める堺市男女平等相談委員の意見を聴き、必要な措置等を講ずるものとする。

3　市長は、前項の場合において、必要があると認めるときは、審議会の意見を聴かなければならない。

（相談の申出）

第１７条 市民等は、第８条に規定する性別による権利侵害その他の男女平等社会の形成を阻害する要因によって人権を侵害された場合には、市長に申し出ることができる。

2　市長は、前項の規定による申出を適切かつ迅速に処理するため、堺市男女平等相談委員（以下この条において「相談委員」という。）を置く。

3　相談委員は、学識経験者その他市長が適当と認める者のうちから市長が委嘱する。

4　相談委員は、必要に応じて関係者に対し資料の提出及び説明を求め、必要があると認めるときは、当該関係者に助言、是正の要望等を行うものとする。

第４章 雑則

（委任）

第１８条 この条例の施行について必要な事項は、規則で定める。

附 則

この条例は、平成１４年４月１日から施行する。ただし、第１５条から第１７条までの規定は、規則で定める日から施行する。

5.男女共同参画の視点からの広報の手引

公的広報の作成に携わるみなさんへ

◆共感を得られる広報のために

公的広報では、国民に必要な情報を正確に、分かりやすく伝えることが必要です。しかし、それだけで十分でしょうか？

伝えたいことをどう表現するかも重要です。内容以前に表現への反感を招くようでは、施策への理解や協力は得られません。

女性、高齢者、年少者、障害者、外国人など多様な受け手を意識し、共感が得られるような表現を心がけなければなりません。

◆広報にプラスする男女共同参画の視点

男女共同参画の視点に立つと、自分が抱いていた広報の受け手のイメージが意外に狭いことに気づくでしょう。

受け手をよく理解することで、より豊かなコミュニケーションが創り出されます。新たな視点で表現することで、これまでの固定的な考え方にとらわれない、フレッシュで魅力的な広報が可能となります。

◆男女共同参画社会の形成に向けた政府の責務

男女共同参画社会の実現は、21世紀の社会を決定する最重要課題です。男女共同参画社会基本法において、政府は施策の総合的策定と実施の責務を有するとされています。

公的広報の作成に当たっては、基本法の趣旨を踏まえ、性別に基づく固定観念にとらわれない、男女の多様なイメージが社会に浸透していくような表現にすることが求められています。

1 男女いずれかに偏った表現になっていませんか？

1-1 女性にも男性にも伝わりますか？

広報の受け手には男性も女性もいることを念頭に置いて表現しましょう。広報の内容が男女双方に関わるにもかかわらず、どちらかが想定されていないかのような表現を使うと、伝えるべき相手に正しく伝わりません。

勤労者すべてを対象とした制度にもかかわらず、「ーマン」という、男性をイメージする言葉やイラストを使うと、女性は、自分が対象ではないと感じるかもしれません。

1-2 男女が登場していますか？

広報の内容が男女双方にかかわる場合、登場する男女のバランスにも配慮し、いずれかに偏らないよう心がけましょう。

女性が参加できる行事であっても、左のイラストでは男性ばかり描かれているため、女性が参加しにくい印象を与えるかもしれません。

2

2 性別によってイメージを固定化した表現になっていませんか？

2-1 男女を固定的に描いていませんか？

「男は仕事、女は家庭」といった性別による固定的な役割分担を強調したり、性別で職業を分ける表現ばかり用いるのではなく、男女が仕事や家事・育児で協力したり、様々な職業に就いたりしている現実を反映させる表現を心がけましょう。

弁護士はいつも男性でしょうか？現実には、弁護士の約１割、司法試験の合格者の約４分の１が女性です。

2-2 いろいろな個性を表現しましょう

好みや行動は人それぞれです。固定的な性別イメージだけで表現せずに、多様な現実を反映させ、男女それぞれを幅広いイメージで表現しましょう。

男の子は球技、女の子はなわ跳びなどと性別で分けて画一的に描きがちですが、現実には、男の子も女の子も様々な遊びをしています。

3 男女を対等な関係で描いていますか？

3-1 男性がいつもリーダーでしょうか？

常に、男性を中心的な存在、指導者的な立場、守る側として、女性を周辺的な存在、従属者的な立場、守られる側として描かず、男女は対等で、地位や立場も様々であることを示す表現を心がけましょう。

性別と立場、関係を結びつけた表現にしないで、多様な表現を工夫しましょう。

3-2 被害者はいつも女性でしょうか？

常に強者を男性、弱者を女性で描いたり、常に加害者を男性、被害者を女性で表したりするのでなく、性別と結びつけない様々な表現で描くよう心がけましょう。

加害者は男性、被害者は女性とワンパターンで描くのではなく、内容に応じて違った表現を工夫してみましょう。

4 男女で異なった表現を使っていませんか？

4-1 「女性」をかぶせる必要はありますか？

職業や地位に触れるときに、女性の場合だけ性別を冠するのは、女性を例外的に扱うものと思われ、平等な扱いとは受け取られないことがあります。性別への言及があえて必要なのかを考えましょう。

女性の社長を「女社長」と呼べば礼を失してしまうでしょう。性を冠した用語を使用する際には、受け入れられる表現なのか注意すべきです。

4-2 性に特有な表現は必要でしょうか？

男性又は女性だけに使われる表現には十分注意し、男女いずれに対しても使える他の言葉を探したり、別の言い方に変えたりするなどの工夫をしましょう。

「男だてらに」という言い方はしません。「対になる表現があるか」が特有な表現かを判断する一つの目安になります。

4-3 男女の呼称の区別は必要でしょうか？

男性を「氏」とする一方で、女性を「さん」とするなど、同じ広報で男女の呼称・敬称を区別する場合には、その必要性を考えましょう。

男性を「鈴木さん」と姓で示す一方で、女性を「よし子さん」と安易に名前で示すことがあります。

5

表現上の留意点

5 女性をむやみに"アイキャッチャー"にしていませんか？

5-1 女性を飾り物として使っていませんか？

単に目を引くためや親しみやすさを持たせるために、内容とは関係なく女性の姿や身体の一部をポスターなどで使う場合がありますが、それでは伝えるべき内容が十分に反映された表現とは言えません。

安易に女性をアイキャッチャー(※)として起用せず、訴求内容と訴求対象に合った、より効果的な表現方法を工夫しましょう。

※広告に注目させるための視覚的要素のこと。広告の手法のひとつ。

内容と無関係に、女性の水着姿や、身体の一部などを使うと、「性的側面を強調している」と受け取られるおそれがあります。しかも、本来の伝えたい内容が不明確な広報になっています。

そうかといって、無難な表現で済ませてしまうと、印象には残らず、広報効果が十分あるとはいえません。もっと豊かな発想で表現したいところです。

安易なアイキャッチャーに頼ることをやめると、「訴求内容は何か、訴求対象は誰か」という原点に立ち戻って効果的な広報表現を工夫する努力が必要になります。

6

あなたの作る広報をチェックしてみましょう

※　これまでの「表現上の留意点」などの考え方に、あなたの
広報がマッチしているか、ポイントを下にまとめました。

事前の検討の段階	
伝えたい内容（施策・行政サービス等）は何ですか？	
伝えたい対象は誰ですか？	
特に強調したい点（訴求ポイント）は何ですか？	

途中の作成の過程		
留意点 1 (p.2)	男女双方が想定された表現になっていますか？ 男性と女性がバランスよく登場していますか？	
留意点 2 (p.3)	男女を固定的なイメージで描いていませんか？ 多様なタイプの男女が描かれていますか？	
留意点 3 (p.4)	男女に、主従、上下、強弱の関係があるように描いていませんか？	
留意点 4 (p.5)	男女で異なる表現、いずれかに特有な表現をしていませんか？	
ポスターなどでタレント等を起用する場合 人物の起用は、伝えたい内容に合うものですか？（p.6）		
ポスターデザインなど、業者に委託している場合 作成を依頼する業者に、この手引の趣旨を説明していますか？		

最後の確認の段階	
女性から見ても、男性から見ても、違和感、疎外感のない表現になっていますか？ （まわりの人たちに意見をきいてみましょう。）	
伝えたい内容が、誰が見ても分かりやすい広報になっていますか？	
内容が印象深く伝わる、共感が得られる広報になっていますか？	

男女共同参画の視点を取り入れて　より良い公的広報を

この手引に関する御意見、お問い合わせは
内閣府男女共同参画局　推進課　まで
TEL：03-5253-2111（代表）　FAX：03-3592-0408
ホームページ：http://www.gender.go.jp/

山口　典子（やまぐち　のりこ）

堺市議会議員。前堺市女性団体協議会委員長（第5代）。日本女子相撲連盟顧問。国民生活産業・消費者団体連合会（生団連）副会長。大阪生団連会長。日本大学大学院・博士（総合社会文化）。同大学院・修士（総合情報政策）。大手製薬会社勤務後、堺市女性団体協議会に入会。ジェンダー平等社会実現のための幅広い活動を行ってきた。堺市立女性センター（現堺市立男女共同参画センター）にUNIFEM日本事務所の誘致を実現（2009）、2011年にはUN Women日本事務所となる（~2013）。また堺市議会においても国際社会の動向を注視しつつ、日本で初めてUN Womenのセーフシティ・プログラムの実施を行うなど、女性に対する性暴力の防止と救済など、とくにジェンダー主流化の観点から教育、医療、福祉における政策実現を果たしている。また生団連においてジェンダー主流化委員会を設置し、企業におけるダイバーシティ、ジェンダー平等の推進を図っている。

ジェンダー平等社会の実現と発展的プロセスに関する研究
—堺市女性団体協議会活動の戦後73 年の軌跡に着目して—

2022年12月9日　初版発行

著者　山口　典子

発行所　株式会社　三恵社
〒462-0056 愛知県名古屋市北区中丸町2-24-1
TEL 052 (915) 5211
FAX 052 (915) 5019
URL http://www.sankeisha.com

乱丁・落丁の場合はお取替えいたします。

ISBN978-4-86693-689-5